Die neue Schöpfung – Neues Testament 82
1. Umkehr und Vergebung 82
2. Gericht und Auferstehung von den Toten 84
3. Der neue Mensch 86
4. Ecce Homo 88
5. Gott wird Mensch 90
6. Im Streit der Menschenbilder 92

Adam und Eva – Bilder des Menschen 94
1. Erschaffung – Fall – Strafe 94
2. Urbilder der Schönheit 96
3. Der alte und der neue Adam 98
4. Zum Leben erwacht 100
5. Die Verführung 102
6. Ein belastetes Verhältnis 104
7. Der Zukunft entgegen 106
8. Das Paradies 108

Literarische Miniaturen 110
1. Lilith – Eine umstrittene Frau 110
2. Odysseus – Auf abenteuerlicher Lebensfahrt .. 111
3. Don Quijote – Im Kampf gegen Windmühlen 112
4. Faust – Ständig auf Suche nach Erfahrungen .. 113
5. Homo Faber – Die Weltsicht des Ingenieurs .. 114
6. Tomas und Teresa – Ist selbst die Liebe Zufall? .. 115

Im Blick anderer Religionen 116
1. Antike Mythen – Geheimnisvolle Anfänge 116
2. Judentum – Im Ebenbild geschaffen 118
3. Islam – Adam im Koran 120
4. Hinduismus – Karma: Lohn der Taten 122
5. Buddhismus – Die Überwindung des Leidens ... 124

Aktuelle Probleme 126
1. Menschenzüchtung 126
2. Second Life 128
3. Die Gefahr der Vorurteile 130
4. Widersprüchliche Erfahrungen 132
5. Trotz allem – Hoffnung 134

Kleines Lexikon anthropologischer Fachbegriffe 136
Wege des Lernens – Methoden 139

Barnett Newman (1905-1970), Eve,
238,8 × 172,1 cm, 1950

Barnett Newman wurde als Sohn jüdischer Emigranten aus Russland in New York geboren. Als Künstler hatte er zunächst mit seinen großen Farbflächenbildern kaum Erfolge. Sie wurden von der Presse scharf kritisiert und öfter sogar von fanatischen Betrachtern mutwillig beschädigt. Es war wohl schwer, die von den ungewöhnlichen Bildern ausgehende Stille zu ertragen. Sie standen im Kontrast zu der damaligen amerikanischen Malerei, die naturalistische Motive bevorzugte. Doch rückte Newman allmählich in die vorderste Reihe der neuen amerikanischen Kunstrichtung, die manchmal mit den Begriffen »abstrakter Expressionismus« oder »meditativer Expressionismus« bezeichnet wird. Heute zählt er unbestritten zu den großen Künstlern des 20. Jahrhunderts.

Newman wollte auf seinen Bildern nicht aus formalen Gründen »abstrakt« sein, sondern die Welt der Sinne und des Verstandes übersteigen (»transzendieren«), das »Erhabene« zeigen, dem Unendlichen nahe kommen und »das Unsichtbare sichtbar machen« (Paul Klee).

Seine Bilder »**Eve**« und »**Adam**« (hier nicht abgebildet) tragen biblische Titel, die auf die Urbilder des Menschen hinweisen, von denen am Anfang der Bibel erzählt wird: → S. 76 ff, 94 ff. Das Bild »Eve« hat nicht die häufig bei Newman vorkommende zarte Linie (»zip«), sondern rückt an das breite leuchtende Rot den schmaleren Farbstreifen im dunkleren Burgunderrot. Es kann unterschiedliche Empfindungen, Gedanken und Meditationen auslösen.

Worte Barnett Newmans

»Die Geborenen müssen sterben
Gegen deinen Willen wirst du geformt
Gegen deinen Willen wirst du geboren
Gegen deinen Willen lebst du
Gegen deinen Willen stirbst du.«
Jesus waren diese Worte aus der »Pirke Abot«[1], der »Weisheit der Väter« sicherlich bekannt.

Keiner wird mit jemandes Erlaubnis geboren.
Keiner bittet um Leben.
Wer will sagen, dass er mehr Erlaubnis hat als ein anderer?

1 Traktat der Mischna, der Sammlung religionsgesetzlicher Überlieferungen des rabbinischen Judentums; Grundlage des Talmuds (→ S. 118)

Ein Wort zuvor

❖ Das Thema »Mensch« umfasst ein überaus umfangreiches Gebiet. Was wir mit uns selbst erleben, was wir an anderen beobachten, was wir in unserer Kultur und Gesellschaft erfahren, was die Künste gestalten, was die Wissenschaften erforschen, worüber die Philosophen reflektieren, was die Religionen verkünden – all das hat direkt oder indirekt mit diesem Thema zu tun.

❖ Angesichts dieser vielen Aspekte können hier nicht alle **Fragestellungen** aufgenommen werden, sondern nur die, die für den Religionsunterricht bedeutsam sind.

❖ **Ziel** des Arbeitsbuches ist es, die Grundlinien des christlichen Verständnisses vom Menschen aufzuzeigen, diese mit anderen anthropologischen Konzepten zu vergleichen, sich mit diesen auseinanderzusetzen und sich von diesen ggfs. abzusetzen.

❖ Die Thematik wird unter dem Fachbegriff **»Anthropologie«** (gr.: »Lehre vom Menschen«; → S. 18) zusammengefasst.

Elemente der einzelnen Kursstunden können sein:

❖ eine **Bibellesung** am Anfang, die ggfs. jeweils von einem Schüler/einer Schülerin abwechselnd ausgesucht und vorgetragen wird

❖ ein **Protokoll** der vorhergehenden Stunde, das jeweils von einem Schüler/einer Schülerin angefertigt und möglichst frei vorgetragen wird.

❖ **Lehrervortrag, Expertenbefragung, Schülerreferat:** → M1

❖ **Bibelexegese/Textarbeit:** → M2

❖ **Bildbetrachtung:** → M3

❖ **freies Unterrichtsgespräch, Diskussion**

❖ **Arbeit an einem Projekt:** → M4

❖ **Stillarbeit**

❖ **Meditation:** → M5

❖ (gelegentlich außerhalb des Kursthemas): **Besprechung eines aktuellen** persönlichen, kirchlichen, religiösen oder politischen **Problems.**

Liebe Schülerinnen und Schüler,

❖ Vielleicht fragen Sie sich, was das Thema »Mensch« mit dem Religionsunterricht zu tun hat, zumal Sie schon erfahren haben, dass wichtige Aspekte zu diesem Thema in allen anderen Fächern erarbeitet werden. Muss sich der Religionsunterricht nicht zuerst mit Gott, mit Jesus Christus, mit der Kirche, mit Ewigem Leben, mit anderen Religionen befassen?

❖ Doch schon beim ersten Nachdenken über diese Frage kann klar werden: Wer über Gott nachdenkt, denkt auch über den Menschen nach. Wer das Wort Gottes hört, hört ein Wort über den Menschen. Gott – das ist nicht ein weit abliegendes Thema, das mit dem Menschen nichts zu tun hätte. Jede **Gotteslehre** (»Theologie«) ist auch **Menschenlehre** (»Anthropologie«). Der Religionsunterricht kann heute keine Anthropologie entfalten, die davon absieht, was die **Humanwissenschaften** über den Menschen sagen. Es kann keine christliche Lehre vom Menschen geben, die die neueren Erkenntnisse der Wissenschaften ignoriert.

❖ Was trägt der Religionsunterricht zum Thema Mensch bei? Der **biblisch begründete christliche Glaube hat ein einzigartiges Konzept vom Menschen,** das in keiner Wissenschaft und in keiner Philosophie zu finden ist. Er versteht den Menschen als »Geschöpf Gottes«, als »Bild Gottes«, als »frei verantwortliches Wesen, das zu Ewigem Leben bei Gott berufen ist«. Einer seiner Spitzensätze lautet sogar: »Gott selbst ist in Jesus Christus Mensch geworden.« Damit wird dem Menschen eine Würde zugeschrieben, die nirgends so begründet wird. Was das im Einzelnen heißt, ist ein Thema dieses Arbeitsbuches.

❖ Zugleich muss sich der Religionsunterricht mit den **vielen Auffassungen vom Menschen befassen,** die anders sind als dieses christliche Konzept oder ihm auch widersprechen. Solche Auffassungen werden heute in den Wissenschaften und in der Philosophie vertreten, spielen aber auch im Alltag, z. B. in der Politik, in den Medien, in der Konsumwelt, der Werbung oder der Unterhaltungsindustrie eine große Rolle. Eine Auseinandersetzung damit ist heute nötiger denn je, zumal viele Probleme unserer Welt darauf beruhen, dass ihnen bewusst oder unbewusst unzureichende oder auch gefährliche Auffassungen vom Menschen zugrunde liegen. Auch für Ihr persönliches Leben ist es hoch bedeutsam, wie Sie vom Menschen denken und was Sie von ihm halten.

Wenn Sie sich mit Ihren Erfahrungen, Einsichten und Fragen auf das Thema einlassen, sollte es für Sie zu einer interessanten und lebenswichtigen Arbeit kommen.

Bonn, 8. April 2008   Werner Trutwin

Rudolf Hausner (1914–1995), Adam ist das Maß, 1978

Interpretieren Sie das Bild, indem Sie das Wort des griechischen Philosophen Protagoras (490–411, → S. 117) hinzuziehen: »Der Mensch ist das Maß aller Dinge«. Warum nennt Hausner seine Figur »Adam«?

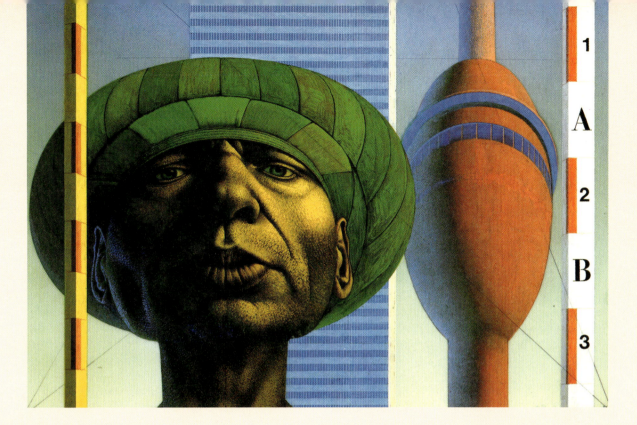

Hinweise zur Arbeit mit diesem Buch

(1) Auf den Doppelseiten dieses Arbeitsbuches finden sich **Texte, Bilder und Materialien**, die helfen sollen, das jeweils angegebene **Thema** zu erschließen. Oft ist es nicht schwer, zusätzliche Informationen zu finden: → M 1.

(2) Für die Einführung in wissenschaftliches Arbeiten, das in der Sekundarstufe II unverzichtbar ist, sind nicht nur die **Inhalte** wichtig, sondern gleichzeitig auch die **Methoden**, die Wege zeigen, auf denen Einsichten und Fertigkeiten gewonnen werden. Beispiele dazu: → M 1– M 5.

(3) Den Anfang aller Arbeitsbücher des »Neuen Forums Religion« bildet jeweils ein Abschnitt »**Basiswissen**«, das in Themen wie »Religion«, »Neues Testament«, »Altes Testament«, »Glaube und Vernunft« usw. einführt. Er ist von grundsätzlicher Bedeutung und fördert das Sachverständnis in Grund- und Leistungskursen.

Es sei auch auf das kleine **Lexikon** im Anhang hingewiesen, das wichtige **Fachbegriffe** der Anthropologie enthält und im Lauf der Arbeit mit diesem Buch ergänzt werden kann.

(4) Dieses Arbeitsbuch baut auf dem Unterrichtswerk »**Religion – Sekundarstufe I**« auf, in dem die Themen behandelt werden, die die Voraussetzung für die Arbeit mit diesem Thema bilden. Wenn es möglich ist, sollten vor allem folgende Kapitel wiederholt werden:

❖ »**Wege des Glaubens**« (7/8): »Geheimnis Leben«, »Das Prinzip Verantwortung«

❖ »**Zeichen der Hoffnung**« (9/10): »Mit Leib, Lust und Liebe«, »Das Recht auf Leben«, »Grundlagen der Gesellschaft«

In anderen Werken für die Sekundarstufe I finden sich gewiss ähnliche Abschnitte.

Für die Arbeit zum Thema »**Weltreligionen**« sei auf die gleichnamige Reihe mit den Bänden »Judentum«, »Christentum«, »Islam«, »Hinduismus« und »Buddhismus« hingewiesen. Sie stellen die Weltreligionen in einem größeren Zusammenhang dar, als es hier möglich ist.

(5) **Häufig benutzte Elemente des Arbeitsbuches** sind:

❖ Bibeltexte, Quellen und Zitate

❖ Lexikonartikel, in denen kurz Sachauskunft über einen Begriff oder ein Thema gegeben wird. Dieser Text sollte in Grundzügen verstanden und eingeprägt werden.

❖ Arbeitsanregungen und Aufgaben, unter denen eine sinnvolle Auswahl erfolgen muss. Sie können ersetzt und auch weggelassen werden.

(6) In einem einzigen Arbeitsbuch können nicht alle Fragen zum Thema behandelt werden. Hier sei darauf verwiesen, dass das Thema »Mensch« **in allen anderen Bänden des »Neuen Forum Religion«** einen wichtigen Platz einnimmt. Es steht dort in einem jeweils theologischen, christologischen, ethischen, ekklesiologischen und eschatologischen Kontext.

Basiswissen: Einführung in das Alte Testament

❖ Die **Bibel** ist das wichtigste Buch der Christenheit. Sie spannt einen weiten Bogen von den Schöpfungserzählungen am **Anfang** (Gen) bis zur Vollendung der Welt am **Ende** (Offb). Darin bewahrt sie in einer unvergleichlichen Fülle Spuren Gottes, Erfahrungen der Menschen und Interpretationen der Welt und des Lebens.

❖ Die Bibel ist nicht direkt Gottes Offenbarung, sondern das Zeugnis von Menschen, die mit ihrem Gott Erfahrungen gemacht haben. Weil die Bibel Gotteswort im Menschenwort ist, enthält sie auch Irrtümer und Unkorrektheiten, z. B. zu historischen oder naturkundlichen Angaben.

❖ Obwohl die Bibel eine **Einheit** ist, weist sie viele **Verschiedenheiten** und sogar **Gegensätze** auf, die darauf zurückzuführen sind, dass sie in verschiedenen Zeiten von verschiedenen Erfahrungen der Menschen spricht. Darum ist ein sachlicher Zugang nicht immer leicht.

❖ Die **eine Bibel** der Christenheit ist **zweigeteilt**. Sie enthält das **Alte Testament** (→ S. 8) – in einer Ausgabe der Einheitsübersetzung ca. 1050 Seiten – und das nicht so umfangreiche **Neue Testament** – in derselben Ausgabe ca. 320 Seiten.

❖ Die **Christenheit** teilt die **Jüdische** (auch: **Hebräische**) Bibel, die von Christen »Altes Testament« (→ S. 8) genannt wird, im Großen und Ganzen mit dem **Judentum**. Diese Bibel hat im Judentum ihren Ursprung, ist dort im Lauf vieler Jahrhunderte gewachsen und wird dort bis heute heilig gehalten und gelesen.

❖ Seit ca. 2000 Jahren ist die Jüdische Bibel die heilige Schrift der Juden und der **Christenheit**. Mit diesem Teil der Bibel, der auch »Gesetz, Propheten und die anderen Schriften« heißt, ist **Jesus** groß geworden. Er hat diese Schriften anerkannt, verehrt und ausgelegt. Die Paulusbriefe und Evangelien beziehen sie in vielen Teilen auf das Alte Testament. In seiner Substanz ist es das bleibende Fundament auch des christlichen Glaubens. Allerdings lesen und interpretieren Juden und Christen dieses Buch im Ganzen und in vielen Details unterschiedlich.

1. Die eine zweigeteilte Bibel

Die Jüdische Bibel – Fundament des Christentums

Erich Zenger, einer der führenden katholischen Alttestamentler, hat sich intensiv mit dem Verhältnis beider Testamente befasst und dabei zahlreiche Missverständnisse, die in der Kirche lange verbreitet waren, ausgeräumt.

Ohne die Heilige Schrift Israels gibt es kein Christentum. Die christlichen Gemeinden haben im Gottesdienst von Anfang an biblische Texte als Gottes Wort vorgelesen und ausgelegt. Biblische Texte waren normativ und formativ für christliche Existenz in der Nachfolge Jesu. Sprache und Bilder der Bibel bildeten die kulturelle Matrix der ersten Jüngerinnen und Jünger Jesu. Diese Bibel der Christen war bis ins 2. Jh. hinein die Jüdische Bibel. Für das Urchristentum war diese Bibel nicht das »Alte Testament« im Sinne einer zweitrangigen oder gar veralteten Offenbarung. Auch als im 2. Jh. die ab der Mitte des 1. Jh. entstandenen »christlichen« Evangelien und Apostelbriefe in der Kirche den Rang »Heilige Schrift« erhielten, traten die neuen heiligen Bücher nicht an die Stelle der Bibel Israels. Zwar gab es damals vereinzelte, massiv vorgetragene Versuche, die Jüdische Bibel als für christliche Identität nicht (mehr) relevant oder sogar als im Gegensatz zur Botschaft Jesu stehend zu verwerfen, doch hat die Kirche dieser »Entjudaisierung« ihrer Bibel widersprochen, wohl wissend, dass die Jüdische Bibel das Fundament der Gottesbotschaft Jesu und des Bekenntnisses zu Jesus dem Christus war und ist.

Erich Zenger (geb. 1939)

Rechts: Marc Chagall (1878–1985), Rabbiner, nicht datiert. Der Rabbiner trägt den Gebetsschal (»Tallit«) und die Lederriemen mit den beiden Kapseln an Stirn und Arm (»Teffilin«). In seinen Händen hält er die mit einem Thoramantel umhüllte Thorarolle.

Thorarolle mit Zeiger, 18. Jh. Im Gottesdienst der Synagoge weist der Vorleser mit dem Zeiger (»Jad«) auf den hebräischen Bibeltext.

»Wie eine Pflanze ohne Wurzeln«

Die Päpstliche Bibelkommission veröffentlichte 2001 ein ungewöhnliches Dokument mit dem Titel »Das jüdische Volk und seine Heilige Schrift in der christlichen Bibel«. Darin wird die Bedeutung des Buches, das die Christen »Altes Testament« nennen, in einer einzigartigen Weise gewürdigt. Es wird betont, dass die Juden Schriftauslegungen eigenen Rechts haben, von denen auch die Christen lernen können und sollen. Zugleich verbietet das Dokument jegliche Herabsetzung des Alten Testaments, wie sie in der früheren Kirchengeschichte häufig vorkam.

Das jüdische Volk und seine Heilige Schrift nehmen in der christlichen Bibel einen höchst bedeutsamen Platz ein. In der Tat ist die Heilige Schrift des jüdischen Volkes ein wesentlicher Teil der christlichen Bibel, und sie ist
5 auch im zweiten Teil dieser Bibel in vielfacher Weise gegenwärtig. Ohne das Alte Testament wäre das Neue Testament ein Buch, das nicht entschlüsselt werden kann, wie eine Pflanze ohne Wurzeln, die zum Austrocknen verurteilt ist.
10 Das Neue Testament erkennt die göttliche Autorität der Heiligen Schrift des jüdischen Volkes an und stützt sich auf diese Autorität. Wenn es von der »Schrift« spricht und sich auf das bezieht, »was geschrieben steht«, dann meint das Neue Testament die Heilige Schrift des jüdi-
15 schen Volkes, auf die es verweist …
Diese Kontinuität hat tiefe Wurzeln und zeigt sich auf verschiedenen Ebenen. So erscheinen im Christentum wie im Judentum Schrift und Überlieferung in vergleichbarer Weise miteinander verbunden. Jüdische Methoden
20 der Schriftauslegung finden häufig im Neuen Testament Verwendung. Der christliche Kanon des Alten Testamentes verdankt seine Bildung dem Zustand der Schrift des jüdischen Volkes am Ende des 1. Jahrhunderts nC. Für die genaue Auslegung der Texte des Neuen Testaments
25 ist oft die Kenntnis des Judentums dieser Epoche vonnöten.

Vor allem beim Studium der großen Themen des Alten Testaments und ihrer Weiterführung im Neuen wird einem die eindrucksvolle Symbiose bewusst, die die bei-
30 den Teile der christlichen Bibel verbindet, und zugleich die überraschende Kraft der geistlichen Bande, die die Kirche Christi mit dem jüdischen Volk verknüpfen. Im einen wie im anderen Testament ist es derselbe Gott, der mit den Menschen in Beziehung tritt und der sie einlädt,
35 in Gemeinschaft mit ihm zu leben; es ist ein einziger Gott, der auch die Quelle von Einheit ist; ein Schöpfergott, der verlässlich für seine Geschöpfe sorgt, vor allem jene, die vernunftbegabt und frei sowie berufen sind, die Wahrheit zu erkennen und zu lieben; vor allem ein Gott,
40 der befreit und rettet, nachdem die Menschen, die er

nach seinem Bild geschaffen hat, aufgrund ihrer Schuld elender Sklaverei verfallen sind.
Wir Christen können und müssen zugeben, dass die jüdische Lesung der Bibel eine mögliche Leseweise darstellt … Auf dem konkreten Feld der Exegese können Christen 45 viel von der jüdischen Exegese lernen.

Das jüdische Volk und seine Heilige Schrift in der christlichen Bibel. 84 f.; 22

---

1 Lesen Sie die Erzählung von der **Kindheit** Jesu nach Matthäus (1, 1-2, 23), suchen Sie dort die Verweise auf das AT und zeigen Sie, welche Bedeutung das AT für den Text hat.
2 Was sagt Jesus in der **Rede auf dem Berg** von den Heiligen Schriften Israels, die vom Neuen Testament oft »Gesetz und Propheten« genannt werden? → Mt 5, 17-20
3 Zeigen Sie an der Erzählung von den **Emmausjüngern** (Lk 24,13-35), welche Bedeutung die Schriften Israels für den Auferstandenen und die ersten Jünger hatten.
4 Warum haben die **Nazis** während ihrer Herrschaft 1933–1945 versucht, das Alte Testament zu diskreditieren und zu verdrängen?

2. Viele Bücher – eine kleine Bibliothek

❖ Die **Juden** nennen ihre biblischen Bücher mit dem Kunstwort **»Tanach«**. Das Wort ist aus den hebräischen Anfangsbuchstaben der drei Gruppen von Büchern gebildet worden, die den jüdischen Aufbau anzeigen: 1. **T**hora, d. h. Gesetz; 2. **N**ebiim, d. h. Propheten; 3. **K**etubim, d. h. Schriften (Das K wird wie Ch gesprochen). Die beiden eingefügten Vokale a dienen der besseren Lesbarkeit.

❖ **Christen** nennen diese Bücher **»Altes Testament«**. Diese nachbiblische Bezeichnung wurde eingeführt, nachdem die frühen christlichen Schriften zum »Neuen Testament« zusammengefasst wurden und das Christentum begann, sich vom Judentum abzusetzen. Da die Bezeichnung »alt« als »veraltet« verstanden werden kann, hat man vorgeschlagen, stattdessen auch vom **»Ersten (Altes) Testament«** zu sprechen. Wenn man aber »alt« im Sinn von »ehrwürdig«, »grundlegend gegenüber allem Neuen« versteht, kann man auch sinnvollerweise vom »Alten Testament« sprechen, zumal die Bezeichnung »Erstes Testament« auch missverständlich ist, etwa wenn man damit meint, das »Zweite Testament« habe das »Erste Testament« in seiner Geltung abgelöst. Heute sind beide Begriffe gebräuchlich.

❖ Juden, Christen und Religionswissenschaftler sprechen heute auch von der **»Hebräischen«** oder **»Jüdischen Bibel«**.

❖ Nach **katholischer Zählung** enthält das Alte Testament **46 Bücher**. Darum ist das Alte Testament mit einer kleinen Bibliothek vergleichbar. Da Juden und Protestanten nicht alle diese Schriften genau so anerkennen und auch einige Schriften zusammenfassen, stimmt deren Zählung mit der katholischen Zählung nicht vollständig überein. Sie zählen die folgenden Schriften nicht zur Bibel: Tob, Jdt, 1 und 2 Makk, Weish, Sir, Bar mit Jeremiasbrief, Fragmente von Dan und Est, weil dieses Texte in den ältesten hebräischen Handschriften nicht vorkommen, sondern erst in den griechischen Übersetzungen, auf die sich auch die Christen bezogen.

Das Alte Testament

Thora/Der Pentateuch	
Genesis	Gen
Exodus	Ex
Levitikus	Lev
Numeri	Num
Deuteronomium	Dtn

Die Bücher der Geschichte	
Josua	Jos
Richter	Ri
Rut	Rut
1 Samuel	1 Sam
2 Samuel	2 Sam
1 Könige	1 Kön
2 Könige	2 Kön
1 Chronik	1 Chr
2 Chronik	2 Chr
Esra	Esra
Nehemia	Neh
Tobit	Tob
Judit	Jdt
Ester	Est
1 Makkabäer	1 Makk
2 Makkabäer	2 Makk

Die Bücher der Weisheit	
Ijob	Ijob
Psalmen	Ps
Sprichwörter	Spr
Kohelet	Koh
Hoheslied	Hld
Weisheit	Weish
Jesus Sirach	Sir

Die Bücher der Prophetie	
Jesaja	Jes
Jeremia	Jer
Klagelieder	Klgl
(Baruch)	Bar
Ezechiel	Ez
Daniel	Dan
Hosea	Hos
Joel	Joel
Amos	Am
Obadja	Obd
Jona	Jona
Micha	Mi
Nahum	Nah
Habakuk	Hab
Zefanja	Zef
Haggai	Hag
Sacharja	Sach
Maleachi	Mal

Der Tanach

Thora/»Gesetz«
Genesis
Exodus
Levitikus
Numeri
Deuteronomium

Nebiim/»Propheten«
Josua
Richter
Rut
1 Samuel
2 Samuel
1 Könige
2 Könige
Jesaja
Jeremia
Ezechiel
Hosea
Joel
Amos
Obadja
Jona
Micha
Nahum
Habakuk
Zefanja
Haggai
Sacharja
Maleachi

Ketubim/»Schriften«
Psalmen
Ijob
Sprichwörter
Rut
Hoheslied
Kohelet
Klagelieder
Ester
Daniel
Esra
Nehemia
1 Chronik
2 Chronik

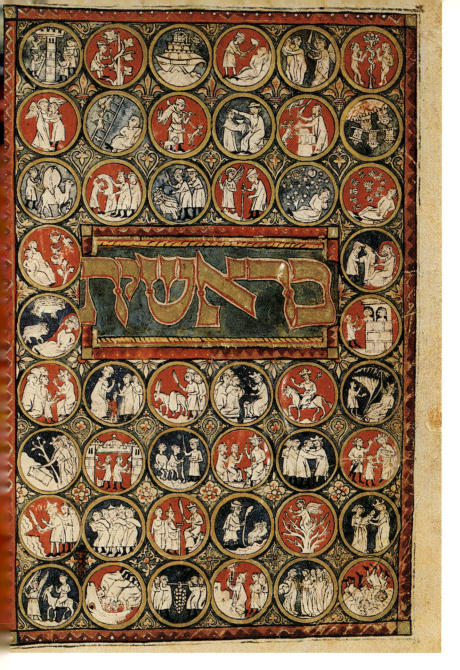

Titelblatt zur Genesis, Schocken-Bibel, 14. Jh., Jerusalem. Das Bild zeigt (von rechts nach links) biblische Szenen aus der Thora:

Erste Reihe: 1. Adam und Eva mit der Schlange. 2. Die Vertreibung aus dem Paradies. 3. Kain erschlägt Abel. 4. Die Arche Noach. 5. Noach beschneidet den Weinstock. 6. Der Turm zu Babel.

Zweite Reihe: 7. Zerstörung von Sodom und Gomorra. 8. Opferung Isaaks. 9. Isaak segnet Jakob. 10. Esau kehrt von der Jagd zurück. 11. Jakobs Traum zu Bet-El. 12. Jakobs Kampf mit dem Engel.

Dritte Reihe: 13. und 14. Die Träume Josefs. 15. Josef trifft den Engel (außerbiblisch). 16. Josefs Brüder hüten die Herden. 17. Josefs Rock wird geraubt. 18. Josef wird verkauft.

Vierte Reihe: 19. Josef und Potiphars Frau. 20. Die Träume des Bäckers und des Mundschenks.

Fünfte Reihe: 21. Josef legt die Träume der beiden aus. 22. Pharaos Träume.

Sechste und siebte Reihe: 23. Josef deutet die Träume Pharaos. 24. Josef als Vizekönig in Ägypten. 25.–31. Josef und seine Brüder. 32.–33. Knechtschaft in Ägypten(?). 34. Auffindung des Moseknaben.

Achte Reihe: Pharaos Tochter übergibt Mose seiner Mutter. 36.–37. Der brennende Dornbusch. 38. Mose und Aaron vor Pharao. 39. Der Auszug. 40. Mose teilt das Rote Meer.

Neunte Reihe: 41. Ertrinken der Ägypter. 42. Mirjam und die israelitischen Frauen feiern. 43. Die Erscheinung Gottes am Sinai. 44. Die Kundschafter tragen die Trauben aus Kanaan. 45. Korach und seine Rotte von der Erde verschlungen(?). 46. Bileam und sein Esel.

Das theologische Programm der Gliederung

Im Alten Testament sind verwandte Bücher in **vier Gruppen** eingeteilt, die einen geschichtstheologischen Sinn haben. Die Gliederung selbst zeigt in Kurzform das Programm des Alten Testaments.

1 Die **Thora** bildet mit Schöpfung, Abraham, Mose, Bundesschluss, Gesetzgebung am Sinai und Einzug in das Verheißungsland die Grundlegung. In ihr wird Gottes Zuspruch und Anspruch erstmals offenbar.

2 Die **Bücher der Geschichte** Israels im Land der Verheißung lenken den Blick in die Vergangenheit.

3 Die **Bücher der Weisheit** sprechen von Erfahrungen und Reflexionen Israels über elementare Lebenssituationen. Sie sind auf die Gegenwart bezogen.

4 Die **Prophetenbücher** bewahren die mahnenden und tröstenden Worte der Propheten auf, die zu einem wichtigen Teil auf die Zukunft bezogen sind.

❖ Das Alte Testament erzählt
- von **Gott**, seinen Werken und Taten,
- vom **Volk Israel** und seiner Geschichte,
- vom **Menschen**, von dessen Größe, Normalität und Elend sowie von seinen Wegen und Irrwegen auf der Suche nach Gott (→ S. 80f).

❖ Das Wort »**Testament**« meint nicht, wie in der deutschen Sprache möglich, »Vermächtnis« (»letzter Wille«), sondern »**Bund**«, »**Bundesbuch**«, weil in den heiligen Schriften vom Bund Gottes mit Israel bzw. mit den Menschen die Rede ist.

3. Die Erzählungen vom Handeln Gottes mit Israel

Am Anfang der Hebräischen Bibel steht ein umfangreicher **Erzählkomplex, der von der Geschichte des Volkes Israel und seinen dramatischen Beziehungen zu Gott handelt.** Anders als in den anderen nahöstlichen Mythen, z. B. im mesopotamischen Gilgamesch-Epos (→ S. 116) oder in den ägyptischen Erzählungen über Osiris und Isis, sind die Erzählungen der Bibel in der **Geschichte** angesiedelt. Sie wissen von Gottes Verheißungen und Forderungen, von denen für das Volk Israel, aber auch für die ganze Menschheit alles abhängt. Das Volk Israel und alle, die die Bibel lesen, können die gegenwärtigen und zukünftigen Geschicke der Welt positiv mitbestimmen, wenn sie den Worten Gottes vertrauen und seinen Forderungen folgen.

Die biblische Großerzählung

Israel Finkelstein gehört zu den führenden Archäologen in Israel. Neil Asher Silberman ist amerikanischer Archäologe. Sie haben viele ältere Auffassungen über die Bibel zu Fall gebracht, vor allem solche, die meinten, die Archäologie bestätige weithin die Aussagen der Bibel (»Und die Bibel hat doch recht«).

Schöpfung und Erzväter

Die biblische Geschichte beginnt mit der **Schöpfung** der Welt und des Menschen sowie dem **Garten Eden** und fährt fort mit den Geschichten von **Kain und Abel,** von der **Sintflut** und von Noach, um sich schließlich auf das Schicksal einer einzigen Familie – derjenigen **Abrahams** – zu konzentrieren. Abraham ist der von Gott Erwählte, er soll der Vater einer großen Nation werden, und er befolgt treu   5
Gottes Gebote. Er zieht mit seiner Familie von seiner ursprünglichen Heimat in Mesopotamien nach Kanaan. Dort wandert er während seines langen Lebens als Außenseiter inmitten einer sesshaften Bevölkerung umher. Mit seiner Frau **Sara** zeugt er einen Sohn, **Isaak,** der die zunächst Abraham gemachte göttliche Verheißung erben soll. Isaaks Sohn **Jakob** – der dritte Erzvater – wird der Vater von   10
zwölf verschiedenen Stämmen. Während seines farbenreichen, bunten Wanderlebens, in dem er eine große Familie gründet und überall im Land Altäre errichtet, ringt Jakob mit einem Engel und erhält den **Namen Israel** (was bedeutet: »der mit Gott gekämpft hat«), den alle seine Nachfahren tragen werden. Die Bibel berichtet, wie Jakobs zwölf Söhne sich streiten, zusammenraufen und schließlich   15
ihre Heimat verlassen, um während einer Hungersnot in Ägypten Zuflucht zu suchen. Der Erzvater Jakob erklärt in seinem letzten Willen und Testament, der Stamm seines Sohnes Juda werde über alle anderen herrschen.

Mose: Exodus – Gottesname – Gesetzgebung

Anschließend weitet sich die Schilderung von einem Familiendrama zu einem historischen Schauspiel aus. Der Gott Israels beweist dem **Pharao** von **Ägypten,**   20
dem mächtigsten menschlichen Herrscher der Welt, seine ehrfurchtgebietende Macht. Die Israeliten sind eine große Nation geworden, trotzdem sind sie als verachtete Minderheit versklavt und bauen großartige Monumente für die ägyptischen Herrscher. Gottes Wille, sich der Welt gegenüber zu erkennen zu geben, geschieht, indem er **Mose** als seinen Vermittler wählt, um die **Befreiung der Israe-**   25
liten zu erlangen, damit sie ihr wahres Schicksal antreten können. Und in der vielleicht lebhaftesten Abfolge von Ereignissen in der Literatur der westlichen Welt beschreiben die Bücher Exodus, Levitikus und Numeri, wie der Gott Israels mit seinen Zeichen und Wundern die Israeliten aus Ägypten hinaus und in die **Wüste** führt. Auf dem **Sinai** offenbart Gott der Nation seine wahre Identität als **JHWH**   30
(der heilige Name, gebildet aus vier hebräischen Buchstaben) und gibt ihnen einen **Gesetzeskodex** (u. a. die Zehn Gebote), nach dem sie ihr Leben als Gemeinschaft und als Einzelmenschen ausrichten sollen.

Im Verheißungsland: Richter und Könige

Die heiligen Bedingungen für den **Bund** Israels mit JHWH, die auf Steintafeln geschrieben sind und in der Bundeslade aufbewahrt werden, dienen ihnen als   35
heiliges Schlachtenbanner, als sie ins **verheißene Land** aufbrechen. In mancher Kultur wäre der Gründungsmythos an diesem Punkt zu Ende – als eine wunderbare Erklärung dafür, wie das Volk entstand. Aber die Bibel erzählt noch über Jahr-

---

1 Wählen Sie aus den genannten Abschnitten **eine Erzählung der Bibel** aus und gehen Sie näher darauf ein.
2 Entwerfen Sie ein kurzes biblisches Porträt von **Abraham, Jakob, Mose und David** und stellen Sie die Bedeutung heraus, die die Bibel diesen Personen zuschreibt.
3 Entwerfen Sie Grundzüge des **Gottesbildes bzw. der Gottesbilder,** die sich im Alten Testament finden lassen.
4 Was kann die **Archäologie** für die Erforschung der Bibel leisten, was nicht?

10 Basiswissen: Einführung in das Alte Testament

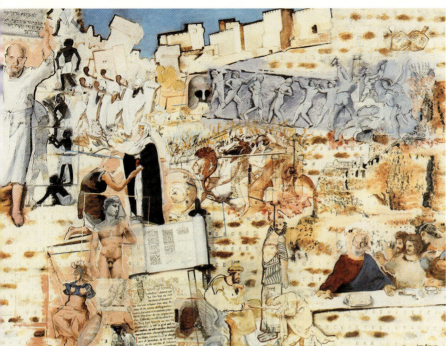

Larry Rivers (1923–2002), Die Geschichte der Juden I, 1982–1984

Der jüdische Künstler hat auf seinem großen Werk collagenhaft Fotos, Zeichnungen, Zitate, Kunstdrucke zusammengestellt, um so die Geschichte des Judentums von den Anfängen bis zur Gegenwart zu zeigen. Links hebt Mose eine Tafel mit dem Text des 8.–10. Gebotes in die Höhe. Er steht in einem ägyptischen Umfeld. Neben ihm ein kleiner Pharao und dunkelhäutige Arbeiter, die an Israels Sklavenarbeit erinnern. Weiß gekleidete Gestalten, die lange Hörner blasen, bringen die Mauern Jerichos zum Einsturz. Darunter sieht man den David Michelangelos, hinter ihm eine Thorarolle, darunter ein Papyrus mit dem Hohenlied. Halbrechts unten zeigt der Perserkönig auf Ester, währen Haman am Galgen hängt, den er den Juden zugedacht hatte. In der Bildmitte brennt der Tempel Salomos. Oben rechts neben einem Bronzehelm erinnert ein griechisches Fries mit nackten Athleten an die Bedrängnis der Juden in hellenistischer Zeit. Rechts unten wird das Abendmahl Leonardo da Vincis zitiert. Jesus trägt die Züge des Mose.

hunderte hinweg von unzähligen Triumphen, Wundern, unerwarteten Wenden und kollektivem Leid (Richterzeit). Auf die großen Triumphe der israelitischen **Einnahme Kanaans, König Davids Gründung eines Großreichs** und **Salomos Bau des Tempels in Jerusalem** folgen **Spaltung**, wiederholte Rückfälle in die Abgötterei und schließlich **Verbannung**. Denn die Bibel beschreibt, wie die zehn nördlichen Stämme sich kurz nach Salomos Tod nicht länger den davidischen Königen in Jerusalem unterwerfen wollen, sich einseitig von der vereinten Monarchie lösen und so die Entstehung zweier rivalisierender Königreiche erzwingen: des **Königreichs Israel** im Norden und des **Königreichs Juda** im Süden.

In den zweihundert Jahren danach lebt das Volk Israel in zwei getrennten Königreichen und fällt immer wieder den Lockungen fremder Götter anheim. Die Herrscher im Nordreich werden in der Bibel alle als verstockte Sünder beschrieben; aber auch einige Könige von Juda weichen gelegentlich vom Pfad der völligen Hingabe an Gott ab.

Gefangenschaft in Assur und Babylon

Schließlich schickt Gott Invasoren und Unterdrücker von außen, um das Volk Israel für seine Sünden zu strafen. Als Erste überfallen die syrischen **Aramäer** immer wieder das Königreich Israel. Danach bringt das mächtige **Assyrische Reich** den Städten des Nordreichs Zerstörung ohnegleichen und im Jahr **720 vC** für einen beträchtlichen Teil der zehn Stämme das bittere Schicksal von **Verwüstung und Verbannung**. Das Südreich Juda behauptet sich über hundert Jahre länger, aber auch seine Bewohner können das unentrinnbare Gottesurteil nicht abwenden. 586 vC dezimiert das erstarkende, brutale **Babylonische Reich** das Land Israel und steckt **Jerusalem und seinen Tempel in Brand.**

Mit dieser großen Tragödie weicht die biblische Erzählung dramatisch und wiederum in charakteristischer Weise vom üblichen Muster religiöser Epen ab. In vielen derartigen Geschichten bedeutet die Niederlage eines Gottes durch eine andere Armee auch das Ende seines Kultes. In der Bibel wird die **Macht des Gottes Israels** nach dem Fall Judas und der Verbannung der Israeliten dagegen sogar als noch höher angesetzt. Der Gott Israels ist keineswegs durch die Zerstörung seines Tempels gedemütigt, vielmehr wird er als eine Gottheit mit unübertroffener Macht betrachtet. Schließlich hat er sich der Assyrer und Babylonier als seine ahnungslosen Helfer bedient, um das Volk Israel für seine Untreue zu strafen.

Rückkehr: Leben nach dem Gesetz Gottes

Nach der **Rückkehr eines Teils der Verbannten nach Jerusalem** und dem **Wiederaufbau des Tempels** ist Israel keine Monarchie mehr, sondern eine Religionsgemeinschaft, geleitet vom göttlichen Gesetz und angehalten, die in den heiligen Texten der Gemeinschaft vorgeschriebenen Rituale zu befolgen. Und allein die freie Entscheidung von Männern und Frauen, diese göttlich verfügte Ordnung zu befolgen oder dagegen zu verstoßen – weder das Verhalten seiner Könige noch der Aufstieg und Niedergang großer Reiche –, sollte fortan den Verlauf der Geschichte Israels bestimmen. Die Wirkung der Bibel liegt genau darin, dass sie sich so außerordentlich stark auf die Verantwortung des Menschen konzentriert. Andere alte Epen verblassen im Laufe der Zeit, dagegen ist der Einfluss der biblischen Geschichte auf die westliche Zivilisation ständig gewachsen.

Israel Finkelstein (geb. 1949) und
Neil Asher Silberman (geb. 1959)

4. Geschichte und Geschichten

❖ Die **biblischen Texte**, die den Blick am weitesten in die Vergangenheit zurücklenken, sind **keine historischen Texte**. Sie erlauben es nicht, eine Geschichte Israels zu schreiben, die den Anforderungen heutiger Geschichtswissenschaften gerecht wird. Meist sind sie nicht in der Zeit entstanden, von der sie erzählen, sondern Jahrhunderte später. Ihre Absicht war anders. Sie sollten dem Volk im Blick auf die Vergangenheit Kraft und Hoffnung, Trost und den Willen zur Gesetzestreue schenken.

❖ Das gilt nicht nur für die **Urgeschichte**, sondern auch für die Erzählungen von den **Erzvätern**, von **Mose**, dem **Exodus** und dem **Wüstenzug**, von der **Landnahme** und weithin auch für die Erzählungen von den Königen **Saul, David und Salomo**. Erst in später Königszeit, etwa seit der Herrschaft des reformfreudigen Königs **Joschija** (639–609) in Jerusalem, werden die Texte unter historischem Gesichtspunkt ergiebiger. Das gilt erst recht für das **Babylonische Exil** (586–538) und die Zeit nach der **Rückkehr** in das Land der Väter.

❖ Wenn das Alte Testament auch kein Lehrbuch der Geschichte ist, so behält es doch mit seinem **religiös-theologischen Gehalt** seine Verbindlichkeit. So bleiben der **Monotheismus**, die **Schöpfungserzählung**, der **Dekalog**, die jüdischen **Weisheitslehren**, die Verheißungen der **Propheten** und die Erwartung des **Messias** auch dann die Grundlage des Glaubens, wenn der Rahmen, in dem diese Lehren erzählt werden, nicht historisch ausgedeutet werden kann.

1. Warum fällt es vielen Menschen unserer Zeit schwer, an die **Wahrheiten der Bibel** zu glauben, wenn sie erfahren, dass viele biblische Texte nicht historisch sind? Wie könnten deren Bedenken ausgeräumt werden?
2. Inwieweit gilt das hier vom Alten Testament Gesagte auch für das **Neue Testament**?

Die wissenschaftliche Erforschung

Das Alte Testament ist seit ca. 200 Jahren **Gegenstand einer intensiven wissenschaftlichen Erforschung**. Sie umfasst u. a.

❖ das Studium der alten **Handschriften**, auf denen sich Texte des Alten Testaments befinden;

❖ eine gründliche Untersuchung des **Textes**: Vergleich, sprachliche Eigentümlichkeiten, Dubletten, Fremdwörter, Aufbau, literarische Arten, Zugehörigkeit zu Sammelwerken usw.;

❖ die Rekonstruktion der **Geschichte Israels**: Datierungen, Zahlen, Ereignisse, Entwicklungen, Perspektiven usw.;

❖ den **Vergleich mit nichtbiblischen Quellen** der altorientalischen Religion, Kultur, Sprache und Geschichte: Mythen der Ägypter, Mesopotamier, Kanaanäer, Perser, Griechen, Römer u. a., Königslisten, Verträge, Gesetze, Gebete, Chroniken usw;

❖ **archäologische Untersuchungen** der Funde und der biblischen Orte; Dörfer, Städte, Befestigungsanlagen, Gräber, Wohnungen, Altäre, Münzen, Tongeschirr, Statuen usw.;

❖ **naturgeschichtliche Aspekte**, z. B. alte Planzen, Tiere, Lebensmittel, Flüsse, Berge usw.

Lesser Ury (1861–1931), Mose auf dem Berg Nebo (Dtn 32, 48–52), 1927

Auf einer schweren Basaltsäule aus der Zeit des Pharao Mernephta (etwa 1225–1215 vC) wird in Hieroglyphenschrift zum ersten Mal der Name »Israel« außerhalb der Bibel erwähnt. Der Pharao, der Sohn des Pharao Ramses II., habe eine Israel-Gruppe in Kanaan besiegt. Das Bild zeigt symmetrisch zweimal dieselbe Darstellung: der Gott Amun überreicht dem Pharao ein Schwert.

Das Ergebnis der Forschung

❖ Die Untersuchungen haben zu der Erkenntnis geführt, dass die **biblischen Erzählungen auf weite Strecken mit der Geschichte Israels**, soweit wir diese heute rekonstruieren können, **nicht übereinstimmen**. Kein alttestamentlicher Text ist mit Sicherheit schon im 2. Jahrtausend vC entstanden. Die Texte sagen uns meist mehr über die Zeit, in der sie entstanden sind, als über die Zeit, von der sie erzählen. Dabei gilt im Allgemeinen die Regel: Je weiter die Texte auf Ereignisse und Personen der Vergangenheit zurückschauen, umso **weniger sind sie als historische Quellen anzusehen**. Es wird heute mehr und mehr zur Gewissheit, dass viele dieser nichthistorischen Geschichten in späterer Zeit aus **religiös-theologischen Gründen und aus politischen Motiven entstanden** sind.

❖ Für die Forschung ist es heute möglich, in den biblischen Texten verschiedene Erzählstränge zu unterscheiden, zu datieren und ihre unterschiedlichen religiös-theologische Absichten aus der Zeit ihrer Entstehung heraus zu beschreiben. Mag dabei auch vieles hypothetisch bleiben, so lässt sich doch verlässlich sagen, dass die alttestamentlichen Schriften, wenn sie die großartigen Geschichten von Gott und vom Volk Israel erzählen, nicht in erster Linie das Material für die politische und kulturelle Geschichte Israels liefern, wohl aber die Verbindung Gottes mit Israel und der Menschheit begründen, die für den Glauben der Juden und Christen bis heute maßgeblich ist.

Ein Beispiel – Mosezeit und Exodus

Gegenwärtig wird gelegentlich bezweifelt, dass es Mose jemals gegeben und dass der Exodus stattgefunden hat, weil die erwähnten Ereignisse und Personen, die man traditionell in das 13. Jh. vC datiert, **in den zahlreichen ägyptischen Quellen der damaligen Zeit nirgends erwähnt** werden. Auch die **Archäologie** hat keinerlei Hinweise auf den Wüstenzug des Volkes Israel gefunden, obwohl die Wüste gründlich erforscht ist und die lange Wanderung eines ganzen Volkes Spuren hinterlassen haben müsste, die mit den Mitteln der heutigen Technik leicht auffindbar wären. Nicht einmal über die Lage des Berges Sinai ist Gewissheit zu erzielen.

Wenn diese Behauptungen auch ernst genommen werden müssen, so ergibt sich daraus doch nicht, dass die Erzählungen reine Erfindungen sind. In ihnen kann sich die Erinnerung an einige historische Ereignisse erhalten haben. Dafür sprechen mehrere Gründe.

❖ In der Bibel werden die Städte des Ramses (Ex 1, 11) genannt, die der Pharao Ramses II. (ca. 1298–1213 vC) erbauen ließ.

❖ Dass Kriegsgefangene und Nomaden in Ägypten zu **Zwangsarbeiten** herangezogen wurden, belegen ägyptische Quellen der alten Zeit.

❖ Unbezweifelbar ist, dass die semitischen **Hyksos** lange in Ägypten lebten und dann vertrieben wurden. Der Aufenthalt von »**Hebräern**« (»Hapiru«) in Ägypten und der Sieg über »**Israel**« wird in alten Texten erwähnt.

❖ Der Name »**Mose**« ist ägyptisch und kommt in Pharaonennamen wie Ramses (Ra-Moses) und Thutmosis vor. Dabei hat das ägyptische Wort »Mose« die Bedeutung von »Kind«. Ramses ist also das Kind des Sonnengottes Re, Thutmosis das Kind des Thot, des Gottes der Weisheit. Dass der Name des Mose nicht mit einem ägyptischen Götternamen verbunden ist, verdient Aufmerksamkeit. Es ist schwer vorstellbar, dass spätere Schriftsteller für die wichtigste Gestalt des Volkes Israel einen ägyptischen Namen erfunden hätten.

Wie immer es um die Geschichtlichkeit des Mose und des Exodus bestellt ist, fest steht, dass die Texte selbst in viel späteren Zeiten – etwa im 9.–5. Jahrhundert vC – entstanden sind, möglicherweise alte Quellen verwerten, verschiedene literarische Stränge enthalten und viele Erzählungen mit den unterschiedlichen Intentionen späterer Jahrhunderte ausmalen. Die Mose- und Exodus-Erzählungen sollen dem Volk in schweren Zeiten anschaulich sagen, dass Gott sich schon immer als Befreier des Volkes erwiesen hat und die Mächtigen dieser Welt besiegen kann. Sie begründen z. B., wie das Pesachfest zu feiern ist, welche Gebote für den Bund mit Gott zu befolgen sind und warum das Volk Israel im Verheißungsland lebt.

5. Propheten – Frauen – Beter – Weise

Propheten

Adolf Deissler zählt zu den bedeutendsten katholischen Alttestamentlern des 20. Jahrhunderts. Er hat vielfach neue Wege zum Verständnis des Alten Testaments gewiesen.

In den abendländischen Sprachen hat das Wort »Prophet« eine beklagenswerte Bedeutungsverengung erfahren. Man versteht darunter einen Menschen, der »prophezeit«, d.h. die Zukunft weissagt. Beigetragen hat zu dieser schiefen Sicht leider auch die christliche Verkündigung, welche die Hauptaufgabe der Propheten zumeist so umschrieb: Gott hat die Propheten zu Israel gesandt, um den Messias zu weissagen. Die Bibel selbst widerlegt diese Behauptung schon dadurch, dass sich bei den Propheten nur wenige messianische Texte finden, dagegen die Gotteszeugnisse die Hauptmasse ihrer schriftlichen Hinterlassenschaft darstellen. Der hebräische Ausdruck für Prophet (»nabi«) bedeutet nichts anderes als »berufener Rufer«, und dessen griechische Wiedergabe mit »prophetes« meint ursprünglich den »Sprecher der Gottheit vor dem Volk«. Da man an den Orakelstätten (z.B. in Delphi) zumeist die Zukunft erfragte, gewann der Begriff »Prophet« dann auch den Nebensinn »Vorhersager«. Aber ihn zum Hauptsinn zu machen, ist wider die biblische Textlage.

Alfons Deissler (1914–2005)

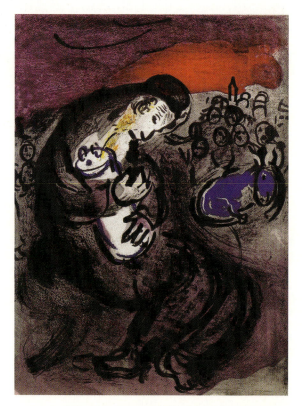

Frauen

❖ Das **Buch Rut** ist aus vielen Gründen bemerkenswert. Es ist eine

- **Frauengeschichte**: In ihrem Mittelpunkt stehen Frauen, die sich in einer Männerwelt hart durchs Leben schlagen müssen. In der damaligen Welt waren Frauen gegenüber den Männern oft benachteiligt. Rut selbst gehört in die Reihe der großen Mütter Israels (→ S. 10).
- **Fremdengeschichte**: Eine Moabiterin, eine Ausländerin also, die aus einem eher verachteten Volk kommt, wird die Urgroßmutter des Königs David und gelangt so in die Ahnenreihe der wichtigsten jüdischen Familie. Rut wird wegen ihrer Verwandtschaft mit David auch im Stammbaum Jesu (Mt 1, 5) genannt.
- **Alltagsgeschichte**: Sie handelt nicht von Patriarchen und Propheten, nicht von Königen und Feldherrn, sondern von kleinen Leuten, die eigentlich nichts Auffälliges tun. Sie helfen sich gegenseitig und ertragen die täglichen Mühen, ohne daran zu zerbrechen. Sie leben, geben das Leben weiter und zeigen, was der Gott Israels will.

Basiswissen: Einführung in das Alte Testament

❖ Das **Buch Judit** ist eine nicht historische Erzählung von einer kinderlosen verwitweten Frau, die ihr Volk vor dem babylonischen Gewaltherrscher
25 Nebudkadnezzar (6. Jh. vC) rettet, der Israel vernichten und selbst Gott sein will. Während die Männer in dieser verzweifelten Situation den Mut verlieren, begibt sich Judit in das Lager des Großkönigs, kann ihn durch List betören und schließlich töten. Das Buch wirft die Frage auf, ob Gewalt gerechtfertigt sein kann, um grauenhafte Gewaltherrschaft zu beseitigen. Bemerkenswert ist hier,
30 dass eine Frau und nicht ein Mann die rettende Tat vollbringt.

❖ Das nachexilische nicht historische **Buch Ester** erzählt von einer schönen Jüdin, die Gemahlin des Perserkönigs wird und ein Judenpogrom verhindern kann. Ähnlich wie im Buch Judit sind hier Macht/Gewalt, Erotik/Sexualität und Rettung Schwerpunkte der Erzählung. Gott selbst greift in das Gesche-
35 hen nicht ein, weil man in der Zeit der Entstehung des Buches die Transzendenz Gottes stark betonte. Das Buch sollte das schwache Volk Israel ermutigen, auch in schweren Zeiten die Hoffnung nicht aufzugeben. Im jüdischen Purimfest lebt das Andenken an diese Frau fort.

Beter
Beispiele dazu: → S. 20, 80 f.

Weise
Zu Erich Zenger: → S. 6.
Mit dem Begriff »Weisheit« wird ein ... Phänomen bezeichnet, das man praktisches Lebenswissen oder durch Praxis gewonnenes und auf Praxis zielendes Alltagswissen nennen könnte. Weisheit ist nicht einfach Wissen. »Ein Mensch, der viel weiß, ist ... noch kein Weiser. Und ein Weiser muss nicht auch ein Viel-
5 wissender oder gar Allwissender sein« (*M. Görg*). Damit jemand weise ist, braucht er das rechte Wissen und er muss fähig sein, mit diesem Wissen in rechter Weise umzugehen. Der Weisheit geht es um das rechte Wissen vom Leben. Ihr geht es um das Erlernen, Praktizieren und Weitergeben von Lebenkönnen, von Lebenskunst.
10 Ausgangspunkt aller weisheitlichen Theologie, von der einfachen Verhaltensregel bis zur reflektierten ethischen Maxime, ist die aus Erfahrung gewonnene Überzeugung vom Tun-Ergehen-Zusammenhang, den jeder in seinem Alltag als Grundorientierung menschlichen Handelns kennt und bejaht, nämlich: dass Gutes tun gut tut (der Gemeinschaft, in der man lebt, und zutiefst dem
15 Guttuenden selbst) und dass Böses tun Schaden anrichtet (für die Gemeinschaft und zutiefst für den Bösen selbst). Die Perspektive vom Tun-Ergehen-Zusammenhang liegt jeder Alltagspädagogik zugrunde, die zum Guten motivieren und vom Bösen fernhalten will. Der Tun-Ergehen-Zusammenhang setzt ein Grundwissen von Gut und Böse voraus, und vor allem ein Wissen um die
20 Ordnungen des Guten im Leben des Einzelnen, der Familie, der gesellschaftlichen Gruppen, des Staates und der Völker, ja des gesamten Kosmos. Deshalb verwendet die Weisheit viel Mühe darauf, diese Ordnungen in ihrer Vielschichtigkeit zu erkennen, zu formulieren und zu lehren.
... Ansatz weisheitlicher Lebenskunst ist nicht eine wie immer sich ereignende
25 Gottesoffenbarung, sondern die auf Lebensbewältigung zielende Vernunft des Menschen; in der späten Weisheitstheologie Israels ist es die göttliche Weisheit selbst, die die Menschen bei ihrer Weisheitssuche inspiriert.

Erich Zenger (geb. 1939)

Marc Chagall (1887– 1985), Der Prophet Jeremia (oben), Ester (unten), 1960 (→ S. 108 f)

❖ Zu den auffälligsten Gestalten des Alten Testaments gehören die **Propheten**. Sie verstanden sich als Boten, die ihrer Zeit Worte Gottes zu sagen hatten. Meistens traten sie in Krisensituationen ungefragt auf und erinnerten mutig Könige, Priester und das Volk an die Weisungen Gottes. Sie tadelten, mahnten, kritisierten und verwiesen gelegentlich auch auf die Zukunft. Viele Propheten wurden verfolgt und mundtot gemacht.

❖ Die wichtigste Gebetsammlung des Alten Testaments ist das Buch der **Psalmen**. Die Verfasser der 150 Psalmen nennen ihr poetisches Reden selten »beten«. Sie »loben«, »bitten«, »klagen«, »klagen an«, »vertrauen«, »weinen«, »lachen« und »tanzen«.

❖ Die biblischen **Weisheitsbücher** thematisieren menschliche Grundsituationen. Das »Hohelied« enthält erotische Liebesgedichte, die sich Braut und Bräutigam zusprechen (→ S. 119). Im Buch »Ijob« (→ S. 20) wird auf einmalige Weise die Frage gestellt, warum »der Gerechte leiden muss. Das Buch »Kohelet« (→ S. 56) zählt in der Weltliteratur zu den großen Büchern der Skepsis, während seine Gedanken im Alten Testament eher ungewöhnlich sind.

❖ **Frauen** spielen im Alten Testament eine große Rolle. Die Erzväter Abraham, Isaak und Jakob wären ohne ihre Frauen – die **Stammmütter** Sara, Rebekka und Rahel – nicht denkbar. Drei biblische Bücher tragen den Namen von Frauen: **Rut, Judit und Ester.**

---

1 Erzählen und deuten Sie einen **prophetischen Text**:
   ❖ eine Berufung: Jes 6, 1ff
   ❖ den Konflikt mit den Mächtigen: 2 Sam 11, 1-12, 15; 3 Kön 21
   ❖ die Provokation, dass Zuwendung zu den Armen wichtiger ist als rituelle Opfer: Am 5, 21-25; Jes 1, 10.17
   ❖ Messianische Verheißungen: Jes 2, 1-4; 9, 1-6; 11, 1-10; 40, 1-8
2 Erzählen Sie eine biblische **Frauengeschichte**.
3 Stellen Sie einen **Psalm** vor.
4 Welche (philosophische) Einstellung finden Sie im Buch **Kohelet**? → 1, 1-11.

6. Schwierigkeiten des Zugangs

> Weil die **Bücher des Alten Testaments** in einer lange zurückliegenden Vergangenheit geschrieben wurden, sind sie heute in vieler Hinsicht **nicht unmittelbar verständlich**. Ihre kulturellen, politischen, geographischen, historischen, sozialen Verhältnisse sind schon in sich nicht einheitlich, da sie selbst dem Zeitraum eines Jahrtausends angehören. Sie sind auf jeden Fall anders als heute. Das gilt auch für manche ethische und religiöse Vorstellungen, die hier anzutreffen sind. Es bedarf daher oft intensiver Anstrengungen, diese zeitbedingten Barrieren aus dem Weg zu räumen, um ihre aktuelle Botschaft zu verstehen.

Rune Mields (geb. 1935), Der Turm zu Babel, 1982

Die vielen Buchstaben sind wie Einzelteile von Wörtern und Sätzen, deren Sinn nicht mehr erkennbar ist.

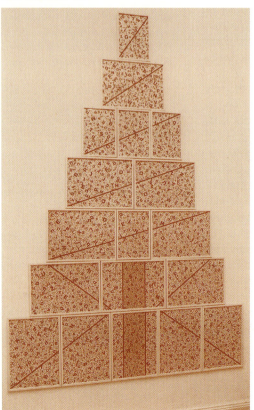

Sprache – Kultur – Gesellschaft – Religion

❖ Die Bücher des Alten Testaments sind in **Hebräisch, Aramäisch und Griechisch** geschrieben. Wer diese Sprachen nicht versteht, dem sind die alttestamentlichen Bücher nur in Übersetzungen zugänglich, die den Originaltext nicht ersetzen können, da jede Übersetzung immer schon eine Interpretation ist.

❖ Die **geographische Welt** des Alten Testaments liegt größtenteils im heutigen Israel/Palästina. Aber darüber hinaus sind wichtige Erzählungen auch in Mesopotamien (Babylon), Ägypten, im Sinaigebiet, in Persien, Syrien und Jordanien angesiedelt.

❖ Das **kulturelle Umfeld** des ersten vorchristlichen Jahrtausends war in vieler Hinsicht anders als heute. Da gab es
  ❖ andere **Völker**, z. B. Kanaanäer und Philister;
  ❖ andere **Gruppen**, z. B. Makkabäer;
  ❖ andere **Geldsorten**, z. B. Schekel und Talente;
  ❖ andere politische **Herrschaftsformen**, z. B. die Könige von Juda oder die Großkönige von Babylon;
  ❖ andere **religiöse Institutionen**, z. B. den Tempel von Jerusalem, die Opferstätten oder die Synagogen im Land.

❖ Die **Bauern** bestellten ihre Felder anders, die **Hirten** gingen anders mit ihren Tieren um, **Arbeiter** wurden nach anderen Regeln entlohnt, **Reisen** waren unbequem und gefährlich und die Menschen mit ansteckenden **Krankheiten** mussten an entlegenen Orten leben. In den antiken Staaten war die **Sklaverei** selbstverständlich. Der größte Teil Asiens und Afrikas, das ganze Amerika und Australien waren unbekannt. Darum hatte man auch keine Kenntnisse von den dortigen Religionen und Kulturen.

❖ Die **sozialen Verhältnisse** sind mit denen von heute nicht vergleichbar. Die **Großfamilie** sprang in Notsituationen ein, da es keine Sozialversicherung oder Krankenkasse gab. Die jüdischen **Frauen** spielten im Familienleben eine zentrale Rolle, mussten sich aber im öffentlichen Leben zurückhalten. Eine allgemeine Schulpflicht für **Kinder** gab es nicht.

❖ Es gab viele **religiöse Vorstellungen**, die heute kaum noch unmittelbar verstanden werden, z. B. Bund, Bundeslade, Erwählung, Verheißungsland, Leviten, Hoherpriester, König als Gottes Sohn, Tempel, Schlachtopfer, Messias, Psalm, Sühne usw.

Gott – Mensch – Welt

❖ Das Alte Testament spricht von **Gott** oft in einer Weise, die uns heute fremd ist.

❖ Da sind die vielen **anthropomorphen Gottesbilder**, die Gott zumeist wie einen Menschen handeln lassen. Er ist liebevoll, zornig, betrübt, eifersüchtig, abwesend usw. Diese Aussagen können nur als Symbolsprache verstanden werden.

❖ Vor allem heißt es oft: »**Gott sprach**«. Niemand muss sich deshalb Gott mit Mund und Stimme vorstellen. Aber die Angesprochenen wussten, was ihnen dabei geschah. Vielleicht haben sie sein Wort im Herzen, im Gewissen oder in einem Traum vernommen oder aus ihrer Situation erschlossen.

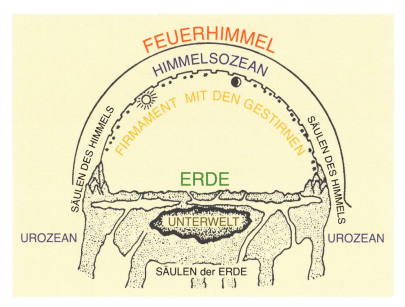

Altorientalisches und biblisches Weltbild. Schematische Skizze. Es umfasst in dieser Form (es gibt auch andere Weltvorstellungen) wie in drei Stockwerken die Regionen des Himmels, der Erde und der Unterwelt (Ex 20,4; Ps 136, 5-9). Die scheibenförmige Erde in der Mitte ruht auf dem Urozean, dessen Gewässer in Flüssen und Quellen bis nach oben dringen (Gen 2,6; 7,11). Unter der Erde befindet sich die Unterwelt (Scheol), ein trostloser Ort, an dem die Verstorbenen in einem freudlosen Zustand dahindämmern (Jes 5,14; Ijob 10,20-22, 26,5). Starke Säulen (Festen) stützen die Erde (Ps 75,4; 104,5). Über der Erde wölbt sich wie eine Halbkugel das Firmament (Gen 1,6), das die Wasser des Himmelsozeans von den Wassern des Urozeans trennt. Manchmal dringt durch seine Schleusen Wasser des Himmelsozeans als Regen, Schnee und Hagel auf die Erde. Am Firmament hängen bzw. bewegen sich Sonne, Mond und Sterne (Gen 1,14; Ps 19,1-7). Das Firmament wird von den Säulen des Himmels gestützt, die wie Berge am Rand der Erde emporwachsen. Über dem Himmelsozean erstreckt sich der Feuerhimmel mit seinem unvorstellbarem Glanz. Hier dachte man sich den Wohnsitz Gottes (Ps 104, 2-3).

❖ Gott schreckt in den ältesten Teilen der Bibel nicht vor **Gewalt** zurück. Er ist kriegerisch, gibt den Befehl zur Vernichtung von Städten und zur Tötung von Menschen. Er wird sogar »Herr der Heere« und »Kriegsheld« genannt. Oft übt er auch **Rache**. Solche Aussagen klangen in der alten Welt nicht anstößig. Israel konnte (und musste damals?) so von seinem Gott reden, weil auch andere Völker so von ihren Göttern redeten. Ein Gott, der nicht gegen die Feinde seines Volkes erfolgreich kämpfte, galt als schwach und hatte kein Ansehen. Oft übt Gott auch deshalb Gewalt aus, um der Gerechtigkeit zum Sieg zu verhelfen, das Recht zu schützen, die Brutalität der Feinde zunichte zu machen oder schwachen Menschen zu helfen.

❖ In späteren Teilen der Bibel wurden solche Aussagen von Gott seltener oder verschwanden ganz, weil Israel erkannte, dass Gewalttaten nicht zu seinem Gott passten. Vor allem bei den großen Propheten und in der nachexilischen Zeit wurde Gott mehr und mehr zum **Anwalt des Friedens** (»Schalom«), **der Gerechtigkeit und der Liebe**. Er ist und bleibt geheimnisvoll und kein Gott, der sich unseren Vorstellungen von ihm anpasst.

❖ Das alttestamentliche **Menschenbild** kennt viel Licht und viel Schatten. Es ist erstaunlich, wie realistisch die Bibel den Menschen sieht und selbst den größten Gestalten des Volkes, z. B. Abraham, Mose, David, Salomo oder Elija neben vielen herausragenden Eigenschaften auch Taten zuschreibt, die mit den Geboten Gottes unvereinbar sind. Sie werden nicht als makellose vollkommene Gestalten geschildert, sondern als zerrissene Menschen, die unbedacht, leidenschaftlich, triebhaft, impulsiv, gierig, hasserfüllt und ungerecht handeln können. Darum können sie nicht in jeder Hinsicht als Vorbild gelten.

❖ Das biblische dreistöckige **Weltbild** mit Firmament (oben), Erde (Mitte) und Hölle/Totenreich (unten), mit seinem Alter (ca. 4000 Jahre bis Christi Geburt) und seiner Größe unterscheidet sich völlig von der neuzeitlichen Auffassung der Welt. In diesem alten Weltbild war auch eher von Wundern die Rede. Man glaubte leichter, dass übermenschliche Kräfte (Engel, Teufel, Dämonen) vom Himmel oder von der Unterwelt aus in das Leben der Menschen und in den Gang der Geschichte eingreifen. Auch sonst sind die Erkenntnisse der Naturwissenschaften noch unbekannt. Man sollte sie nicht in der Bibel suchen, da die Bibel kein Naturkundebuch ist.

1 Ein ausgeführtes Beispiel, das auf einige Verständnisschwierigkeiten eingeht: der **Schöpfungstext**: → S. 74 ff.

2 Zeigen Sie an der weithin bekannten Perikope von der **Bindung Isaaks durch Abraham** (Gen 22, 1-19), welche Schwierigkeiten dieser Text für heutige Leser mit sich bringt. Gehen Sie dabei auf geographische, kulturelle und religiöse Details ein. Welches Gottesbild zeigt der Text? Wie steht er zu Menschenopfern? Welche Botschaft hat dieser Text für die damalige, welche für die heutige Zeit?

Einstieg in die Thematik

Verschiedene Zugänge

Anthropologie (gr: anthropos – Mensch und logos – Lehre), ist die Lehre bzw. Wissenschaft vom Menschen. Unter diesem Dachbegriff werden viele Disziplinen zusammengefasst.

❖ Die **empirische** Anthropologie gründet auf beobachtbaren Feststellungen (Empirie) und gelangt mit Hilfe logischer Schlussfolgerung und Systematisierung zu »wissenschaftlichen« Erkenntnissen, die sich jeweils auf Einzelaspekte beziehen. Es gibt z.B. eine biologische, psychologische und soziologische Anthropologie. Auch Medizin, Völkerkunde, Geschichte und Erdkunde behandeln anthropologische Fragestellungen.

❖ Die **philosophische** Anthropologie fragt nach dem Menschen in seiner Ganzheit, seinem Wesen, seinem Sinn. Dies geschieht mittels der Reflexion (Rückwendung) des Menschen auf sich selbst. Bei dieser Selbstbesinnung sucht er sich zu vergewissern, was der Mensch schon immer war, ist und was er sein kann bzw. sein soll.
Beispiele philosophischer Anthropologie: das eigentliche Wesen des Menschen ist seine geistige Seele (Platon); der Mensch existiert als Zweck an sich (Kant); der Mensch ist das Ensemble der gesellschaftlichen Verhältnisse (Marx).

❖ Die **theologische** Anthropologie fragt nach dem Verhältnis des Menschen zu Gott und nach den Folgen aus dieser Gottesbeziehung für das Verhältnis zum Mitmenschen, zur Schöpfung und zu sich selbst. Sie orientiert sich dabei am Alten und Neuen Testament. Aussagen theologischer Anthropologie: Der Mensch ist freies Geschöpf und Bild Gottes; durch Christus ist ihm die Sünde vergeben, braucht er den Tod nicht als sein absolutes Ende anzusehen und ist zum ewigen Leben berufen. Anthropologische Themen werden auch in der Theologie, Christologie, Ethik und Eschatologie behandelt.

Georges Rouault (1871–1958), Wer zeigt sein wahres Gesicht?, 1927

»Wer zeigt sein wahres Gesicht?«

❖ Zu den großen Künstlern des 20. Jahrhunderts gehört der französische Maler und Graphiker **Georges Rouault**. Zu seinen häufigsten Motiven zählen Richter und Angeklagte, Clowns und Narren, Tänzerinnen und Dirnen. In diesen Gestalten porträtiert er nicht Individuen, er schafft hier **Typen des Menschen**. Der Betrachter soll sich in den Figuren selbst erkennen können. Seine Bilder sind nur aus einer engagierten **christlichen Überzeugung** zu verstehen. Zwar hat der Künstler in jungen Jahren wie viele seiner Altersgenossen eine Glaubenskrise durchlebt, aber schon früh fand er im Christentum eine Deutung des Lebenssinnes und eine persönliche Geborgenheit. Seine Christus-Bilder haben oft eine geradezu mystische Qualität. Sie deuten auf eine strahlende Wirklichkeit hin, die unsere gefährdete Welt übersteigt.

❖ In seinem Graphik-Zyklus »**Miserere**«, deren Originalblätter schwarz-weiß gedruckt sind, finden sich auf 58 Blättern wesentliche Themen seines Lebenswerkes. Das Werk ist nach dem Anfangswort des Psalms 51 benannt: »Gott, sei mir gnädig nach deiner Huld« (→ S. 80f.) Jedes Blatt ist ein **Dokument der Menschlichkeit** oder eine Verurteilung derer, die Menschlichkeit nicht gelten lassen. Das Psalmwort, das dem Werk den Titel gibt, führt aus der menschlich unaufhebbaren **Katastrophe** zur Hoffnung auf **Rettung**, die uns allein durch Gott geschenkt wird. Das Werk zeigt den Menschen in seinem **Elend** und in seiner **Größe**, wie es dem christlichen Glaube entspricht.

---

1 Zur **Betrachtung** des Bildes: → M 3. Wie verstehen Sie den **Titel**?

2 Beschreiben Sie ein paar auffällige **Details** des Bildes. Wie **wirkt** es auf Sie?

3 Manche Kenner des Werks von Rouault schreiben der Gestalt eine **dreifache Bedeutung** zu: (1) **Clown**, (2) **Selbstbildnis**, (3) **Christuskopf**. Welche Bedeutung hat das Bild aufgrund dieser Zuschreibung?

4 Was meinen Sie: Kann dieses Bild einen **Zugang** zur Thematik »Mensch« eröffnen? Beziehen Sie auch ein anderes Bild in diese Frage ein: → S. 24f.

5 In welchem Fach haben Sie bisher in der **Schule** anthropologische Fragen besprochen?

6 Nennen Sie selbst ein paar **Fragen**, die zum Thema »Mensch« behandelt werden sollten.

7 Versuchen Sie schon jetzt einen Satz oder ein Problem einer **empirischen**, **philosophischen** und **theologischen** Anthropologie zu formulieren (→ S. 21).

18 Einstieg in die Thematik

Was ist der Mensch?

1. Eine alte Frage

Bibel

AT *Im* Psalm 8 *klingt die Frage großartig und erhaben. Der Verfasser ist über die Schöpfung Gottes begeistert und sieht im Menschen Gottes größtes Werk.*

WAS IST DER MENSCH,
dass du an ihn denkst,
des Menschen Kind, dass du dich seiner annimmst?
Du hast ihn nur wenig geringer gemacht als Gott,
hast ihn mit Herrlichkeit und Ehre gekrönt.   *Ps 8,5-6*

Im Psalm 144 *herrscht das Gefühl menschlicher Nichtigkeit vor. Diese Ohnmacht veranlasst den Verfasser, auf Gott zu vertrauen.*

Herr, **WAS IST DER MENSCH,**
dass du dich um ihn kümmerst,
des Menschen Kind, dass du es beachtest?
Der Mensch gleicht einem Hauch,
seine Tage sind wie ein flüchtiger Schatten.   *Ps 144, 3-4*

Ijob, *verzweifelt wegen seiner vielen Leiden, stellt Gott die Frage nach dem Menschen und macht ihm bittere Vorwürfe wegen seiner unerträglichen Situation.*

[16] Ich mag nicht mehr. Ich will nicht ewig leben.
Lass ab von mir; denn nur ein Hauch sind meine Tage.
[17] **WAS IST DER MENSCH**, dass du groß ihn achtest
und deinen Sinn auf ihn richtest,
[18] dass du ihn musterst jeden Morgen
und jeden Augenblick ihn prüfst?
[19] Wie lange schon schaust du nicht weg von mir,
lässt mich nicht los, so dass ich den Speichel schlucke?
[20] Hab ich gefehlt?
Was tat ich dir, du Menschenwächter?
Warum stellst du mich vor dich als Zielscheibe hin?
Bin ich dir denn zur Last geworden?   *Ijob 7, 16-20*

NT *Der* Hebräerbrief *zitiert den Psalm 8, aber er verändert ihn so, dass er nun von Christus gilt. Damit tritt die Frage in eine neue Dimension, zumal dem »Menschensohn« die Herrlichkeit und Ehre wegen seines Todesleidens gegeben wurde (Hebr 2, 9).*

WAS IST DER MENSCH,
dass du an ihn denkst oder der Menschensohn,
dass du dich seiner annimmst?
Du hast ihn nur für kurze Zeit unter die Engel erniedrigt.
Du hast ihn mit Herrlichkeit und Ehre gekrönt;
alles hast du ihm zu Füßen gelegt.   *Hebr 2, 6-7*

Philosophie

Immanuel **Kant** *zählt zu den bedeutendsten Philosophen der Geschichte. In seinen berühmtesten Schriften, der »Kritik der reinen Vernunft« und der »Kritik der praktischen Vernunft« untersucht er, wie man gesicherte Erkenntnisse gewinnen und Sittlichkeit begründen kann. Die* **Anthropologie** *hat er einmal als* **empirische** *Wissenschaft betrieben und dabei Themen behandelt, die wir heute zur Geographie, Psychologie, Völkerkunde usw. zählen. In seinen* **philosophischen** *Schriften behandelt er sodann viele grundlegende anthropologische Fragen (→ S. 30, 66, 70) auf ganz neue Weise. In seinen »Vorlesungen zur Logik« benennt er in einer berühmt gewordenen Kurzformel die Themen für eine* **philosophische** *Anthropologie, die hier erstmals in der Philosophiegeschichte als grundlegende und umfassende philosophische Disziplin erscheint, während vor ihm oft das Sein, die Ideenwelt, Gott u. Ä. den Rahmen für anthropologische Themen bildeten.*

Drei Fragen und eine Frage

Auszug aus Kants *»Vorlesungen zur Logik«:*
Das Feld der Philosophie in dieser weltbürgerlichen Bedeutung lässt sich auf folgende Fragen bringen:
1) Was kann ich wissen?
2) Was soll ich tun?
3) Was darf ich hoffen?   5
4) **WAS IST DER MENSCH?**
Die erste Frage beantwortet die Metaphysik, die zweite die Moral, die dritte die Religion, die vierte die Anthropologie. Im Grunde könnte man aber alles dieses zur Anthropologie rechnen, weil sich die drei ersten Fragen   10
auf die letzte beziehen.   *Immanuel Kant (1724–1804)*

---

1. Lesen Sie die zitierten **biblischen Texte** in ihrem Zusammenhang. Welche Beobachtungen können Sie dabei machen?
2. Begründen Sie, warum für **Kant** die ersten drei Fragen die ganze **Anthropologie** ausmachen.
3. Suchen Sie Gründe und Gegengründe für die hier vorgenommene **»anthropologische Wende«** der ganzen Philosophie bzw. – wie andere es formulieren – ihre **»anthropologische Engführung«**.
4. Differenzieren Sie die **drei »Ideenkreise«** Schelers und stellen Sie die Unterschiede heraus. Sind diese Gedankenkreise **Gegensätze**? Zu den einzelnen Ideenkreisen: → S. 18, 26, 36, 74 ff.

»**Was ist der Mensch?**« – diese Frage ist uralt. Sie ist dauerndes Thema der Menschheit. In der **Bibel** wird sie auch in diesem Wortlaut mehrfach gestellt. Wer darüber erstaunt ist, geht irrtümlich davon aus, dass die Bibel eher ein **Buch der Antworten** als ein **Buch der Fragen** sei. In der Bibel, in der es um menschliche Erfahrungen geht, wird diese bewegende Frage in unterschiedlichen Situationen gestellt.

Caspar David Friedrich (1774–1840), Der Wanderer über dem Nebelmeer, um 1818

Keine einheitliche Idee vom Menschen

Max Scheler (→ S. 44), ein vielseitiger deutscher Philosoph, hat Schriften zur Anthropologie, Phänomenologie, Ethik und Wissenssoziologie geschrieben. In seiner **Wertethik** untersuchte er erstmals materielle, emotionale, ökonomische, ästhetische, moralische, philosophische und religiöse Werte. Mit Arnold Gehlen und Helmuth Plessner (→ S. 32) gehört er zu den Vertretern der modernen **philosophischen Anthropologie**, die den Menschen und seine Sonderstellung in der Welt in den Mittelpunkt ihres Denkens gestellt hat. *Max Scheler* schreibt in seinem Buch »Die Stellung des Menschen im Kosmos« (1928):

Fragt man einen gebildeten Europäer, was er sich bei dem Worte ›Mensch‹ denke, so beginnen fast immer drei unter sich ganz unvereinbare Ideenkreise in seinem Kopfe miteinander in Spannung zu treten.

❖ Es ist **einmal der Gedankenkreis der jüdisch-christlichen Tradition** von Adam und Eva, von Schöpfung, Paradies und Fall.

❖ Es ist **zweitens der griechisch-antike Gedankenkreis**, in dem sich zum ersten Mal in der Welt das Selbstbewusstsein des Menschen zu einem Begriff seiner Sonderstellung erhob in der These, der Mensch sei Mensch durch Besitz der ›Vernunft‹ (gr.: logos, phronesis; lat.: ratio, mens). Logos bedeutet hier ebensowohl Rede wie Fähigkeit, das ›Was‹ aller Dinge zu erfassen. Eng verbindet sich mit dieser Anschauung die Lehre, es liege eine übermenschliche Vernunft auch dem ganzen All zugrunde, an der der Mensch, und von allen Wesen er allein, teilhabe.

❖ Der dritte Gedankenkreis ist der auch längst traditional gewordene **Gedankenkreis der modernen Naturwissenschaft** und der genetischen Psychologie, es sei der Mensch ein sehr spätes Endergebnis der Entwicklung des Erdplaneten – ein Wesen, das sich von seinen Vorformen in der Tierwelt nur in dem Komplikationsgrade der Mischungen von Energien und Fähigkeiten unterscheide, die an sich bereits in der untermenschlichen Natur vorkommen.

❖ Diesen drei Ideenkreisen **fehlt jede Einheit** untereinander. So besitzen wir denn eine naturwissenschaftliche, eine philosophische und eine theologische Anthropologie, die sich nicht umeinander kümmern – eine einheitliche Idee vom Menschen aber besitzen wir nicht.

Max Scheler (1874–1928)

21

2. Ein Thema der Dichter

Das menschliche Alter

Ein Kind weiß nichts von sich, ein Knabe denket nicht,
Ein Jüngling wünschet stets, ein Mann hat immer Pflicht,
Ein Alter hat Verdruss, ein Greis wird wieder Kind,
Schau, lieber Mensch, was dies für Herrlichkeiten sind.

Friedrich von Logau (1604–1655)

Fragen

Ich bin, ich weiß nicht wer.
Ich komme, ich weiß nicht woher.
Ich gehe, ich weiß nicht wohin.
Mich wundert, dass ich so fröhlich bin.

Angelus Silesius (1624–1677)

Der Mensch

Empfangen und genähret
Vom Weibe wunderbar
Kömmt er und sieht und höret
Und nimmt des Trugs nicht wahr;
Gelüstet und begehret,
Und bringt sein Tränlein dar;
Verachtet und verehret,
Hat Freude und Gefahr;
Glaubt, zweifelt, wähnt und lehret,
Hält nichts und alles wahr;
Erbauet und zerstöret;
Und quält sich immerdar;
Schläft, wachet, wächst und zehret;
Trägt braun und graues Haar etc.
Und alles dieses währet,
Wenn's hoch kommt, achtzig Jahr.
Dann legt er sich zu seinen Vätern nieder,
Und er kömmt nimmer wieder.

Matthias Claudius (1740–1815)

Vice versa

Ein Hase sitzt auf einer Wiese,
des Glaubens, niemand sähe diese.
Doch, im Besitze eines Zeißes,
betrachtet voll gehaltnen Fleißes
vom vis-a-vis gelegnen Berg
ein Mensch den kleinen Löffelzwerg.
Ihn aber blickt hinwiederum
ein Gott von fern an, mild und stumm.

Christian Morgenstern (1871–1914)

Ich lebe mein Leben

Ich lebe mein Leben in wachsenden Ringen,
die sich über die Dinge ziehn.
Ich werde den letzten vielleicht nicht vollbringen,
aber versuchen will ich ihn.
Ich kreise um Gott, um den uralten Turm,
und ich kreise jahrtausendelang;
und ich weiß noch nicht: bin ich ein Falke, ein Sturm
oder ein großer Gesang.   *Rainer Maria Rilke (1875–1926)*

Nur zwei Dinge

Durch so viel Formen geschritten,
durch Ich und Wir und Du,
doch alles blieb erlitten
durch die ewige Frage: wozu?
Das ist eine Kinderfrage.
Dir wurde erst spät bewußt,
es gibt nur eines: ertrage
– ob Sinn, ob Sucht, ob Sage
dein fernbestimmtes: Du mußt.
Ob Rosen, ob Schnee, ob Meere,
was alles erblühte, verblich,
es gibt nur zwei Dinge:
die Leere und das gezeichnete Ich.

Gottfried Benn (1886–1956)

Von der Freundlichkeit der Welt

1 Auf die Erde voller kaltem Wind
   Kamt ihr alle als ein nacktes Kind.
   Frierend lagt ihr ohne alle Hab
   Als ein Weib euch eine Windel gab.

2 Keiner schrie euch, ihr wart nicht begehrt
   Und man holte euch nicht im Gefährt.
   Hier auf Erden wart ihr unbekannt
   Als ein Mann euch einst nahm an der Hand.

3 Von der Erde voller kaltem Wind
   Geht ihr all bedeckt mit Schorf und Grind.
   Fast ein jeder hat die Welt geliebt.
   Wenn man ihm zwei Hände Erde gibt.

Bertolt Brecht (1898–1956)

> **Dichterinnen und Dichtern** gelingt es oft in bewunderswerter Weise, ihre Probleme und Erfahrungen mit Menschen in eine eigene prägnante Sprachform zu bringen (→ S. 110 ff). Dies gilt in besonderer Weise für die **Lyrik**. Da finden sich bedeutsame Einblicke in die menschliche Wirklichkeit und in menschliche Möglichkeiten.

SCHREIB DICH NICHT

zwischen die Welten

komm auf gegen
der Bedeutungen Vielfalt

vertrau der Tränenspur
und lerne leben

Paul Celan (1920–1970)

Definition

Ein Hund
der stirbt und der weiß dass er stirbt
wie ein Hund
und der sagen kann dass er weiß
dass er stirbt
wie ein Hund
ist ein Mensch

Erich Fried (1921–1988)

Götzendämmerung

Nicht festzuhalten: Dieser Tag. Das Leben.
Gewebe löst sich auf und schwindet hin.
Was auch geschieht, du suchst den Sinn.
Zumindest wirst du danach streben.

Du kannst die Einsicht nicht ertragen:
Aus Dreck und Feuer eine Spottgeburt,
die haltlos durch das Universum tourt,
stets auf der Flucht vor solchen Fragen.

Erkenntnis die: Wir können uns nicht fassen.
Und finden keinen, der uns Göttern gleicht.
Und keinen, der uns Hilfe reicht.
Wir sind uns ohne Gnade überlassen.

Günter Kunert (geb. 1929)

Größe des Menschen

Nimm nur die Berge, die abträgt der Regen
Und schwemmt sie flußwärts ins Meer wie nichts

Oder das Meer selber, das schiffemordende
In der Sturmflut, wie es die Inseln wegleckt

Oder wenn aufbrechen die Wunden der Erde
In Vulkanen, städtebegrabenden Massen

Oder auch, von denen wir wieder hörten:
Den länderzertrümmernden Erdbeben

– sie alle übertrifft der Mensch
in seiner Zerstörungskraft   *Wolf Biermann (geb. 1936)*

Von viel zu viel

Ich bin viel krank.
Ich lieg viel wach.
Ich hab viel Furcht.
Ich denk viel nach.

Tu nur viel klug.
Bringt nicht viel ein.
Warst einst viel groß.
Bist jetzt viel klein.

War einst viel Glück.
Ist jetzt viel Not.
Bist jetzt viel schwach.

Wirst bald viel tot.

Robert Gernhardt (1937–2006)

Sämann

Der große Sämann,
ungerufen,
blies einen Atem von Blumensamen
über mich hin
und streute eine Saat
von Kornblumen und rotem Mohn
in meine Weizenfelder.

Das leuchtende Unkraut,
mächtiger Sämann,
wie trenn ich es je
ohne die Felder zu roden?

Hilde Domin (1909–2006)

BITTE

Wir werden eingetaucht
und mit den Wassern der Sintflut gewaschen,
wir werden durchnäßt
bis auf die Herzhaut.

Der Wunsch nach der Landschaft
diesseits der Tränengrenze
taugt nicht,
der Wunsch, den Blütenfrühling zu halten,
der Wunsch, verschont zu bleiben,
taugt nicht.

Es taugt die Bitte,
daß bei Sonnenaufgang die Taube
den Zweig vom Ölbaum bringe.
Daß die Frucht so bunt wie die Blüte sei,
daß noch die Blätter der Rose am Boden
eine leuchtende Krone bilden.

Und daß wir aus der Flut,
daß wir aus der Löwengrube und dem feurigen Ofen
immer versehrter und immer heiler
stets von neuem
zu uns selbst entlassen werden.

Hilde Domin (1909–2006)

---

1 Informieren Sie sich über die einzelnen **Dichter/innen** und ihre Zeit: → M 1. Andere Gedichte: → S. 51, 57, 108.

2 Welche unterschiedlichen **Erfahrungen vom Menschen** zeigen sich in den Gedichten?

3 Welches Gedicht **bedeutet Ihnen viel**? Mit welchem können Sie **wenig oder nichts** anfangen?

3. Das sich selbst befragende Wesen

❖ Zu den **Kennzeichen des Menschen** zählt seine Fähigkeit, **Fragen aller Art** zu stellen. Fragen erschließen ihm die Welt und erweitern den Raum seiner Erfahrung. Schon die Kinder beginnen damit und im Alter hört das Fragen nicht auf. Ohne menschliches Fragen gäbe es auch keine Wissenschaften. Diese leben davon, dass gelöste Fragen neue Fragen aufwerfen.

❖ Der Mensch fragt aber nicht nur nach etwas, das außer ihm in der Welt liegt. **Er fragt nach sich selbst**. Augustinus (→ S. 28) sagt erstmals: »Ich bin mir selbst zur Frage geworden.« Der Philosoph Ludwig Wittgenstein (1889–1951) meint: »Wir fühlen, dass selbst wenn alle möglichen wissenschaftlichen Fragen beantwortet sind, unsere Lebensprobleme noch gar nicht berührt sind.«

❖ Solche Fragen sind: Wer bin ich? Woher komme ich? Wohin gehe ich? Welchen Sinn hat mein Leben? Mit solchen Fragen berührt der Mensch die Dimension der Transzendenz. Mit ihnen kann Gott ins Leben treten.

Zum Maler

Paul Gauguin gehört zu den bekanntesten französischen Malern des 19. Jahrhunderts. Er begann eine bürgerliche Karriere als Börsenmakler, wandte sich aber 1882 ganz der Malerei zu. In der Bretagne malte er Fischerdörfer und Bretoninnen. Eine Zeit lang war er mit Vincent van Gogh befreundet. Da er mit seiner Malerei keine finanziellen Erfolge hatte, beschloss der temperamentvolle und unstete Maler Europa zu verlassen. Er fuhr auf die Insel Tahiti im Südpazifik, wo er ein exotisches Paradies vorzufinden hoffte, in dem er fast kostenlos seine Lebensträume erfüllen könnte. Tatsächlich malte er dort einzigartige Bilder, die mit ihren herrlichen Landschaften, bunten Pflanzen und schönen Frauen die Erfüllung solcher Träume anzuzeigen schienen. Doch wurde ihm allmählich klar, dass es auch in der Südsee kein unschuldiges Paradies gab, weil auch dort die Europäisierung rasche Fortschritte machte und das Leben für ihn sehr teuer wurde. Schon 1898 versuchte er, sich selbst das Leben zu nehmen. Er starb mit 54 Jahren. Erst nach seinem Tod setzte sein heute weltweiter Ruhm ein.

1 Zum Künstler: → M1; zum Bild: → M3.
2 Könnte das Bild ein Paradiesbild sein? → S. 76, 108.
3 Gibt es Situationen, in denen Sie die Fragen stellen, die Gauguin auf dem Bild stellt? In welche Richtung gehen Ihre Antworten?
4 Wie denken Sie über einen Menschen, der sich diesen Fragen nicht stellt?
5 Zur Sinnfrage: → S. 48 f.

24 Was ist der Mensch?

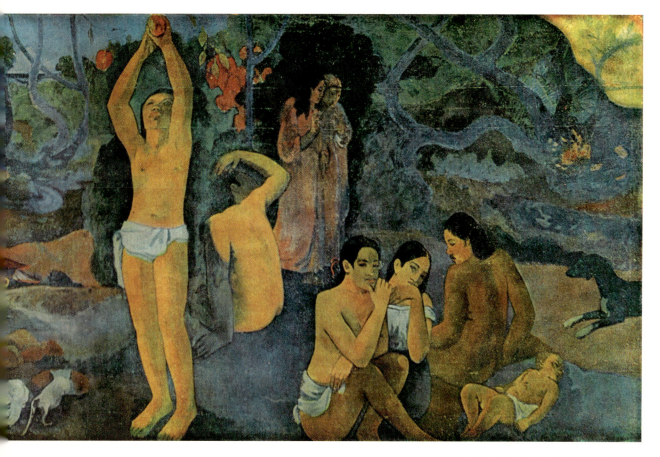

Paul Gauguin (1848–1903), Woher kommen wir? Wer sind wir? Wohin gehen wir?, 1897

Zum Bild

Das große Bild (139 x 375 cm) zählt zu den wichtigsten Werken des Malers. Er malte es auf Tahiti nach einer schweren Krankheit und in banger Todesahnung kurz vor seinem Suizidversuch. Trotzig wollte er der Welt, die ihn, wie er meinte, nicht verstand, zeigen, wozu er fähig war. »Mit dem Evangelium vergleichbar« sollte es werden und sein gewaltiges Können unter Beweis stellen. Er schrieb dazu:

Bevor ich sterbe, habe ich da alle meine Energie hineingelegt, eine solche Leidenschaft voller Schmerzen unter furchtbaren Verhältnissen und eine so klare korrekturlose Vision, dass das Frühreife verschwindet und das Leben daraus hervorblüht.

So hat er auf diesem »heillos schönen« Bild (W. Spies) eine Bühne des Lebens aufgebaut, auf der mitten in einem irdischen Paradies die wichtigen Stationen des menschlichen Lebens von der Geburt (Baby rechts) bis zu Alter und Sterben (alte Frau links) zu sehen sind. Im Hintergrund steht in unberührter Natur ein geheimnisvolles Götterbild, bewegt sich im Dunkel ein Liebespaar. Die zentrale Gestalt der Mitte, die nach einer Frucht greift, erinnert an Adam und Eva. Auch alle anderen Gestalten sollen geheimnisvoll bleiben, wie das Leben selbst geheimnisvoll ist, und die Fragen aufwerfen, die im Bildtitel genannt sind.

Menschenbilder der Philosophie

1. Die Anfänge bei den Griechen

Die ältesten europäischen Zeugnisse philosophischen Nachdenkens über den Menschen finden wir bei den **Griechen**. Als ihnen die volkstümlichen Antworten, die mythologischen Erzählungen (→ S. 116f) und die religiösen Lehren ihrer Zeit fragwürdig wurden, entdeckten sie erstmals den **Geist, die Vernunft und die Seele** als ausgezeichnete menschliche Merkmale. Sie begannen systematisch, rational und argumentativ der Frage nachzugehen, was der **Mensch** sei, in welchem Verhältnis er zu den Göttern stehe, wie seine Seele beschaffen sei, ob er sich vom Tier unterscheide, wie weit er mit seiner Vernunft die Wahrheit erkennen könne und wann er gut handle usw.

In diesem höchst produktiven Prozess der griechischen Philosophie unterscheidet man vereinfacht drei Phasen:
- die **vorsokratischen** Denker (ca. 7.–5. Jh. vC)
- die **klassische** Epoche mit Sokrates, Platon und Aristoteles (5. und 4. Jh. vC)
- die **späte** Epoche vor allem mit den beiden rivalisierenden Richtungen der Stoiker und Epikureer (ab 4. Jh. vC)

Der Einfluss einiger griechischer Denker, vor allem von Platon, Aristoteles und der Stoa, auf das **Christentum** ist immens. Auch die **moderne** Philosophie ist ohne die Anregungen der griechischen Philosophen undenkbar.

Die Entdeckung des Geistes – Frühe Überlegungen

Orphiker (Mysterienlehre ab 7. Jh. vC): Der Leib ist das Grab der Seele.

Anaximandros (611–546): Der Mensch ist ursprünglich aus anderen Lebewesen (Fischen) entstanden.

Alkmaion (6. Jh. vC): Der Mensch unterscheidet sich vom Tier, weil allein er denkt.

Xenophanes (565–470): Die Götter haben den Sterblichen nicht alles offenbart, sondern erst nach und nach finden sie suchend das Bessere.

Heraklit (ca. 540–480): Der Seele Grenzen kannst du nicht ausfindig machen, wenn du auch alle Wege absuchtest; so tiefgründig ist ihr Wesen. – Gemeinsam ist allen Menschen die Vernunft.

Empedokles (495–435): Die Seelen sind göttlicher Natur. – Die Seele geht (nach dem Tod) in mancherlei Gestalten von Tieren und Menschen ein.

Anaxagoras (499–428): Infolge der Schwäche unserer Sinne sind wir nicht in der Lage, die Wahrheit zu erkennen.

Protagoras (490–411): Der Mensch ist das Maß aller Dinge.

Platon (427–347): Gott ist das Maß aller Dinge.

Atomisten (ab 5. Jh.): Der Mensch ist ein Konglomerat von Atomen.

Tempelinschrift in Delphi: Erkenne dich selbst.

Sokrates (469–399): Ich weiß, dass ich nichts weiß.

Aristoteles (384–322): Der Mensch ist ein politisches Lebewesen (»zoon politikon«, d. h. auf die Polis, die Stadt bezogen). – Der Mensch ist ein Lebewesen, das Sprache hat (»zoon logon echon«). – Die Seele ist gewissermaßen alles.

Stoiker (ab 300): Das Ziel des Menschen ist die Tugend.

Epikur (341–270): Das Ziel des Menschen ist die Lebensfreude bzw. das Glück (Hedonismus). – Lebe im Verborgenen. – Der Weise wird sich nicht an der Politik beteiligen.

---

1. Orientieren Sie sich über den ein oder anderen **Denker** und seine **Zeit**: → M 1.
2. Welchem **Aphorismus** stimmen Sie zu, welchem nicht? Welcher behält auch in einer **modernen Anthropologie** seine Bedeutung?
3. In welchem Aphorismus kann man etwas von der neuen **Entdeckung der Vernunft** erkennen?
4. Welche Sätze sind mit den Lehren des Christentums **vereinbar**? Welche nicht?
5. Formulieren Sie **selbst** ein paar **Aphorismen** über den Menschen, die Sie erläutern und verteidigen können.
6. Ein Text des **Protagoras** : → S. 117.

Jannis Kounellis (geb. 1936), Ohne Titel, 2000/2001. Die Übersetzung des Textes: Seele (und) Leib.

Der Seelenwagen

Wie die Seele beschaffen ist – diese Frage würde eine durchaus göttliche und breite Darlegung erfordern. Womit sie aber zu vergleichen ist – diese Frage ist eine menschlichere und leichtere. In dieser Weise wollen wir nun davon reden. Die Seele gleiche also der vereinten Kraft eines geflügelten Gespanns und seines Führers. Der
5 Götter Rosse und Führer nun sind alle selbst gut und von gutem Stamme, die Art der anderen aber ist verschieden. Bei uns lenkt, fürs erste, der Führer ein Zweigespann, sodann ist von den Rossen das eine gut und edel und von ebensolchem Stamme, das andere aber von entgegengesetzter Art und Abstammung. Schwierig und notwendig mühevoll ist daher bei uns das Lenken.
10 Warum nun ferner ein Lebewesen sterblich und unsterblich heißt, müssen wir erklären. Alles, was Seele ist, waltet über alles Unbeseelte und umwandelt den ganzen Himmel und zeigt sich verschiedentlich in verschiedenen Gestalten. Wenn die Seele vollkommen und geflügelt ist, schwebt sie in der Höhe und durchschwebt das ganze Weltall; wenn sie aber flügellos ist, wird sie umhergetrieben, bis sie auf
15 etwas Festes trifft, wo sie nun wohnhaft wird und einen irdischen Leib annimmt, der durch ihre Kraft sich selbst zu bewegen scheint, und dieses Ganze, aus Seele und Leib gefügt, wird dann ein lebendes Wesen genannt und erhält den Beinamen sterblich. Das Unsterbliche aber können wir nicht begrifflich fassen, sondern ohne den Gott gesehen noch ihn hinlänglich erkannt zu haben, ersinnen wir das Bild
20 einer unsterblichen Lebensform, die Seele und Leib und beides für alle Zeit vereinigt hat. Doch das mag sich verhalten, wie es Gott gefällt, und so nur sei davon gesprochen. Dagegen wollen wir die Ursache zu fassen suchen, weshalb die Seele die Flügel verliert und sie von ihr abfallen. Es ist diese.
Geschaffen ist die Kraft der Flügel, das Schwere hochzuheben und emporzuführen,
25 dorthin, wo das Geschlecht der Götter wohnt. Unter allem, was zum Leib gehört, haben sie am meisten Teil am Göttlichen. Göttlich aber ist das Schöne, Weise, Gute und alles, was dem ähnlich ist. Hiervon also nähren sich und wachsen die Flügel der Seele; doch am Missgestalteten und Schlechten und was jenem sonst entgegen ist, welken sie und fallen ab. Zeus nun, der große Herrscher im Himmel, zieht
30 auf seinem Flügelwagen als der erste aus, anordnend alles und besorgend, und ihm folgt die Schar der Götter und Dämonen ... Es gibt viele herrliche Gesichte und Bahnen innerhalb des Himmels, die der seligen Götter Geschlecht durchwandert, und jeder tut das Seine. Es folgt ihm aber, wer jeweils will und kann; denn Missgunst ist verbannt aus dem göttlichen Chor. Wenn sie aber zum Feste und zum Mahle
35 gehen, dann fahren sie zu äußerst von unten an der Wölbung des Himmels steil empor: der Götter Wagen fahren im Gleichgewicht mit wohlgezügeltem Gespann mit Leichtigkeit dahin, die anderen aber nur mit Mühe. Denn das Ross vom schlechten Stamme beugt sich und drückt mit seiner Last das Gespann zur Erde nieder, wenn der Führer es nicht gut erzogen hat. Und da hat nun die Seele Mühe
40 und den schwersten Kampf. Doch die Seelen, die unsterblich heißen, fahren, wenn sie zur Höhe kommen, außerhalb dahin und betreten so den Rücken des Himmels und, während sie hier stehen, reißt sie der Umschwung mit sich fort, und sie schauen, was außerhalb des Himmels ist.

Platon (427-347)

Die Idee der Menschheit

Alle Menschen sind nicht nur durch dieselben körperlichen Merkmale geeint, sondern sie haben auch dieselbe sinnliche Wahrnehmung, dieselben Triebe, dieselbe Fähigkeit zur Verarbeitung der äußeren Eindrücke, denselben Logos, der sie über das Tier erhebt, das Denken ebenso wie die Sprache, die Dolmetscherin des Geistes. Sie haben auch die gleiche sittliche Anlage und Aufgabe. Und das ist es, was über Wesen und Wert des Menschen entscheidet.

ein Fragment der Stoiker

❖ **Platon** zählt zu den bedeutendsten Philosophen aller Zeiten. Er war **Schüler des Sokrates** und hat dessen Gedanken weiter entwickelt. Manchmal wählt er für seine Lehre die Form des Mythos (→ S. 116). Für ihn hat der **Mensch** eine vernünftige unsterbliche Geist-Seele, die über dem Leib steht, weil für ihn der Leib das Gefängnis der Seele ist. Sie ist zu unterscheiden von dem unvernünftigen, begehrenden Seelenteil, womit der Mensch liebt, hungert und dürstet und Spielball der Begierden ist.

❖ Die **Stoiker** entwickeln zum ersten Mal auf philosophischem Weg die **Menschheitsidee**. Für **Zenon** (ca. 333–264), den Gründer der Stoa, und für seine Anhänger ist die naturgegebene Gemeinschaft der Menschen nicht die Familie und der Staat, in denen der Einzelne zufällig geboren ist, sondern die ganze Menschheit. Alle Unterschiede verschwinden gegenüber den gemeinsamen Zügen aller Menschen. Darum bilden die Menschen zusammen eine besondere Gattung von Lebewesen. Dies bedeutete damals, dass sie im Unterschied zu den älteren griechischen Philosophen auch die **Sklaven** als Menschen ansahen, denen menschliche Rechte zukommen (→ S. 68 f).

1 Warum definiert **Platon** den Menschen nicht mit abstrakten Begriffen, sondern erzählt von ihm einen **Mythos**? Deuten Sie die Einzelheiten des Mythos: → M 2.
2 Verschaffen Sie sich einen Einblick in die Grundzüge der **stoischen Philosophie**: → M 1.
3 Welche **politischen und ethischen Konsequenzen** sind zu ziehen, wenn man die Menschheitsidee zugrunde legt?
4 Wo und wann findet sich auch im **Alten Testament** die Idee von der einen Menschheit? (→ S. 74)
5 Wie steht das **Christentum** zur Menschheitsidee?

2. Christliche Entwürfe

Die Entdeckung der Innerlichkeit

Schon bald nach Eintritt des Christentums in die antike Welt haben christliche Denker (»Kirchenväter«) begonnen, ihre Glaubenserfahrungen mit Gedanken der Philosophie in Verbindung zu bringen. Unter den frühen **Kirchenlehrern** ragt **Augustinus** heraus. Er wurde als Nichtchrist geboren, erlebte eine ungezügelte Jugendzeit, betrieb solide Studien der Philosophie und Rhetorik, trat schließlich zum Christentum über und ließ sich taufen. 395 wurde er Bischof von Hippo. In seiner Philosophie verbindet er antike und christliche (biblische) Gedanken. Seine zahlreichen Werke, u. a. seine »Bekenntnisse«, die erste Autobiographie der Geschichte, und sein »Gottes- und Erdenstaat« haben die Zeitgenossen und die Nachwelt bis heute stark beeindruckt.

In der **Anthropologie** finden sich bemerkenswerte neue Perspektiven. Vor allem wird Augustinus sich selbst zur Frage. Er richtet seinen Blick insbesondere auf das Innere des Menschen und auf Gott.

❖ Kann jemand daran zweifeln, dass er lebt, sich erinnert, erkennt, will, denkt, weiß und urteilt? ... Mag einer auch sonst zweifeln, an was er will, an diesen Zweifeln selbst kann er nicht zweifeln. Denn selbst wenn ich irre, so bin ich doch.

❖ Ich bin mir selbst zur Frage geworden. (→ S. 24)

❖ Geh nicht aus dir heraus. Kehre in dich zurück. Im Inneren des Menschen wohnt die Wahrheit.

❖ Der Verstand schafft die Wahrheit nicht, sondern findet sie vor.

❖ Du hast uns, Herr, auf dich hin erschaffen und unruhig ist unser Herz, bis es in dir, o Gott, ruht.

❖ Lass mich, Vater, dich suchen und befreie mich vom Irrtum! Wenn ich dich suche, soll mir nichts anderes statt deiner begegnen! Wenn ich nichts anderes begehre, werde ich dich auch finden. Wenn aber in mir noch ein Streben nach irgendeinem Überflüssigen ist, dann reinige du selbst mich und mache mich geeignet, dich zu erblicken!

Augustinus (354–430)

Das höchste Wesen der Schöpfung

Unter den mittelalterlichen Philosophen nimmt **Thomas von Aquin** den wichtigsten Platz ein. Er stammt aus einem adligen Elternhaus in Aquino, wurde in Montecassino erzogen, trat als Mönch in den Dominikanerorden ein und lehrte u. a. in Paris und Rom. Seine überragende Leistung besteht darin, dass er die realistische Philosophie des damals als Heide eher gemiedenen griechischen Philosophen Aristoteles (384–322 vC) in sein christliches Weltbild aufnahm. Sein größtes Werk, die »Summe der Theologie«, ist eine überragende systematische Komposition biblischer und philosophischer Elemente. So verband er in einmaliger Weise Vernunft und Glaube.

In seiner **Anthropologie** ist der Mensch ein endliches, geschaffenes, freies Wesen, das aus vergänglichem Leib und unsterblicher Seele besteht (»Dualismus«), zur Glückseligkeit berufen ist und nach seinem Tod in Ewigkeit Gott schauen wird.

Zunächst griff man die Schriften des Thomas wegen ihrer Neuerungen als ketzerisch an. Doch schon bald wurde er zum Vorbild der Theologie erklärt und in den Rang eines Kirchenlehrers erhoben. Sein Denken beeinflusst das kirchliche Denken **bis heute**.

❖ Der Mensch ist das Ziel der gesamten Schöpfung.

❖ Die Vernunft ist dem Menschen Natur. Was immer gegen die Vernunft ist, ist gegen die Natur des Menschen.

❖ Unser Leib ist vergänglich, weil er selbst nicht vollkommen der Seele untertan ist.

❖ Die höchste Stufe der gesamten Schöpfung ist die menschliche Seele.

❖ Es heißt, dass die Seele in gewissem Sinn alles ist, weil sie darauf angelegt ist, alles zu erkennen ... So ist dieses nach den Philosophen (Aristoteles; → S. 26) die äußerste Vollendung, zu der die Seele gelangen kann, dass in ihr sich die ganze Ordnung des Alls und seiner Ursachen abzeichne.

❖ Wenn der Mensch unterlässt zu tun, was er kann, und einzig Hilfe von Gott erwartet, dann scheint er Gott zu versuchen.

❖ Des Menschen Sehnsucht geht dahin, ein Ganzes und Vollkommenes zu erkennen.

❖ Weil die Seele von Gott geschaffen ist, kann sie nicht glückselig werden, wenn sie nicht unmittelbar Gott schaut.

❖ Gott hat alle Menschen um der Glückseligkeit erschaffen.

Thomas von Aquin (1225–1274)

Der Mensch – ein Paradoxon

Blaise Pascal stammt aus französischem katholischem Amtsadel. Er war ein genialer Mathematiker, der mit 12 Jahren ohne Anleitung 32 Sätze der Euklidischen Geometrie formulierte. Als 16-Jähriger entdeckte er eine bessere Berechnung der Kegelschnitte und erfand später eine Rechenmaschine. Auch als Physiker hat er Erfindungen gemacht. Ein Jahr vor seinem Tod erhielt er ein Patent auf das erste Pariser Omnibusunternehmen. Durch ein mystisches Erlebnis wurde er in seinem engagierten Christsein bestätigt.

In seinem aphoristisch überlieferten Hauptwerk, den »*Pensées*«, verteidigt er das Christentum gegen seine Bestreiter. Hier entwickelt er auch eine originelle *Anthropologie*, die die Nichtigkeiten des Menschen aufdeckt, ohne seine Würde zu beschädigen. Er versteht den Menschen paradox als einen Makrokosmos und einen Mikrokosmos zugleich. Immer schwankt dieser zwischen Größe und Elend.

Pascal hat die moderne Anthropologie, vor allem auch die *Existenzphilosophie*, stark beeinflusst.

❖ Was ist denn schließlich der Mensch in der Natur? Ein Nichts im Hinblick auf das Unendliche, ein All im Hinblick auf das Nichts, eine Mitte zwischen dem Nichts und dem All, unendlich weit davon entfernt, die Extreme zu begreifen. Das Ende der Dinge und ihr Anfang sind in einem undurchdringlichen Geheimnis un-
5 überwindlich für ihn verborgen. Er ist ebenso unfähig, das Nichts zu sehen, aus dem er gezogen ist, wie die Unendlichkeit, von der er verschlungen ist. Was bleibt ihm also anderes übrig, als dass er einen Schein von der Mitte der Dinge wahrnimmt, in ewiger Verzweiflung, weder ihren Anfang noch ihr Ende zu erkennen? Alle Dinge sind aus dem Nichts hervorgegangen und setzen sich bis ins Unend-
10 liche fort. Wer kann diesen erstaunlichen Schritten folgen? Der Urheber dieser Wunder begreift sie. Kein anderer vermag es ... (313).

❖ Welche Chimäre ist also der Mensch! Welche Neuheit, welches Monstrum, welches Chaos, welches Gefäß des Widerspruchs, welches Wunder! Richter aller Dinge, armseliger Erdenwurm; Verwalter der Wahrheit, Kloake der Unsicherheit
15 und des Irrtums: Herrlichkeit und Auswurf des Weltalls (336).

❖ Widersprüche. – Von Natur ist der Mensch gläubig, ungläubig, furchtsam, tollkühn (302).

❖ Seinslage des Menschen: Unbeständigkeit, Langeweile, Unruhe (194).

❖ Die Menschen besitzen, vergnügen sich, tanzen, reisen, beschäftigen sich
20 damit, hinter einem Ball oder einem Hasen herzujagen (185).

❖ Das Herz hat seine Gründe, die der Verstand nicht kennt (89).

❖ Die Größe des Menschen ist groß, weil er sich als elend erkennt. Ein Baum weiß nichts von seinem Elend. Also: elend ist nur, wer sich als elend kennt; aber nur das ist Größe, zu wissen, dass man elend ist (123).

25 ❖ Der Mensch ist weder Engel noch Tier, und das Unglück will es, dass, wer einen Engel aus ihm machen will, ein Tier aus ihm macht (213).

❖ Sorglos eilen wir in den Abgrund, nachdem wir etwas vor uns aufgebaut haben, was uns hindert, ihn zu sehen (183).

Blaise Pascal (1623–1662)

---

1 Verschaffen Sie sich einen ersten Überblick über **Leben und Werk** des **Augustinus, Thomas von Aquin** und **Pascal**: → M 1.

2 Warum konzentriert **Augustinus** sein Denken so stark auf die **menschliche Innenwelt**?

3 Versuchen Sie die Sätze des **Thomas von Aquin** zu interpretieren und auch zu bewerten. Was für ein Menschenbild tritt Ihnen da vor Augen?

4 Welche **Grunderfahrungen** lenken **Pascal** bei seinen Überlegungen? Ein weiterer Text: → S. 56.

5 Zeigen Sie an einigen Beispielen, dass Pascals Sicht von der Größe und vom Elend des Menschen **biblisch gut fundiert** ist.

3. Nachchristliche Positionen

Ein Werk der Natur mit sterblicher Seele

Paul Thiry d'Holbach, Naturwissenschaftler und Philosoph der Aufklärung, hat sich zeitlebens dem Studium der Naturwissenschaften gewidmet. In seinem Werk »System der Natur oder Von den Gesetzen der physischen und moralischen Welt« (1770) entwickelt er seinen philosophischen Materialismus. Das Werk durfte damals in Frankreich nicht erscheinen. Drucker und Verkäufer mussten mit der Todesstrafe rechnen. Darum wurde die Schrift unter einem Pseudonym publiziert.

❖ Der Mensch ist das Werk der Natur, er ist ihren Gesetzen unterworfen, er kann sich nicht von ihr frei machen … Er ist ein rein physisches Wesen (1).

❖ Der Mensch ist in jedem Augenblick der Notwendigkeit unterworfen (6) …

❖ Der Mensch hat keine Gründe, sich für ein bevorrechtigtes Wesen in der Natur zu halten; er ist demselben Wechsel unterworfen wie alle ihre anderen Produkte. Seine angeblichen Vorrechte gründen sich nur auf die Vorliebe für sich selbst (6).

❖ Die Seele folgt denselben Gesetzen wie der Körper; sie entsteht mit dem Körper, ist schwach in der Kindheit, sie teilt seine Freuden und Leiden, ist gesund oder krank, wirksam oder schlaff, wachsam oder schläfrig wie er. Infolgedessen redete man sich ein, dass diese Seele nicht sterben würde. Da die Natur allen Menschen die Liebe zu ihrem Dasein eingepflanzt hat, ließ sie der Wunsch, darin zu verharren, zufrieden an eine unsterbliche Seele glauben. Wenn dieser Wunsch auch natürlich ist, ist er aber ein Beweis für die Realität eines künftigen Lebens?

Paul Henri Thiry Baron d'Holbach (1723–1789)

Der Mensch als Zweck an sich selbst

Für Kant (→ S. 20, 66, 70) ist der Mensch, philosophisch betrachtet, Zweck an sich selbst, der nie zum Mittel gemacht werden darf. Er ist einerseits von Natur aus böse, andererseits durch den kategorischen Imperativ ohne Rücksicht auf persönlichen Nutzen zur Sittlichkeit verpflichtet, die nur unter der Voraussetzung möglich ist, dass er über Freiheit verfügt. Er hat eine Würde, die nicht angetastet werden darf.

Die Wesen, deren Dasein zwar nicht auf unserem Willen, sondern der Natur beruht, haben dennoch, wenn sie vernunftlose Wesen sind, nur einen relativen Wert, als Mittel, und heißen daher **Sachen**, dagegen vernünftige Wesen **Personen** genannt werden, weil ihre Natur sie schon als Zwecke an sich selbst, d. i. als etwas, das nicht *bloß* als Mittel gebraucht werden darf, auszeichnet, mithin sofern alle Willkür einschränkt (und ein Gegenstand der Achtung ist).

Immanuel Kant (1724–1804)

Der Mensch ist dem Menschen Gott

Ludwig Feuerbach geht davon aus, dass der Mensch seine Wünsche und Sehnsüchte auf ein übermenschliches Wesen (»Gott«) überträgt (»projiziert«) und seiner eigenen Projektion Realität zuschreibt. Darum kommt es darauf an, diese Projektion zu durchschauen und so einen neuen Menschen zu schaffen, der keine Projektionen mehr braucht. So wird für ihn aus der Theologie Anthropologie und aus der verkehrten biblischen Aussage »Gott schuf den Menschen nach seinem Bild« (Gen 1, 27; → S. 74f) der richtige Satz: »Der Mensch schuf Gott nach seinem Bild.« Mit dem Satz »Homo homini Deus est« (lat.: »Der Mensch ist für den Menschen Gott«) verdreht er den älteren philosophischen Satz von Thomas Hobbes »Homo homini lupus« (lat.: »Der Mensch ist für den Menschen ein Wolf«) in sein Gegenteil. Nach der Umwandlung der Theologie in Anthropologie bietet nun der Mensch dem Menschen das Glück, das er bisher vergeblich von Gott erwartete.

Die Religion ist das erste Selbstbewusstsein des Menschen. Heilig sind die Religionen, eben weil sie die Überlieferungen des ersten Bewusstseins sind. Aber was der Religion das Erste ist, Gott, das ist, wie bewiesen, an sich, der Wahrheit nach das Zweite, denn er ist nur das sich gegenständliche Wesen des Menschen, und was ihr das Zweite ist, der Mensch, das muss daher als das Erste gesetzt und ausgesprochen werden. Die Liebe zum Menschen darf keine abgeleitete sein; sie muss zur ursprünglichen werden. Dann allein wird die Liebe eine wahre, heilige, zuverlässige Macht. Ist das Wesen des Menschen das höchste Wesen des Menschen, so muss auch praktisch das höchste und erste Gesetz die Liebe des Menschen zum Menschen sein. Homo homini Deus est – dies ist der oberste praktische Grundsatz, dies der Wendepunkt der Weltgeschichte.

Ludwig Feuerbach (1804–1872)

Ensemble gesellschaftlicher Verhältnisse

Karl Marx, Journalist, Philosoph und Ökonom, wurde zusammen mit Friedrich Engels der Begründer des Kommunismus und der Philosophie des Dialektischen Materialismus. Für ihn ist der **Mensch** völlig durch die gesellschaftlichen Verhältnisse geprägt. Der Kapitalismus mit seiner Anhäufung von Privateigentum ist für ihn ein wesentlicher Grund für die **Selbstentfremdung** des Menschen, d. h. den Zustand, in dem der Mensch nicht mehr als Mensch würdig leben kann. Der **Religion** gegenüber war er völlig ablehnend und lehrte, dass sie als »Opium des Volkes« nur deshalb möglich sei, weil der sich selbst entfremdete Mensch die Religion als Trost brauche. Erst mit der Umkehr der gesellschaftlichen Verhältnisse durch die **kommunistische Revolution** und der damit verbundenen Aufhebung des Privateigentums hat auch die menschliche Selbstentfremdung ein Ende. Somit entfällt der Grund für die Religion. Erst dann kann sich ein religionsloser **Humanismus** entfalten.

Feuerbach löst das religiöse Wesen in das menschliche Wesen auf. Aber das menschliche Wesen ist kein dem einzelnen Individuum innewohnendes Abstraktum. In seiner Wirklichkeit ist es das Ensemble der gesellschaftlichen Ver-
5 hältnisse.
Karl Marx (1818–1883)

Aufhebung der Selbstentfremdung

Der Kommunismus als positive Aufhebung des Privateigentums als menschlicher Selbstentfremdung und darum als wirkliche Aneignung des menschlichen Wesens durch und für den Menschen; darum als vollständige, bewusste und
5 innerhalb des ganzen Reichtums der bisherigen Entwicklung gewordene Rückkehr des Menschen für sich als eines gesellschaftlichen, d. h. menschlichen Menschen. Dieser Kommunismus ist als vollendeter Naturalismus = Humanismus, als vollendeter Humanismus = Naturalismus; er ist die wahr-
10 hafte Auflösung des Widerstreits zwischen dem Menschen mit der Natur, und mit dem Menschen, die wahre Auflösung des Streits zwischen Existenz und Wesen, zwischen Vergegenständlichung und Selbstbestätigung, zwischen Freiheit und Notwendigkeit, zwischen Individuum und Gattung. Er ist
15 das aufgelöste Rätsel der Geschichte und weiß sich als diese Lösung.
Karl Marx (1818–1883)

> 1 Zum **Leben und Werk** der hier vorgestellten Philosophen: → M 1. Zu den Texten: → M 2.
> 2 Begründen Sie welche der hier vorgestellten Positionen mit dem **Christentum** vereinbar sind, welche nicht?

Der Übermensch

Friedrich Nietzsche, einer der einflussreichsten Philosophen der Moderne, war klassischer Philologe und hat als Philosoph das Christentum scharf kritisiert, weil er meinte, es sei mit seiner Moral lebensfeindlich. Der Mensch ist für ihn doppeldeutig »das nicht festgestellte Tier«. Er sei in der Evolution (→ S. 36) ein Zwischenglied zwischen Tier und Übermensch. Als »*Übermensch*« zerbreche er die alten Tafeln des Dekalogs und mache sich auf die Suche nach neuen Tafeln. Eines der wichtigsten Werke **Friedrich Nietzsches** trägt den Titel »**Also sprach Zarathustra**«. Darin lässt er die Hauptgestalt Zarathustra, benannt nach einem alten persischen Weisen, eine neue Lehre verkünden, die besagt, dass Gott tot ist und jetzt endlich der Übermensch kommen wird, der sich nicht mehr an die Lehren des Christentums und der von ihm beeinflussten Philosophie orientiert.

Als Zarathustra in die nächste Stadt kam, die an den Wäldern liegt, fand er daselbst viel Volk versammelt auf dem Markte, denn es war verheißen worden, dass man einen Seiltänzer sehen solle. Und Zarathustra sprach also zum Volke:
Ich lehre euch den Übermenschen. Der Mensch ist etwas, 5
das überwunden werden soll. Was habt ihr getan, ihn zu überwinden? Alle Wesen bisher schufen etwas über sich hinaus: und ihr wollt die Ebbe dieser großen Flut sein und lieber noch zum Tiere zurückgehn, als den Menschen überwinden? 10
Was ist der Affe für den Menschen? Ein Gelächter oder eine schmerzliche Scham. Und ebendas soll der Mensch für den Übermenschen sein: ein Gelächter oder eine schmerzliche Scham. Ihr habt den Weg vom Wurme zum Menschen gemacht, und vieles ist in euch noch Wurm. Einst wart ihr 15
Affen, und auch jetzt noch ist der Mensch mehr Affe als irgendein Affe. Wer aber der Weiseste von euch ist, der ist auch nur ein Zwiespalt und Zwitter von Pflanze und von Gespenst. Aber heiße ich euch zu Gespenstern oder Pflanzen werden? Seht, ich lehre euch den Übermenschen. Der 20
Übermensch ist der Sinn der Erde. Euer Wille sage: der Übermensch sei der Sinn der Erde!
Ich beschwöre euch, meine Brüder, bleibt der Erde treu und glaubt denen nicht, welche euch von überirdischen Hoffnungen reden! Giftmischer sind es, ob sie es wissen oder 25
nicht. Verächter des Lebens sind es, Absterbende und selber Vergiftete, deren die Erde müde ist: so mögen sie dahinfahren! Einst war der Frevel an Gott der größte Frevel, aber Gott starb, und damit starben auch diese Frevelhaften. An der Erde zu freveln ist jetzt das Furchtbarste. 30
Friedrich Nietzsche (1844–1900)

4. Moderne Perspektiven

Das weltoffene Mängelwesen

Arnold Gehlen, Philosoph und Soziologe, war ein Vertreter der philosophischen Anthropologie (→ S. 21). Ihn beschäftigte die Frage, worin die Besonderheit des Menschen gegenüber dem Tier besteht (→ S. 40, 117). Dabei versucht er, seine Thesen nicht philosophisch, sondern durch Einbeziehung naturwissenschaftlicher Erkenntnisse zu beweisen. In seinen Arbeiten nennt er den Menschen ein »Mängelwesen«. Hier beschreibt er, was das bedeutet.

Die »Umwelt« der meisten Tiere, und gerade der höheren Säuger ist das nicht auswechselbare Milieu, an das der spezialisierte Organbau des Tieres angepasst ist, innerhalb dessen wieder die ebenso artspezifischen, angeborenen Instinktbewegungen arbeiten. Spezialisierter Organbau und Umwelt sind also Begriffe, die sich gegenseitig voraussetzen. Wenn nun der Mensch »Welt« hat, nämlich eine deutliche Nichteingegrenztheit des Wahrnehmbaren auf die Bedingungen des biologischen Sichhaltens, so bedeutet auch dies zunächst eine negative Tatsache. Der Mensch ist weltoffen heißt: er entbehrt der tierischen Einpassung in ein Ausschnitt-Milieu. Die ungemeine Reiz- oder Eindrucksoffenheit gegenüber Wahrnehmungen, die keine angeborene Signalfunktion haben, stellt zweifellos eine erhebliche Belastung dar, die in sehr besonderen Akten bewältigt werden muss. Die physische Unspezialisiertheit des Menschen, seine organische Mittellosigkeit sowie der erstaunliche Mangel an echten Instinkten bilden also unter sich einen Zusammenhang, zu dem die »Weltoffenheit« oder, was dasselbe ist, die Umweltenthebung den Gegenbegriff bilden. Umgekehrt entsprechen beim Tier die Organspezialisierung, das Instinktrepertoire und die Umweltfesselung einander. Es ist das anthropologisch entscheidend wichtig. Wir haben damit einen Strukturbegriff des Menschen, der nicht auf dem Merkmal des Verstandes, Geistes usw. allein beruht ... haben jetzt den »Entwurf« eines organisch mangelhaften, deswegen weltoffenen, d.h. in keinem bestimmten Ausschnitt-Milieu natürlich lebensfähigen Wesens, und verstehen jetzt auch, was es mit den Bestimmungen auf sich hat, der Mensch sei »nicht festgestellt« (Nietzsche; → S. 31).

Arnold Gehlen (1904–1976)

Lachen und Weinen

Helmuth Plessner, Philosoph und Soziologe, war ein Hauptvertreter der philosophischen Anthropologie (→ S. 21). Er versuchte zu begründen, dass dem Menschen eine Sonderstellung in der Welt (→ S. 42ff) zukommt. Den Menschen beschreibt er als »exzentrisches Lebewesen«, das sich von seinen natürlichen Antrieben distanzieren kann. Dadurch hat er die Möglichkeit, sich eine eigene Lebensweise zu schaffen. Zu den typisch menschlichen Merkmalen zählt für ihn das Lachen und Weinen.

Warum der Mensch über einen Witz lacht und nicht weint, warum er aus Reue weint und nicht lacht, das kann auch die exakte Kenntnis des Lach- und Weinmechanismus nicht beantworten. Witz und Reue mögen eine genau umschriebene körperliche Erregung im Gehirn hervorrufen – unseren Mutmaßungen sind hier nur ganz vage Grenzen gezogen – und von diesen spezifischen Erregungen aus, ihren physischen Repräsentanten gewissermaßen, Lachen und Weinen in Gang bringen. Aber eben diese physiologische Kennzeichnung von etwas, was nichts Physisches ist, sondern ein Bedeutungsgefüge oder ein seelischer Vorgang, ist nicht nur keine Zukunftsmusik, sondern ein Ungedanke. Witz wendet sich an Menschen von Verstand und Geist. Reue erleben Menschen von Gewissen und Herz. Immer ist der Mensch in Mitleidenschaft gezogen, bald oberflächlicher, bald tiefer, wenn er lacht oder weint. Der Körper als Schauplatz physiologischer Mechanismen wird nicht von Witz oder Reue getroffen und in Erregung versetzt, sondern auch wieder nur von physischen »Reizen«, die, wenn zum Beispiel Worte dabei eine Rolle spielen, akustischer oder optischer Art sind. Wo aber Verstand und Geist, Gewissen und Herz fehlen, da werden die Worte, obwohl gehört oder gelesen, nicht zu »Reizen«. Dann bildet sich nicht die entsprechende auslösende Konfiguration »im Gehirn«. Warum? Die Physiologie weiß darauf keine Antwort, die Untersuchung sitzt in dem Bruch zwischen der physischen und psychischen Seite fest.

Helmuth Plessner (1892–1985)

---

1 Zum **Leben und Werk** der hier vorgestellten Philosophen: → M 1. Zu den Texten: → M 2.
2 Begründen Sie welche der hier vorgestellten Positionen mit dem **Christentum** vereinbar sind, welche nicht?

---

32 Menschenbilder der Philosophie

Zigeuner am Rand des Universums

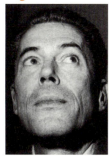

Jacques Monod, französischer Biochemiker und Nobelpreisträger 1965, vertrat in seinem Buch »Zufall und Notwendigkeit« (1977) die These, der Mensch sei ein Zufallsprodukt der Natur, das allein von den naturgesetzlichen Notwendigkeiten bestimmt werde. Er sei in der Unendlichkeit des Universums allein und einsam.

❖ Das Universum trug weder das Leben, noch trug die Biosphäre den Menschen in sich. Unsere »Losnummer« kam beim Glücksspiel heraus. Ist es da verwunderlich, dass wir unser Dasein als sonderbar empfinden – wie jemand, der im
5 Glücksspiel eine Milliarde gewonnen hat?

❖ Wenn der Mensch diese Botschaft in ihrer vollen Bedeutung aufnimmt, dann muss er endlich aus seinem tausendjährigen Traum erwachen und seine totale Verlassenheit, seine radikale Fremdheit erkennen. Er weiß nun, dass
10 er seinen Platz wie ein Zigeuner am Rande des Universums hat, das für seine Musik taub ist und gleichgültig gegen seine Hoffnungen, Leiden oder Verbrechen.

❖ Der Mensch weiß endlich, dass er in der teilnahmslosen Unermesslichkeit des Universums allein ist, aus dem er
15 zufällig hervortrat. *Jacques Monod (1910–1976)*

Eine Ware auf dem Markt

Erich Fromm hat sich intensiv u.a. mit Freud und Marx (→ S. 31) auseinandergesetzt. In seinem Buch »Haben oder Sein« (1976) schreibt er, unsere Zeit beurteile den Menschen nach seinem Tauschwert und degradiere ihn zur Ware auf dem Markt. So habe sich der »Marketing-Charakter« des Menschen entwickelt, der aufs Funktionieren des Menschen in der Gesellschaft ziele.

Die rätselhafte Frage, warum die heutigen Menschen zwar gerne kaufen und konsumieren, aber an dem Erworbenen so wenig hängen, findet ihre überzeugendste Antwort im Phänomen des Marketing-Charakters. Aufgrund seiner all-
5 gemeinen Beziehungsunfähigkeit ist er auch Dingen gegenüber gleichgültig. Was für ihn zählt, ist vielleicht das Prestige oder der Komfort, den bestimmte Dinge gewähren, aber die Dinge als solche haben keine Substanz. Sie sind total austauschbar, ebenso wie Freunde und Liebes-
10 partner, die genauso ersetzbar sind, da keine tieferen Bindungen an sie bestehen. Das Ziel des Marketing-Charakters, *optimales Funktionieren unter den jeweiligen Umständen*, bewirkt, dass er auf die Welt vorwiegend rein verstandesmäßig *(zerebral)* reagiert. Vernunft im Sinne von *Verstehen* ist eine Gabe, die dem *Homo sapiens* vorbehalten 15 ist; über *manipulative Intelligenz* als Instrument zur Erreichung konkreter Ziele verfügen sowohl Tiere als auch Menschen. Manipulative Intelligenz ohne Kontrolle durch die Vernunft ist gefährlich, da die Menschen dadurch auf Bahnen geraten können, die vom Standpunkt der Vernunft 20 selbstzerstörerisch sind. Je scharfsinniger die von der Vernunft nicht kontrollierte manipulative Intelligenz ist, desto gefährlicher ist sie …
Erich Fromm (1900–1980)

Auf Transzendenz bezogen

Karl Jaspers wurde neben Martin Heidegger (→ S. 56) der bedeutendste Vertreter der deutschen Existenzphilosophie, die sich intensiv mit Fragen des menschlichen Daseins (»Existenz«) befasste. Für Jaspers steht fest, dass sich der Mensch selbst nicht begreifen kann und dass zu seinem Menschsein der Transzendenzbezug gehört: → S. 41.

Das Wesen des Menschen wurde (von anderen Philosophen) bestimmt als das Lebewesen,

❖ das Sprache hat und denkt (**zoon logon echon**; → S. 26)
❖ das durch Handeln seine Gemeinschaft als Stadt (gr.: »polis«) unter Gesetzen aufbaut (**zoon politikon**; → S. 26) 5
❖ das Werkzeuge hervorbringt (**homo faber**; → S. 114)
❖ das mit Werkzeugen arbeitet (**homo laborans**)
❖ das seine Daseinsversorgung durch gemeinsame Wirtschaft beschafft (**homo oeconomicus**).

Jede dieser Bestimmungen trifft etwas Kennzeichnendes. 10 Aber das Entscheidende fehlt: Der Mensch ist nicht als ein Sosein zu fassen, das in diesen Typen seines Seins immer wiederkehrt. Vielmehr ist das Wesen des Menschen in Bewegung: der Mensch kann nicht bleiben, wie er ist. Er befindet sich in ständigem Wandel seines gemeinschaft- 15 lichen Zustandes …

❖ Der Mensch will über sich hinaus in ganz anderer Richtung, nicht mehr voran in der Welt, sondern in seiner Gegenwärtigkeit hinaus über die Welt, nicht mehr in die unstillbare, immer neue Unruhe seines zeitlichen Daseins, 20 sondern in die Ruhe der Ewigkeit, in der Zeit quer zur Zeit … Diese Stille ist in der Transzendenz gehalten, von der aufgenommen zu werden, gemeinsam mit unseren Schicksalsgefährten, unser Sinn ist. Die Unveränderlichkeit Gottes ist eine Chiffre dieser Ruhe. Dorthin drängt der 25 Mensch über sich hinaus, nicht mehr in der Welt immer weiter, sondern zur Transzendenz, unserem Wissen verschlossen, kaum zu nennen. *Karl Jaspers (1883–1969)*

Ein Produkt der Natur

1. Der genetische Befund

❖ Der **materielle Wert eines menschlichen Körpers** von 70 Kilogramm Gewicht ist **äußerst gering**, wenn man bedenkt, dass er aus 63 Prozent Sauerstoff, 20 Prozent Kohlenstoff, 10 Prozent Wasserstoff und geringen Mengen Stickstoff, Kalzium, Phosphat, Schwefel, Natrium, Chlor, Magnesium, Eisen, Kupfer, Mangan und Jod besteht. Das alles zusammen kostet wenige Euro. Auch die vorherrschenden Verbindungen steigern seinen materiellen Wert kaum. Das Wasser, das 72 Prozent des Körpers ausmacht, das Skelett mit ca. 1/2 Kilo gebranntem Kalk und das Kochsalz des Körpers (200 Gramm) sind nicht viel wert.

❖ Zu **astronomischen Preisen** kommt man, wenn man den Körper als chemische Fabrik ansieht, die in rasender Geschwindigkeit ununterbrochen komplizierte Synthesen herstellt. In den vielen Millionen Zellen findet ständig ein Stoffwechsel aus der Nahrung in körpereigene Stoffe statt. Diese Synthesen außerhalb des Körpers durchzuführen, so weit sie überhaupt möglich sind, kostet Unsummen.

❖ **Unbezahlbar** wäre die Herstellung des menschlichen Gehirns mit seinen 100 Milliarden Neuronen und 100 Billionen Synapsen.

---

1. Bringen Sie Ihre **Kenntnisse** über die Genetik in die Kursarbeit ein.
2. Welche **Hoffnungen** und **Ängste** sind mit der weiteren Entwicklung der Genetik verbunden?
3. Welche **ethischen Herausforderungen** ergeben sich aus der Genetik? Zum Thema **Menschenzüchtung** durch Genetik: → S. 126 f.
4. Warum ist der **Mensch mehr als die Summe seiner Gene**?
5. Die genetische Ausstattung des Menschen – ein Thema für den **Religionsunterricht**?

Das menschliche Genom

Detlev Ganten, Chef der Berliner Charité-Universitätsmedizin, hat 2005 mit den Wissenschaftsjournalisten Thomas Deichmann und Thilo Spahl das Buch »Naturwissenschaft« herausgegeben, das einem breiteren Leserkreis auf verständliche Weise die neuesten Ergebnisse der Forschung nahebringt.

Wie jedes andere Lebewesen verfügen auch wir Menschen über ein Genom, das alle Informationen enthält, die notwendig sind, um aus der Verbindung einer weiblichen mit einer männlichen Samenzelle einen Körper wachsen zu lassen und sämtliche Organfunktionen zu steuern. Aber wir sind mehr als nur die Summe unserer genetischen Information. Wir sind intelligente Wesen und können daher 5 analysieren, welche Rolle die Gene für Leben und Gesundheit spielen und wir können ihre Funktion in wachsendem Maße beeinflussen. Was wissen wir über unser Genom?

Jeder Zellkern enthält einen kompletten Satz des Erbguts, das Genom: die Gesamtheit der Gene, zirka 30 000 pro Zelle. Gene bestehen aus einer langen 10 Folge von vier chemischen Bausteinen, den Basen Adenin, Guanin, Cytosin und Thymin, die immer paarweise (AT und CG) angeordnet sind. Unser gesamtes Erbgut besteht aus 3,2 Milliarden dieser Basenpaare und wäre, würde man es auseinander ziehen, ein zwei Meter langer Strang, der im Zellkern auf insgesamt 46 größere, eng gewickelte Pakete, die Chromosomen, verpackt ist. Würde man 15 das gesamte Erbgut aus sämtlichen Zellen eines einzigen Menschen in einem langen Faden aneinander kleben, so wäre dieser 160 Milliarden Kilometer lang, was etwa der tausendfachen Entfernung zwischen Erde und Sonne entspricht. Wir sehen: Unser Leben hängt an einem sehr langen und verdammt dünnen Faden. Seit 1953 wissen wir, wie er aussieht … 20

Die Struktur der DNA

Die Entdeckung der Struktur der DNA gehört zu den ganz großen Schlüsselereignissen der Wissenschafts- und Menschheitsgeschichte.

Watson war gerade 24 Jahre alt, als er das Modell der DNA präsentierte und damit das Tor zur Halle ewigen Ruhmes aufstieß. Gemeinsam mit Crick hatte er es aus Pappe, Metallscheiben und Draht gebastelt und auf diese Weise die richtige 25 Struktur eher erraten als erarbeitet …

Ihr Ergebnis, die Doppelhelix, die heute jeder schon einmal irgendwo abgebildet gesehen hat, erklärte unmittelbar jene Eigenschaft, die am erklärungsbedürftigsten war, nämlich wie der Träger der Erbinformation mit hoher Präzision millionenfach kopiert und repliziert werden konnte. Sie stellt einen Doppelstrang aus 30 zwei komplementären Polynucleotidketten dar, der sich der Länge nach auftrennen lässt, so dass jede der beiden Hälften sich durch Anlagern der sie ergänzenden Bausteine wieder zu einer vollständigen Doppelhelix komplettieren kann. Dieser Prozess wird von Proteinmaschinen, den so genannten Polymerasen, die an schätzungsweise 10 000 Stellen des menschlichen Genoms gleichzeitig beginnen, die beiden Stränge voneinander zu trennen, rasend schnell erledigt. Eine 35 unvorstellbar große Zahl von Buchstaben wird in acht Stunden kopiert – inklusive Korrekturlesen, wobei im Durchschnitt nur zwei Fehler pro Verdopplung des gesamten Genoms zum Beispiel bei einer Zellteilung übrig bleiben.

Fortschritt an und für sich

Die Frage
ob Minderwertigkeit
mit moderner
Gentechnik
ausgemerzt werden soll
beantwortet sich
vom rein
technokratischen Standpunkt
von selbst
im Sinne
der Entmenschung
zugunsten
der Effizienz

Erich Fried (1921–1988)

Der amerikanische Biochemiker Craig Venter hat 2006 seine gesamte DNA im Internet veröffentlicht.

Unten: DNA-Bausteine des Lebens

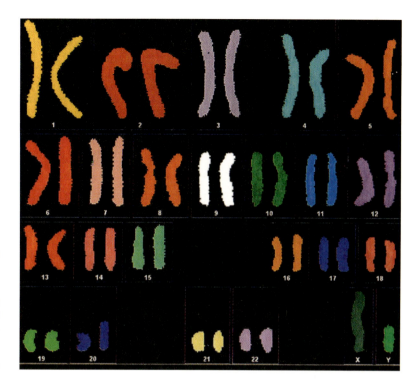

Der universelle Code

Dass alle Lebewesen aus den gleichen chemischen Elementen bestehen, ist im Grunde nicht weiter verwunderlich. Schließlich gibt es auf der Erde nur 92 chemische Grundbausteine, die wir daher nicht umsonst als elementar bezeichnen. Doch das Baumaterial macht nicht das Wesen aus – weder bei der Kathedrale noch beim Frosch. Entscheidend sind die Baupläne, die bei allen Lebewesen in Form des Genoms vorliegen und – wie in den letzten Jahren gezeigt wurde – überraschende Übereinstimmungen aufweisen. Sie sind erstens alle in derselben Sprache verfasst, die über lediglich vier Buchstaben verfügt. Und sie haben zweitens eine Vielzahl weitgehend übereinstimmender Textblöcke. Bei Mensch und Schimpanse, unserem nächsten lebenden Verwandten, sind sie zu 98,7 Prozent identisch, aber auch schon zwischen Mensch und Maus, einem dem Augenschein nach eher entfernten Verwandten, besteht eine Übereinstimmung von 97,5 Prozent. Beruhigend zu wissen, dass der Unterschied zwischen den Arten nicht nur von den Genen an sich herrührt, sondern auch von der Art und Weise, wie sie im Organismus an- und ausgeschaltet werden. Wir brauchen uns wegen ein paar Zehntausend gemeinsamer Gene also nicht für mausartige Wesen zu halten. Im Leben sind besonders die kleinen Unterschiede wichtig.

Die hohe Übereinstimmung zeigt uns, dass Genome in der Evolution ein paar Jahrmillionen benötigen, um sich deutlich auseinander zu entwickeln. Die Abstammungslinie, aus der später der Mensch hervorging, und die, die zur heutigen Maus führte, trennten sich vor etwa 100 Millionen Jahren, die zwischen Mensch und Fisch schon vor etwa 420 Millionen Jahren. Trotzdem hilft heute die Erforschung des Zebrafischs dabei, die biologischen Funktionen des Menschen und vor allem seine Krankheiten besser zu verstehen. *Detlev Ganten (geb. 1941)*

Nach anderen Autoren unterscheiden sich Mensch und Schimpanse auf genetischer Ebene um rund sechs Prozent und sind damit verwandtschaftlich weiter voneinander entfernt als man bislang glaubte. Dasselbe gilt auch für den Unterschied zwischen Mensch und Maus. Allerdings sind die »Baupläne« sehr verschieden.

Forschungen der Bristol Universität

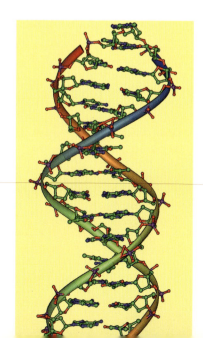

Inzwischen wissen wir, dass das Genom selbst beim Individuum kein stabiler Text ist, sondern sich ständig ändert, z. T. sogar in den verschiedenen Körperzellen. Es gibt extrem viele Variationen, so dass selbst vom Genom her der Mensch nicht berechenbar ist.

2. Die Evolution

Stationen der wissenschaftlichen Evolutionslehre

Gerd Theißen ist Professor für Neutestamentliche Theologie in Heidelberg.

Für viele ist der Evolutionsgedanke ein Argument gegen den christlichen Glauben, für andere aber eine Herausforderung, ihn glaubwürdiger zu formulieren. Er wurde von Wissenschaftlern entwickelt, die mit der Theologie vertraut waren. Charles Darwin hatte Theologie studiert. Er war von William **Paley** (1743–1805) beeinflusst, der in der Anpassung der Lebewesen an ihre jeweiligen Umwelten einen Beweis für die Existenz Gottes als Konstrukteur der Natur sah. Er war überzeugt, dass die Arten seit der Schöpfung konstant geblieben waren. Das entspricht alltäglicher Erfahrung: Lebewesen bringen ihresgleichen hervor, eine Katze immer nur Katzen. Es war kühn, als J.-B. de **Lamarck** (1744–1829) gegen den Augenschein behauptete, dass sich die Arten in einer langen Evolution entwickelt hatten. Er meinte, dass Lebewesen durch Anpassung erworbene Eigenschaften ihren Nachkommen vererbten. Die Natur übermittle ihre Lernerfolge nachfolgenden Generationen. Die Änderung der Arten wäre dann ein gerichteter Prozess. Erst Charles **Darwin** tat in seinem Buch *Die Entstehung der Arten durch natürliche Zuchtwahl* (1859) den entscheidenden Schritt (den gleichzeitig mit ihm auch Alfred Russell **Wallace** tat): Er erklärte die Evolution des Lebens durch Variation und Selektion. Arten entwickeln sich dadurch, dass Lebewesen durch zufällige erbliche Änderungen (Mutationen)

Die Ursprünge und die Entwicklung des Menschen. Der Homo sapiens erschien vor 100 000 bis 200 000 Jahren.

neue Erscheinungsbilder hervorbringen. Die Änderungen fördern nicht automatisch die Anpassung an die jeweilige Umwelt. Aber einige haben höheren Anpassungswert als andere. Was diese zufälligen Veränderungen anging, hatte Darwin unklare Vorstellungen. Erst der Augustinermönch Gregor **Mendel** (1822–1884) lieferte durch seine Erbgesetze einen Teil der Erklärung, einen anderen Teil die moderne Molekulargenetik. Heute wissen wir: Re-Kombination von Genen sowie kleine Fehler beim »Kopieren« der Gene sind Grund für die Variabilität von Lebensformen, des ersten Faktors der Evolution. Den zweiten Faktor sah Darwin darin, dass die Natur aus den zufällig entstandenen Varianten analog einem menschlichen Züchter die geeignetsten Varianten auswählt: Ihre Selektion lässt sich rein natürlich erklären ohne Annahme eines von Zwecken gesteuerten Prozesses. Darwin übertrug dabei bevölkerungstheoretische Erkenntnisse von Th. R. **Malthus** (1766–1834), einem ehemaligen Pfarrer, auf die Natur: Danach vermehrt sich die Bevölkerung in geometrischer Reihe (2, 4, 8, 16 ...) und damit sehr viel schneller als die Nahrungsmittel in arithmetischer Reihe (2, 4, 6, 8 ...). Die Folge ist ein ständiger Kampf um die knappen Nahrungsmittel und eine Anpassung der Bevölkerungsdichte an sie durch Hungersnöte und andere Katastrophen. In diesem Kampf setzen sich die Stärksten durch. Darwin nahm analog an, dass in der Natur alle Lebewesen einen Überschuss an Nachkommen hervorbringen, die um Nahrung und Lebensraum konkurrieren. Dadurch erhalten die schlechter ausgestatteten Varianten des Lebens weniger Chancen, sich zu vermehren, werden vernichtet und sterben aus, besser angepasste Varianten setzen sich dagegen im »struggle for life« durch. Der Wandel der Arten geschieht durch natürliche (d. h. ungeplante) Auslese hin zu Formen mit effektiverer Anpassungsleistung. Auch der Mensch hat sich aus höheren Primaten aufgrund dieser natürlichen Evolutionsgesetze entwickelt.

Darwins Evolutionstheorie ist eine biologische Theorie. Sie wurde jedoch immer wieder über den biologischen Bereich hinaus in beide Richtungen hin ausgeweitet: Wir wissen, dass dem Leben eine lange Phase materieller (oder chemischer) Evolution vorausging, in der die Voraussetzungen der biologischen Evolution (z. B. die Kohlenstoffverbindungen) geschaffen wurden. Wir können die Entstehung von Leben als Selbstorganisation der Materie erklären. Aber auch die Geschichte des Menschen wurde als neue Phase der Evolution, als kulturelle Phase nach deren biologischen Phasen, gedeutet. Das Spiel von Mutation und Selektion wird in ihr abgewandelt zum Fortschritt durch *trial and error*. Eine umfassende Evolutionstheorie, welche materielle, biologische und kulturelle Phasen umfasst, lockt viele durch die Verheißung, dass wir in ihrem Rahmen unser ganzes Wissen einzeichnen können.

Gerd Theißen (geb. 1943)

❖ Der englische Naturforscher **Charles Darwin** (1809–1882) verband zum ersten Mal Botanik und Zoologie zu der Gesamtwissenschaft vom Leben »Biologie«. Er erklärte in Fortführung früherer Forschungsansätze, wie Planzen und Tiere in einer langen Entwicklung abhängig voneinander entstanden sind. Vor allem lehrte er, dass auch der **Mensch** innerhalb einer langen Naturgeschichte steht und sich von anderen Lebewesen herleitet. Seitdem wissen wir, wie sich die Hominiden und der Homo erectus bildeten und wie schließlich der Homo sapiens entstand, der sich von Afrika aus über die ganze Erde verbreitete.

❖ Man nennt diese wissenschaftliche Theorie »**Abstammungslehre**« oder »**Evolutionslehre**« (von lat.: »Entwicklung«).

Von links nach rechts:
Jean-Baptiste de Lamarck (1744–1829),
Charles Darwin (1809–1882) und
Gregor Mendel (1822–1884)

1. Orientieren Sie sich über die großen **Forscher** der Evolution, vor allem über **Charles Darwin**: → M 1.
2. Die Evolutionslehre wurde nach zwei Richtungen **ideologisiert**.

❖ Sie wurde zur Grundlage einer **materialistischen Weltanschauung** gemacht, in der der Mensch nichts anderes als das höchstentwickelte Tier ist, z. B. von **Ernst Haeckel** (1834–1919).

❖ Sie wurde abgelehnt, weil sie, wie man unterstellte, **mit der Bibel unvereinbar** sei. Auch heute gibt es in manchen Ländern, vor allem in den USA, die sogenannten »**Kreationisten**«, die sich vehement gegen die Lehre Darwins wehren.

Suchen Sie nähere Informationen zu beiden Richtungen und nehmen Sie begründet Stellung dazu: → M 1.

3. Welche differenzierte Position bezieht die **katholische Kirche** heute zur Evolutionstheorie?

Kurzform der wissenschaftlichen Schöpfungsgeschichte

*Zu **Detlev Ganten**: → S. 36.*

Die Frage »Was ist Leben?« kann im Grundsatz aus biologischer Sicht als beantwortet gelten.

Ebenso jene nach dem Ursprung des Lebens. Obwohl die Theorien zur Urzeugung noch bruchstückhaft und variantenreich sind, haben wir eine gute Vorstellung, wie die Stationen auf dem Weg zum Leben ausgesehen haben müssen. Die wissenschaftliche Schöpfungsgeschichte lautet in Kurzform: [5]

Nach Abklingen des großen Bombardements aus dem All war die Atmosphäre der Erde sauerstofffrei, reduzierend, dicht, nass, heiß und giftig, erfüllt von Blitzen, vulkanischem Staub und aus heißen Quellen austretenden Dampfwolken. Die Urgase CO_2, NH_3, CH_4, H_2O und H_2 reagierten miteinander und bildeten Aminosäuren, Alkane, Säuren, Lipide und schließlich die ersten zellähnlichen Strukturen, welche begannen, sich selbst zu vervielfältigen. Mit Variation und Selektion setzte die biologische Evolution ein. Die Erde wurde zur Heimat von Chemobakterien und schleimig grünen Biomatten, den Urvätern aller Pflanzen, Tiere und Menschen. [10]

Detlev Ganten (geb. 1941) [15]

Die kirchliche Sicht

*Papst **Johannes Paul II.** hat 1996 in einer Botschaft an die Mitglieder der Päpstlichen Akademie der Wissenschaften festgestellt:*

Heute ... geben neue Erkenntnisse dazu Anlass, in der Evolutionstheorie mehr als eine Hypothese zu sehen. Es ist in der Tat bemerkenswert, dass diese Theorie nach einer Reihe von Entdeckungen in unterschiedlichen Wissensgebieten immer mehr von der Forschung akzeptiert wurde. Ein solches unbeabsichtigtes und nicht gesteuertes Übereinstimmen von Forschungsergebnissen stellt schon an sich ein [5] bedeutsames Argument zugunsten dieser Theorien dar.

... Folglich sind diejenigen Evolutionstheorien nicht mit der Wahrheit über den Menschen vereinbar, die – angeleitet von der dahinter stehenden Weltanschauung – den Geist für eine Ausformung der Kräfte der belebten Materie oder für ein bloßes Epiphänomen dieser Materie halten. Diese Theorien sind im Übrigen nicht [10] imstande, die personale Würde des Menschen zu begründen.

Johannes Paul II. (1987–2005)

Ein Blick auf unsere Vorfahren

*Ulrich Lüke, Biologe, Philosoph und Theologe, gibt seinem Buch »**Das Säugetier von Gottes Gnaden**« einen programmatischen Titel. Er legt dar, dass beim Blick auf unsere Vorfahren die zeitlichen, räumlichen und genealogischen Zuordnungen der einzelnen Menschentypen nicht immer eindeutig sind.*

Heute wird angenommen, dass die Wiege der Menschenaffen und die der Menschen zwar in Afrika stand, sich der Zwischenschritt von den Menschenaffen zu den Großen Menschenaffen, den **Hominiden**, aber in Eurasien und nicht in Afrika vollzog. Dafür sprechen die ca. 16 bis 14 Millionen Jahre alten Funde des Sivapithecus in Südasien, des Dryopithecus in West- und Mitteleuropa, des Oreopithecus in Italien und des Ouranopithecus in Griechenland. Demnach wäre die Reise [5] der vormenschlichen Evolution hin zum Menschen von Afrika nach Eurasien und zurück gegangen.

Die **Australopithecinen**, 4,5 bis 1 Million Jahre vor uns, waren ca. 140 cm groß, besaßen etwa 500 ccm Hirnvolumen und waren bipede Hominiden (Fußspuren [10] von Laetoli). Die aufrechte bipede Fortbewegung verschaffte den Australopithecinen einen größeren Überblick über ihre Umgebung, setzte die Hände frei zur Mitnahme von Nachwuchs, ermöglichte besseres Sammeln und Transportieren

38 Ein Produkt der Natur

von Nahrung, bot bei der afrikanischen Hitze eine geringe der Sonne zugewendete Körperoberfläche und war unter Verrechnung von Gewicht und Bewegungsgeschwindigkeit schlicht energetisch günstiger als die vierbeinige Fortbewegung. Ihnen ein Ichbewusstsein der Art, wie es offenbar den rezenten Menschenaffen eignet, absprechen zu wollen, erschiene nicht plausibel.

Die **Gattung Homo (Mensch)** wird dann, grob gesehen, in die vier folgenden Chronospezies gegliedert:

1. Der **Homo habilis**, ca. 2,5 bis 1,2 Millionen Jahre vor uns, hinterließ die ältesten Stein- und Knochenwerkzeuge und besaß ein Gehirnvolumen von 570 bis 800 ccm. Die Herstellung vergleichbarer artifizieller Werkzeuge findet sich bei den rezenten Menschenaffen offenbar nicht.

2. Der **Homo erectus**, ca. 1,8 bis 0,3 Millionen Jahre vor uns, mit 750 bis 1300 ccm Gehirnvolumen war bereits ein Feuer nutzender effizienter Großwildjäger. Der von Teilhard de Chardin mitausgegrabene Homo pekinensis gehört zu dieser Gruppe. Gelegentlich stößt man beim Homo erectus auf eine besondere Behandlung und Verwendung von menschlichen Schädeln. Die frühesten Vertreter dieses Menschentyps besiedelten schon vor rund 1,75 Millionen Jahren Eurasien, wie die Funde von Dmanisi südwestlich von Tiflis in Georgien belegen. Die ältesten Funde dieses Menschentyps in Ostasien sind etwa 1,1 Millionen Jahre, die ältesten in Europa ca. 0,8 Millionen Jahre alt.

3. Der **Homo sapiens neandertalensis**, ca. 350 000 bis 30 000 vor uns, besaß ein dem heutigen Menschen sicher vergleichbares Gehirnvolumen von 1 300 bis 1 700 ccm. Der »deutsche Neandertaler« weist besondere körperliche Kälteanpassungsmerkmale auf. Dieser Menschentyp besaß bereits ein soziales Gewissen wie die Funde in Shanidar (N-Irak) und La Chapelle (SW-Frankreich) belegen, die auf die Pflege allein nicht mehr lebenstüchtiger Individuen hindeuten. Es scheint, dass der Neandertaler auch musikalisch war; denn es wurden Pfeifen aus durchbohrten Fingerknochen und Höhlenbärenknochen mit Löchern gefunden, gewissermaßen spielbare Instrumente. Außerdem vollzog der Neandertaler bereits Bestattungen wie an den Funden in La Ferrassie, Le Moustier und La Chapelle nachweisbar ist.

(Zusatz W. T.: Allerdings war der Neandertaler eine »Sackgasse« der Evolution. Er ist ausgestorben, wohl weil er ohne Nachkommenschaft blieb. Der Homo sapiens sapiens stammt nicht von ihm.)

4. Der **Homo sapiens sapiens** schließlich, wie sich der Jetztmensch ›bescheidenerweise‹ selbst tituliert, trat ca. 200 000 bis 100 000 Jahre vor uns erstmals auf. Die bislang ältesten fossilen Funde stammen aus Herto im heutigen Äthiopien und sind ca. 160 000 Jahre alt. Dieser moderne Homo sapiens besitzt ein Gehirnvolumen zwischen 1000 und 2000 ccm, im Mittel ca. 1 300 ccm. Er schuf 35 000 bis 20 000 Jahre vor unserer Zeit die Höhlenmalereien, die ersten vollplastischen Darstellungen (Venus von Willendorf) und Musikinstrumente (Knochenflöte von Isturitz), er ist Urheber der Klingenkulturen und der landwirtschaftlichen Revolution.

Ulrich Lüke (geb. 1951)

❖ Der heute vor allem in den USA verbreitete **Kreationismus** lehrt, dass Welt und Erde in sieben Tagen geschaffen wurden. Danach wurden die Arten nicht durch Mutation, Selektion oder Zufall, sondern von Gott selbst hervorgebracht.

❖ Damit stellt sich diese fundamentalistische Richtung gegen die Evolutionstheorie, aber auch **gegen die vorherrschende Lehre der Kirche**, die längst ihren Frieden mit der Evolutionslehre geschlossen hat, soweit diese nicht wissenschaftlich und religiös unhaltbare Konsequenzen aus ihrer Arbeit zieht.

Was unterscheidet den Menschen vom Affen? Leipziger Forscher verglichen die Benutzung der Gene zwischen Mensch und Schimpanse. Rote und grüne Kästchen im Hintergrund repräsentieren Gene, die stärker im Menschen (rot) bzw. stärker im Schimpansen (grün) benutzt werden.

3. Mensch und Tier

Zwischen **Mensch und Tier** gibt es **Gemeinsamkeiten** und **Unterschiede**.
❖ Beide sind nicht an einen festen Platz gebunden und unterscheiden sich schon dadurch von den Pflanzen. Beide nehmen Nahrung auf und verdauen diese; beide unterscheiden sich nicht einmal im Werkzeuggebrauch, in der Werkzeugherstellung, in der Informationsweitergabe etc. Beide kennen Leben und Tod.
❖ Erst die Möglichkeit, Fragen zu stellen, der differenzierte Sprachgebrauch, die Kultur/Kunst, die Wissenschaften und vor allem der Transzendenzbezug zeigen, dass Mensch und Tier **nicht nur quantitativ unterschieden** sind. Selbst wo man Ansätze von Kultur auszumachen meint, wie z. B. bei Schimpansen, werden diese aber nicht weiter tradiert.

Erschaffung der Tiere
Zum Text: → *S. 77.*
[19] Gott, der Herr, formte aus dem Ackerboden alle Tiere des Feldes und alle Vögel des Himmels und führte sie dem Menschen zu, um zu sehen, wie er sie benennen würde. Und wie der Mensch jedes lebendige Wesen benannte, so sollte es heißen. [20] Der Mensch gab Namen allem Vieh, den Vögeln des Himmels und allen Tieren des Feldes. Aber eine Hilfe, die dem Menschen entsprach, fand er nicht.

Genesis 2, 19–20

Eine Formel
Konrad Lorenz war einer der bedeutendsten deutschen Biologen, der sich vor allem mit dem Verhalten von Tieren befasste.
Nicht, dass der Mensch »nur ein Tier« wäre; so manche seiner Eigenschaften erheben ihn turmhoch über alle anderen Lebewesen. Es steckt, wie schon der chinesische Weise sagt, keineswegs aller Mensch im Tier, wohl aber alles Tier im Menschen.

Konrad Lorenz (1903–1989)

Falsche Unterscheidungskriterien
Zu Ulrich Lüke: → *S. 38 f*
❖ Lange glaubte man den **Werkzeuggebrauch** als unterscheidend menschliches Kriterium ansehen zu dürfen, bis man durch Versuche zum Werkzeuggebrauch bei Primaten (O. Köhler) eines Besseren belehrt wurde. Auch die vorgebrachten Einwände, es handle sich bei dieser Art Werkzeuggebrauch nicht um genuin tierische, sondern nur um vom Menschen abgeschaute Leistungen von Zootieren, waren kaum mehr als schwache »Rückzugsgefechte« zur Erhaltung der menschlichen Besonderheiten. Denn nicht erst durch Primaten, sondern selbst durch Darwinfinken in freier Natur, die mit Dornen nach Nahrung zu stochern verstanden, wurde man auch hier eines Besseren belehrt.
❖ Auch die These von der angeblich nur dem Menschen möglichen **Werkzeugherstellung** als nächste Rückzugslinie war nicht lange haltbar. Spätestens als man u. a. bei wild lebenden Schimpansen das Zurechtbeißen von Stöcken zum gezielten Termitenangeln beobachtete (J. van Lawick und J. Goodall), war auch hier keine unüberschreitbare Grenze mehr auszumachen.

15 ❖ Überdies konnte durch den Transport von Steinwerkzeugen (Nussmühlen) zur Futterquelle neben dem Werkzeuggebrauch auch **planerische Kompetenz** bei Schimpansen nachgewiesen werden (Boesch/Boesch), da hier das Werkzeug nicht am Ort seines Einsatzes und irgendwie zufällig gefun-
20 den, sondern offenbar absichts- und planvoll mitgebracht wurde.

❖ Auch für die über bloße Warnlaute hinausgehende **Informationsweitergabe durch Sprache** ließ sich ein menschlicher Alleinvertretungsanspruch nicht mehr halten, seit
25 man sie in unterschiedlichster Art, z. B. auch bei Bienen als erstaunlich inhaltsreiche und im sogenannten Schwänzeltanz motorisch verklausulierte Sprache (von K. Frisch) entdeckte. Erst recht wurde dieses Kriterium hinfällig durch die mit Schimpansen mögliche Mensch-Tier-Kommunikation
30 mittels Plastiksymbolen (P. Premack), mittels Taubstummensprache (R. A. und B. T. Gardner) und neuerdings mittels zwischengeschalteter Computer in verschiedenen Primatenforschungszentren.

❖ Sowohl die **Plastiksymbole** als auch die **Symbole auf der**
35 **Computertastatur**, die für bestimmte Begriffe benutzt wurden, waren völlig abstrakt und keine Bebilderung des Gegenstandes. Überdies gab es Symbole, mit denen das Tier im Experiment sich selbst bezeichnete.

Gewiss, Menschen leisten in all diesen Disziplinen mehr und
40 haben mit ca. 1300 ccm Hirnmasse erheblich mehr ›geistigen Hubraum‹ als selbst Spitzenreiter unter den nichtmenschlichen Primaten mit ihren ca. 500 ccm. Aber gibt es über das quantitative hinaus wirklich ein trennscharfes qualitatives Exklusivkriterium für das Menschsein? Wo endet das Tier-
45 und wo beginnt das Menschsein?

Ein wichtiges Unterscheidungskriterium

❖ Auch das Kriterium **Ichbewusstsein** bzw. **Selbstbezug** als Grenze zwischen Tier und Mensch reicht, wie ethologische (d. h. das Verhalten erforschende) Versuche zeigen, allein nicht aus, um den Menschen von seinen biologisch
50 nächsten Art-Verwandten abzugrenzen, und bedarf daher der Ergänzung ... Was könnte als ein das Ichbewusstsein ergänzendes zusätzliches Kriterium für Menschsein angesehen werden?

❖ Der Mensch ist von da an Mensch, wo zum **Ichbewusstsein** (Selbstbezug) eine Art **Transzendenzbewusst-** 55
sein (z. B. in der Konkretion eines Gottes- oder Götterbezugs oder in dessen Leugnung; → S. 33). hinzutritt. Dieses auch naturwissenschaftlich wahrnehmbare Transzendenzbewusstsein ist höchstwahrscheinlich weit älter als die Artefakte, die paläontologisch von ihm Zeugnis geben. 60
Bei den Australopithecinen und beim Homo habilis finden sich, soweit wir wissen, noch keine artifiziellen Hinweise auf Religiosität im weitesten Sinne. Gleichwohl ist es keineswegs unwahrscheinlich, dass sie eine sich am kosmischen Geschehen (Jahreskreis, Mondphasen etc.) und an 65
Naturzyklen (Jahreszeitenwechsel, Gezeiten etc.) orientierende, präartifizielle Form von Transzendenzbewusstsein gehabt haben. Es könnte in der Erklärungsbedürftigkeit solcher zyklisch geordneter und den Hominiden selbst orientierender Vorgänge seinen Ausgangspunkt genom- 70
men haben.

Ulrich Lüke (geb. 1951)

---

1. Was sagt Protagoras (→ S. 117), was sagen die Vertreter der **philosophischen Anthropologie**, vor allem Max Scheler (→ S. 21, 44), Arnold Gehlen und Helmuth Plessner (→ S. 32) über das Verhältnis von Mensch und Tier? Erörtern Sie Begriffe wie »umweltgebunden« und »weltoffen«.
2. Machen Sie auch selbst eine Aufstellung über **Gemeinsamkeiten** und **Verschiedenheiten** von Tier und Mensch.
3. Vergleichen Sie die **Sprache** der Tiere mit der der Menschen.
4. Stellen Sie zusammen, wo sich heute **Menschen** Tieren gegenüber **verantwortungslos** und **nicht schöpfungsgerecht** verhalten.
5. Was meint der deutsche Philosoph Martin **Heidegger**, wenn er sagt: »Das Wesen des Göttlichen ist uns näher als das befremdende der Lebe-Wesen« (d. h. der Tiere)?
6. Was sagt Christian **Morgenstern** zum Verhältnis von Mensch und Tier (→ S. 22)?
7. Mensch und Tier – ein **Thema des christlichen Glaubens**?

Die Sonderstellung in der Welt

1. Mit Geist begabt

> ❖ Wir Menschen sind durch die Evolution mit den **Tieren** verwandt, aber wir sind dennoch keine Tiere. Vieles haben wir zwar mit den Tieren gemeinsam, z. B. sehen, atmen, essen, verdauen und Nachkommen zur Welt bringen. Vieles können Tiere sogar besser als wir, z. B. laufen, schwimmen oder fliegen.
>
> ❖ Aber wir haben Fähigkeiten, die wir bei den Tieren (so) nicht finden, so dass wir mit vollem Recht von einer **Sonderstellung des Menschen in der Welt** sprechen können. Dazu gehören der **aufrechte Gang**, **Geist** mit der Befähigung zum Denken, Werten und Handeln, eine differenzierte **Sprache, Humor, Kultur, Wissenschaft, Kunst, Sinn- und Glückssuche, Religion.**
>
> ❖ Heute wird **diskutiert**, ob und wie sich diese typisch menschlichen Fähigkeiten auch durch die Evolution entwickelt haben.

Zum Begriff des Geistes

Was Geist ist, lässt sich nicht einfach definieren. Der **Begriff**, über den schon in der antiken Philosophie (→ S. 26) nachgedacht wurde, ist viel zu komplex, um sich einer einfachen Bestimmung zu fügen. Er lässt sich nicht so erfassen wie die Gegenstände der Naturwissenschaften und wird in Vergangenheit und Gegenwart nicht einheitlich verwendet. Das zeigen die Versuche der Philosophen aller Zeiten.

Schon das Bewusstsein dieses schwierigen Problems, das im Tierreich unbekannt ist, ist ein Hinweis auf die Existenz des Geistes.

Geist und Gehirn

Zum Verhältnis von Geist und Körper/Gehirn finden sich folgende Antworten:

❖ In einer **materialistisch-biologistischen Anthropologie** wird Geist als eine reine Körperfunktion angesehen, der ganz von den Aktivitäten des Gehirns abhänge. Er entstehe beim einzelnen Menschen mit dem Gehirn, entwickle sich damit weiter und vergehe mit der Zerstörung des Gehirns. Jede Gehirnstörung bewirke auch eine Störung der geistigen Fähigkeiten: → S. 30, 58

❖ Im Gegensatz dazu steht eine eher **idealistische Anthropologie**, die dem Geist des Menschen ein eigenes Dasein, unabhängig von Gehirn und Materie, zuschreibt. Die Unabhängigkeit des Geistes von der Materie zeige sich vor allem in geistigen Gebilden/Strukturen, die vom menschlichen Geist (»subjektiver« Geist) hervorgebracht werden und ohne materielles Substrat existieren (»objektiver« Geist): Dichtung, Wissenschaften, Kunst, Philosophie u. a. Tiere, die eine ähnliche Gehirnstruktur haben, könnten solche Gebilde nicht hervorbringen.

❖ Heute wird vielfach die Auffassung vertreten, dass der Geist und die geistigen Fähigkeiten zwar von **materiellen Vorgängen** im Gehirn abhängen, aber eine **Selbstständigkeit** aufweisen, die alle neuronalen Prozesse übersteige. Das zeige sich in psychischen Fähigkeiten wie Bewusstsein, Denken, Wollen, Werten, auch Lachen und Weinen (→ S. 32), die alle eine Bedeutungs- und Sinnfülle haben, die sich in rein neuronalen Vorgängen nicht finde. Wie dieser Prozess zu verstehen ist, bleibt bislang ungeklärt.

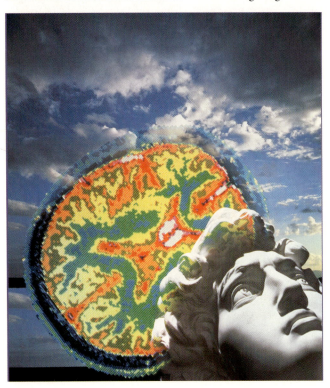

Das Gehirn; andere Bilder: → S. 58 f.

Fähigkeiten des Geistes

Denken und Sprechen

Tiere können wahrnehmen, z. B. ein bestimmtes Pferd sehen, hören, riechen, spüren. Sie können auch Informationen über sich selbst, Futterstellen, Gefahren usw. weitergeben. Der Mensch besitzt darüber hinaus die Fähigkeit zu denken und zu sprechen. Das **Denken**, das gewiss an sehr viele Grenzen stößt,
5 überschreitet die konkrete Wahrnehmung (»das kleine Pferd hier und jetzt«) und ermöglicht dem Menschen, abstrakte Begriffe (»Pferd«, »Tier«) zu bilden, die auf alle unterschiedlichen Wahrnehmungen anwendbar sind. Mit seinem Denken kann der Mensch definieren, Namen geben (»Troll«), sinngemäß gleiche Worte (»horse«, »equus«) verstehen und sinnvolle Sätze **spre-**
10 **chen** (»Dieses Pferd, das ein Schimmel ist, wird morgen 4 Jahre alt«). Er kann – in Grenzen – Sachverhalte erkennen, beschreiben und systematisch erforschen (»Das Pferd gehört zu den Säugetieren«), Zusammenhänge herstellen und erfassen (zu Esel oder Zebra) sowie Gebilde wie die Biologie, Mathematik oder Logik entwerfen. Er kann – wiederum nur in Grenzen – Fremd-
15 sprachen lernen, falsche Erkenntnisse von richtigen unterscheiden und sein Denken und Sprechen auf das Universum ausdehnen, soweit dies uns zugänglich ist. Darüber hinaus regt ihn sein Denken dazu an, sich selbst zur Frage zu werden (→ S. 34), sich auf die Suche nach Wahrheit zu begeben und z. B. zu fragen, was Glück oder Sinn ist oder ob es Gott gibt.

Werten

20 Das Tier kann fühlen. Es kennt Schmerz und Lust und spürt, was ihm bekömmlich ist, zu ihm passt und was nicht. Der Mensch kann darüber hinaus vom Fühlen zum **Werten** kommen. Er allein ist sich bewusst, dass Sachverhalte und Menschen nicht bloß vorhanden und zum eigenen Bedarf nützlich sind, sondern er bewertet sie auch. Für ihn ist z. B. in der Regel eine
25 selbstlose Hilfe gut, ein gesunder und gepflegter Wald **schön** und die Aussage eines Freundes **wahr**. Ständig bewerten Menschen andere Menschen und Sachverhalte. Der Koch bewertet das Essen, der Journalist die Politik, die Lehrerin die Klausur, der Fernsehzuschauer die Sendung, die Kritikerin das Buch und der Notar den Vertrag. Dabei stimmen Menschen in ihren Bewer-
30 tungen/Beurteilungen häufig nicht überein. Es ist eine interessante und schwer zu beantwortende Frage, woher wir unser Wertbewusstsein und unsere Werteskala haben. Unser inneres Zentrum zur Bewertung moralischer Sachverhalte nennen wir **Gewissen**.

Handeln

Das Tier unterliegt seinen Trieben und wird durch diese in seinem Verhalten
35 gelenkt. Die Kraft der Bedürfnisse ist für Tier und Mensch stark. Der Mensch kann dazu »Nein« sagen (Max Scheler), kann auf die Erfüllung der Bedürfnisse verzichten und »Asket des Lebens« (Max Scheler) werden. Er ist zu bewusstem **Handeln** fähig. Er allein kann sich Ziele setzen, z. B. ein Examen, einen Beruf, eine Reise, einen sportlichen Erfolg. Um seine Ziele zu erreichen, muss er seine
40 natürlichen Triebe und Wünsche hintanstellen, zu ihnen eine Zeit lang »nein sagen« und solche Mittel wählen, die geeignet sind, das Ziel zu erreichen. Wer ein Ziel will, muss auch die Mittel wollen, z. B. arbeiten, sparen, verzichten, trainieren. Dazu gehören Selbsterziehung, Zucht und Disziplin.

In der **europäischen Philosophie** gibt es den Begriff »**Person**«, der die Sonderstellung des Menschen in der Welt zum Ausdruck bringt.

❖ Eine Person ist trotz ihrer Stellung in der Evolution und trotz vieler Abhängigkeiten letztlich ein einmaliges, unverwechselbares geistiges Wesen, das über sich selbst bestimmen und in seinen Handlungen **frei** entscheiden kann (→ S. 33, 66). Nur sie kann bewusst »Ich« und »Du« sagen.

❖ Die Person ist **mehr als nur ein Individuum**, wenn Individualität eine Eigenschaft ist, die auch anderen Wesen wie Pflanzen und Tieren, Bergen und Flüssen und Kunstwerken zukommt.

❖ Keine Person ist ein »**ganzer**« **Mensch** in dem Sinn, dass er alle menschlichen Möglichkeiten ausschöpfen könnte. Jeder hat seine eigene genetische, geschlechtliche, biographische und kulturelle Prägung, die ihn unverwechselbar macht. Seine Einmaligkeit zeigt sich auch in seiner Begrenzung.

❖ Der Begriff der Person wurde vom **Christentum** zur Deutung des Menschen aufgegriffen und spielt in der christlichen Anthropologie eine zentrale Rolle. Biblisch gesehen gründet die Personalität des Menschen darin, dass der Mensch von Gott geschaffen wurde und Bild Gottes ist (→ S. 74).

❖ Der Begriff der Personalität steht in Spannung zu den in den **ostasiatischen Religionen** lebenden Vorstellungen von Karma und Wiedergeburt (»Reinkarnation« und zur »Lehre des Buddha«; → S. 124 f), für den es kein bleibendes Ich gibt.

Wir denken in Gefühlen, wir denken in Bildern, wir denken in Geschichten, wir denken in Erinnerungen, wir denken in Melodien, wir denken in Wünschen und Ängsten. Die Kunst, alle Kunst der Welt, ist nichts anderes als eine immer neu geschaffene Möglichkeit, in Bildern, Melodien und Gefühlen zu denken und so die klaffenden Risse, die das Denken in Begriffen übrig lässt, zu schließen.

Peter von Matt (geb. 1937)

Die Sonderstellung des Menschen: Geist und Person

Zu Max Scheler: → S. 21. Auch dieser Text stammt aus seiner Schrift »Die Stellung des Menschen im Kosmos«.

Das Wesen des Menschen und das, was man seine ›Sonderstellung‹ nennen kann, steht hoch über dem, was man Intelligenz und Wahlfähigkeit quantitativ beliebig, ja bis ins Unendliche gesteigert vorstellte … Schon die Griechen behaupteten ein solches Prinzip und nannten es ›**Vernunft**‹ … Wir wollen lieber ein umfassenderes Wort für jenes X gebrauchen, ein Wort, das wohl den Begriff ›Vernunft‹ mitumfasst, aber neben dem ›Ideen-denken‹ auch eine bestimmte Art der ›Anschauung‹ die von Urphänomenen oder Wesensgehalten, ferner eine bestimmte Klasse willentlicher und emotionaler Akte wie Güte, Liebe, Reue, Ehrfurcht, geistige Verwunderung, Seligkeit und Verzweiflung, die freie Entscheidung mitumfasst: – das Wort ›**Geist**‹. Das Aktzentrum aber, in dem Geist innerhalb endlicher Seinssphären erscheint, bezeichnen wir als ›Person‹, in scharfem Unterschied zu allen funktionellen Lebenszentren, die nach innen und im tieferen Sinne betrachtet auch ›seelische Zentren‹ heißen.

Entbundenheit vom Organischen

Was ist nun jener ›Geist‹, jenes neue so entscheidende Prinzip? Selten ist mit einem Worte so viel Unfug getrieben worden, einem Worte, bei dem sich nur wenige etwas Bestimmtes denken. Stellen wir hier an die Spitze des Geistesbegriffes seine besondere Wissensfunktion, eine Art Wissen, die nur er geben kann, dann ist die Grundbestimmung eines geistigen Wesens, wie immer es psychologisch beschaffen sei, seine existentielle Entbundenheit vom Organischen, seine Freiheit, Ablösbarkeit – oder doch die seines Daseinszentrums – von dem Bann, von dem Druck, von der Abhängigkeit vom Leben‹ und allem, was zum Leben gehört – also auch von der eigenen triebhaften ›Intelligenz‹.

Nicht umweltgebunden, sondern weltoffen

Ein ›geistiges‹ Wesen ist also nicht mehr trieb- und umweltgebunden, sondern ›umweltfrei‹ und, wie wir es nennen wollen, ›weltoffen‹. Ein solches Wesen hat ›Welt‹. Ein solches Wesen vermag ferner die auch ihm ursprünglich gegebenen Widerstands- und Reaktionszentren seiner Umwelt, die das Tier allein hat und in die es ekstatisch aufgeht, zu ›Gegenständen‹ zu erheben und das Sosein dieser Gegenstände prinzipiell selbst zu erfassen, ohne die Beschränkung, die diese Gegenstandswelt oder ihre Gegebenheit durch das vitale Triebsystem und die ihm vorgelagerten Sinnesfunktionen und Sinnesorgane erfährt. Geist ist daher Sachlichkeit, Bestimmbarkeit durch das Sosein von Sachen selbst …

Sich selbst zum Gegenstand der Erkenntnis machen

Der Mensch allein – sofern er Person ist – vermag sich über sich als Lebewesen emporzuschwingen und von einem Zentrum gleichsam jenseits der raumzeitlichen Welt aus alles, darunter auch sich selbst, zum Gegenstande seiner Erkenntnis zu machen. So ist der Mensch als Geistwesen das sich selber als Lebewesen und der Welt überlegene Wesen. Als solches ist er auch der Ironie und des Humors fähig, die stets eine Erhebung über das eigene Dasein einschließen.

Das Zentrum aber, von dem aus der Mensch die Akte vollzieht, durch welche er seinen Leib und seine Psyche vergegenständlicht, die Welt in ihrer räumlichen und zeitlichen Fülle gegenständlich macht – es kann nicht selbst ein ›Teil‹ eben dieser Welt sein, – es kann nur im obersten Seinsgrunde selbst gelegen sein.

Max Scheler (1884–1928)

Also lautet ein Beschluss
Dass der Mensch was lernen muss –
Nicht allein das Abc
Bringt den Menschen in die Höhe
Nicht allein im Schreiben, Lesen
Übt sich ein vernünftig Wesen,
Nicht allein in Rechnungssachen
Soll der Mensch sich Mühe machen,
Sondern auch der Weisheit Lehren
Muss man mit Vergnügen hören.

Wilhelm Busch (1832–1908)

Ich

Die meisten Menschen würden eher dahin zu bringen sein, sich für ein Stück Lava im Monde, als für ein Ich zu halten.
Johann Gottlieb Fichte (1760–1814)

Mensch

»Der Mensch, der Mensch!« sagte sie, aufbegehrend gegen das Gemessenwerden mit dem Maß der Maße. »Was ist denn der Mensch! Nicht einmal ein Virus! Schon wenn du an unsere Galaxie denkst. Und wie viele Galaxien gibt's denn!«
An einem Montagvormittag aber, während zweier Freistunden, läuft sie, nicht einmal ein Virus, von Schallplattengeschäft zu Schallplattengeschäft und fragt nach dem Konzert für zwei Cembali und Streichorchester, c-moll, Bachwerkeverzeichnis 1060, das sie am Sonntag gehört hat.
Reiner Kunze (geb. 1933)

1. Zu **Max Scheler** und **Reiner Kunze**: → M1; zu den Texten: → M 2.
2. Welche Ideen Schelers und der philosophischen Anthropologie (→ S. 21) weisen auf die **Sonderstellung des Menschen** in der Welt hin? Wo lässt sich Kritik an Scheler anbringen? Vergleichen Sie seine Position auch mit der neueren **Hirnforschung**: → S. 58.
3. Zeigen Sie an einem konkreten Beispiel, wie sich bei ein und demselben Gegenstand sinnliche **Wahrnehmung** und rationales **Denken** unterscheiden.
4. Was sind materielle, emotionale, ökonomische, ästhetische, moralische, philosophische und religiöse **Werte**? In welchem Verhältnis stehen sie zueinander? Gibt es eine Werthierarchie? Woher haben wir die Maßstäbe zur »Bewertung« der Dinge und Personen?
5. Zeigen Sie an Beispielen, wann der Mensch seinen unmittelbaren **Trieben/Bedürfnissen** folgt und wann er frei (zielbewusst) **handelt**.
6. Zum Problem des Willens und der Freiheit: → S. 60 ff.
7. Warum weisen auch **Witz und Humor** auf die Sonderstellung des Menschen in der Welt hin? (→ S. 32)

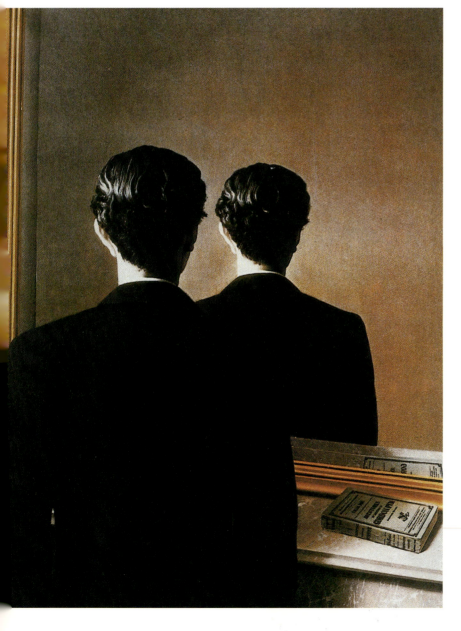

Ich kehre in mich selbst zurück und entdecke eine Welt.
*Johann Wolfgang von Goethe
(1749–1832)*

*René Magritte (1898–1967),
Reproduktion verboten, 1937*

2. Schöpfer und Geschöpf der Kultur

❖ Die Kultur ist nicht von Natur aus vorhanden, sondern wird erst durch den Menschen hervorgebracht. Der Mensch ist **Schöpfer der Kultur**. Weil wir wegen unserer Unangepasstheit (»Organmängel«) nicht oder nur schlecht in der Natur leben können, sind wir zur Kultur gezwungen. Um zu überleben, brauchen wir Haus und Kleidung, Viehzucht und Nahrungsanbau sowie vieles andere, das so nicht in der Natur vorkommt.

❖ Zugleich ist der Mensch aber auch **Geschöpf der Kultur**, da er in seinem Leben nicht nur von der Natur, sondern durchgängig auch von der Kultur bestimmt wird, z.B. in seiner Erziehung, Sprache, sozialen Rolle, historischen Situation, Gesundheitsversorgung, Religion. Es ist ein Unterschied, ob man als Sklave im alten Rom gelebt hat oder als Ärztin im heutigen Deutschland lebt, ob jemand heute Slumbewohnerin in Kalkutta oder Universitätslehrer in den USA ist.

Der Begriff Kultur

❖ Der Begriff »**Kultur**« **im engeren Sinn** wird oft – umgangssprachlich – auf die Bereiche Wissenschaft, Kunst, Philosophie und Religion begrenzt, so, wenn man von einem »kultivierten« Menschen spricht.

❖ Der Begriff »**Kultur**« **im weiteren Sinn** wird – wissenschaftlich/philosophisch – meist im Unterschied oder manchmal auch im Gegensatz zum Begriff »**Natur**« gebraucht. Während die »Natur« die nicht von Menschen bearbeitete Welt ist, die ihren eigenen Gesetzen folgt (→ S. 34 ff), bezeichnet »Kultur« alles, was der geistbegabte Mensch schöpferisch da hervorbringt, wo er die Gesetze der Natur in seinen Dienst nehmen kann. Selbst die elementarsten Tätigkeiten, die wir auch bei den Tieren beobachten wie Essen, Trinken, Verständigung, Fortpflanzung, Kinderaufzucht und Sterben, sind bei uns von der Kultur überformt, während sie bei den Tieren von der Natur geregelt sind.

Elementare Formen

Elementare Formen der Kultur zeigen sich da, wo der Mensch im Unterschied zum Tier das **Feuer** zähmt, seine Nahrungsmittel **kocht**, sich eine künstliche Wohnstätte **baut**, seinen Körper **bekleidet** und **schmückt**, einfache **Werkzeuge** herstellt, **Ackerbau** betreibt, Höhlen mit **Bildern** ausstattet und **höhere Wesen** anruft und beschwört. Damit schafft er die Möglichkeit, seine organischen Mängel (Gehlen; → S. 32) im »Kampf ums Dasein« (Darwin; → S. 37) auszugleichen und sein Leben, das immer auch von Angst und Sorge bestimmt ist, in der Natur und gegen sie zu behaupten.

Heutige Vielfalt

Bis heute haben die Menschen ihre kulturellen Möglichkeiten erheblich ausgeweitet und dabei auch Schöpfungen hervorgebracht, die nicht unmittelbar nur der Lebenssicherung dienen, sondern auf Freude, Glück, Gerechtigkeit, Frieden, Sinn, aber auch auf Ausbeutung, Prestige, Macht und Krieg zielen.

Heute sehen wir in der Kultur ein großes **Sinnsystem** der menschlichen Lebenspraxis, das sich in ständigem **Wandel** befindet. Wir zählen u.a. folgende **Elemente** dazu:

❖ Formen und Regeln des **Zusammenlebens**

❖ **Sprache** und **Schrift**, die Informationen vermittelt, Verständigung ermöglicht und Zugang zur Welt eröffnet

❖ **Arbeit und Muße**

Eine der ältesten Darstellung eines Menschen, Urfa (Türkei), 9. Jahrtausend vC

Die Sonderstellung in der Welt

45 ❖ Speicherung der Alltagserfahrungen, Traditionen
❖ Landwirtschaft, Gartenbau, Handwerk, Technik, Industrie
❖ Wirtschaft mit Unternehmen, Banken, Börsen
❖ Institutionen wie Ehe, Familie, Schule, Vereine, Parteien, Staat, UNO
❖ Wissenschaften wie Mathematik, Natur- und Kulturwissenschaften
50 ❖ Kunst wie Dichtung, Märchen, Fotografie, Entertainment, Malerei, Skulptur, Architektur, Musik
❖ Moralische Standards mit Auswirkungen auf Bildung, Gesellschaft, Rechtsprechung, Politik
❖ Philosophie mit den Lebensfragen, die die Wissenschaften nicht lösen
55 können
❖ Religion mit Transzendenzbezug

Das kulturelle Gedächtnis

Da die kulturellen Schöpfungen nicht von Natur aus da sind, müssen sie immer wieder neu vermittelt, erprobt und verbessert werden, damit sie für möglichst viele Menschen nützlich sein können. Vor allem die **Erziehung**
60 sollte die Einweisung junger Leute in die menschliche Kultur sein. In diesem Zusammenhang spricht man neuerdings vom »**kulturellen Gedächtnis**«, das die kulturellen Traditionen bewahrt, erneuert und einprägt, damit die Menschheit kulturell nicht immer wieder von Neuem anfangen muss oder gar das kulturelle Erbe der Menschheit vergisst und so in die Barbarei ver-
65 sinkt.

1 Bestimmen Sie an einem Beispiel das **Verhältnis von Natur und Kultur** beim Menschen und ziehen Sie zum Vergleich die Daseinsweise des Tieres heran.

2 Suchen Sie sich aus der heutigen Vielfalt kultureller Formen das ein oder andere **Beispiel** (Arbeit, Wissenschaft, Politik o. a.) heraus und erklären Sie näher sein Verhältnis zur Natur. Beschreiben Sie auch ein paar Züge des geschichtlichen Wandels dieser Formen und geben Sie an, worin Sie kulturelle Aufgaben für die Zukunft sehen.

3 Inwieweit **entlasten** kulturelle Formen den Menschen, inwieweit **belasten** sie ihn? Zur **Ambivalenz der Kultur**: → S. 132 f.

4 Der französische Philosoph der Aufklärungszeit **Jean-Jacques Rousseau** (1712–1778) hat den Slogan geprägt »**Zurück zur Natur**«. In welchem Sinn ist dieses Programm unmöglich, in welchem Sinn anregend?

5 »**Kulturelles Gedächtnis**« – Zeigen Sie an einem Beispiel, was das ist.

6 **Religion und Kultur** – In welchem Verhältnis stehen beide zueinander?

7 Ein griechischer Mythos des **Protagoras** erzählt von der Entstehung der Kultur: → S. 117.

Der lebende Google

Im Grunde genommen ist der Mensch ein lebender Google. Immer auf der Suche. Er sucht und sucht und sucht und bestenfalls findet er den Anfang, das Stichwort, das weiterhilft und oft genug nicht das Ende. Manchmal sucht er den Sinn des Lebens, manchmal auch nur sich selbst. Er ist auf der Suche nach dem Glück, nach der verlorenen Zeit, nach dem Mann fürs Leben, wahlweise auch der Frau. Aber meistens suchen wir nur die Brille.

Marianne Antwerpen

Ein heutiger Mensch,
Dana Schutz, Google, 2006

47

3. Auf der Suche nach Sinn

Eine Pluralität von Antworten

Die Frage, was ein sinnvolles Leben ist, wurde schon immer gestellt, aber nie einheitlich beantwortet. Im Streit um die richtige Antwort entstanden schon in der Antike mehrere Schulen, die bis in die Gegenwart nachwirken. Viele Antworten überschneiden sich und kommen im Leben nicht immer in eindeutiger Form vor. Manche Menschen halten mehrere Antworten zugleich für richtig.

❖ **Hedonisten** bejahen ausschließlich das Lustprinzip, d.h. die eigenen Triebe, Interessen und Wünsche.

❖ **Aristoteliker** favorisieren ein Leben im Geist und in geistigen Betätigungen, ohne die materiellen und sinnlichen Bedürfnisse des Menschen zu vernachlässigen.

❖ **Epikureer** suchen ein Leben in Freuden und Lust, das sich selbst und anderen nicht schadet. Sie drängen nicht in die Öffentlichkeit, sondern wollen in Ruhe, Unauffälligkeit und seelischer Ausgeglichenheit leben.

❖ **Stoiker** und **Kantianer** empfehlen, ethisch verantwortungsvoll zu handeln, die Pflichten zu erfüllen, zufrieden zu sein mit dem, was man hat.

❖ **Machiavellisten** folgen dem Machtprinzip, d.h. sie tun nur das, was dem eigenen Erfolg dient und den eigenen Einfluss vergrößert.

❖ **Materialisten** kosten die sinnlichen Freuden des Lebens ganz aus.

❖ **Humanisten** entfalten die eigene Persönlichkeit in allen ihren Facetten.

❖ **Skeptiker/Agnostiker** erkennen oder akzeptieren keinen Sinn des Lebens.

❖ **Zeitgenossen** suchen sich in ihrem Leben selbst zu verwirklichen.

❖ **Christen** haben einen begründeten Glauben, hoffen und vertrauen auf Gott, folgen Gottes Weisungen, lieben Gott und den Nächsten wie sich selbst.

> ❖ Die (meisten) Menschen begnügen sich nicht damit, nur vorhanden zu sein und zu leben, wie sie gerade leben. Sie wollen wissen, warum sie da sind und was ihr Leben bedeutet, was richtig und falsch ist, was sie zufrieden oder glücklich macht, was ihrem Leben Richtung gibt. Diese Frage, die Wasser und Steine, Pflanzen und Tiere nicht stellen, nennen wir die »**Sinnfrage**«. Dabei ist der »kleine Sinn« das Ziel, auf das das Leben im Einzelnen (z.B. Examen, sportliche Auszeichnung, Reise, Partner) gerichtet ist. Der »große Sinn« ist das Ziel des Lebens im Ganzen.
>
> ❖ Nicht wenige Menschen können heute in ihrem Leben keinen Sinn entdecken. Sie stehen vor einer **Sinn-Katastrophe**. Bedroht ist heute für viele nicht das Leben, sondern sein Sinn.

Der Mensch ist ein Sinn suchendes Wesen

Viktor E. Frankl, Neurologe und Psychiater, war österreichischer Jude, der in der Nazizeit nach Theresienstadt deportiert wurde und Angehörige in Auschwitz verlor. Mit seiner »Logotherapie« (gr.: »Heilung durch Sinn«) entwickelte er die sogenannte 3. Wiener Schule der Psychotherapie und variierte damit die Lehren seiner beiden berühmten Vorgänger Sigmund Freud, dem Begründer der Psychoanalyse, und Alfred Adler, dem Begründer der Individualpsychologie.

Die Gesellschaft frustriert die menschliche Sinnsuche

Der Mensch auf der Suche nach Sinn wird unter den gesellschaftlichen Bedingungen von heute eigentlich nur frustriert. Und das rührt daher, dass die Wohlstandsgesellschaft beziehungsweise der Wohlfahrtsstaat praktisch alle Bedürfnisse des Menschen zu befriedigen imstande 5 ist, ja, einzelne Bedürfnisse werden von der Konsumgesellschaft überhaupt erst erzeugt. Nur *ein* Bedürfnis geht leer aus, und das ist das Sinnbedürfnis des Menschen – das ist sein »Wille zum Sinn«, wie ich ihn nenne, das heißt, das dem Menschen zutiefst innewohnende Bedürfnis, in sei- 10 nem Leben oder vielleicht besser gesagt in jeder einzelnen Lebenssituation einen Sinn zu finden – und hinzugehen und ihn zu erfüllen. Um solcher Sinnerfüllung willen ist der Mensch auch bereit zu leiden, wenn es nötig sein sollte. Umgekehrt aber, wenn er um keinen Sinn des 15 Lebens weiß, dann pfeift er aufs Leben, auch wenn es ihm äußerlich noch so gut gehen mag, und unter Umständen schmeißt er es dann weg.

Wodurch das Leben sinnvoll werden kann

Zunächst einmal kann mein Leben dadurch sinnvoll werden, dass ich eine Tat setze, dass ich ein Werk schaffe; aber 20 auch dadurch, dass ich etwas erlebe – etwas oder jemanden erlebe, und jemanden in seiner ganzen Einmaligkeit und Einzigartigkeit erleben heißt, ihn lieben. Es geschieht also entweder im Dienst an einer Sache oder aber in der Liebe zu einer Person, dass wir Sinn erfüllen – und damit 25 auch uns selbst verwirklichen. Zuletzt aber zeigt sich, dass auch dort, wo wir mit einem Schicksal konfrontiert sind, das sich einfach nicht ändern lässt, sagen wir mit einer unheilbaren Krankheit, mit einem inoperablen Karzinom, dass also auch dort, wo wir als hilflose Opfer mitten in eine 30 hoffnungslose Situation hineingestellt sind, auch dort, ja gerade dort, lässt sich das Leben noch immer sinnvoll gestalten.

Viktor Frankl (1905–1997)

Edward Hopper (1882–1967), Automat, 1927

Sinn-Bilder der Bibel

*In der **Bibel** gibt es das Wort »Sinnfrage« nicht, wohl aber entsprechende Begriffe. Die biblischen Autoren wissen von der Erfahrung des Sinnlosen, des Chaotischen, des Ungerechten in unserer Welt. Sie verschließen nicht die Augen vor den Fragen und Nöten der Menschen. Vom Anfang bis zum Ende entwerfen sie in großartigen **Sinn-Bildern** ein Kontrastprogramm zu diesen Negativ-Erfahrungen. Ihre Bilder kommen aus dem Glauben an Gott, der das Chaotische ordnet, das Leben und die Würde aller Geschöpfe will, die Ungerechtigkeit verwirft und sich mit den Leidenden solidarisiert. Für die Bibel ist der Lebenssinn*

❖ ein Leben nach den **Geboten Gottes**, die Wege zum Leben sind, während das Leben ohne die Gebote zum Tod führt (Dtn 30, 15-20)

❖ ein Leben entsprechend der Ordnung der **Schöpfung** (→ S. 74 ff), die ein Gegenbegriff zu Chaos und Tod ist

❖ ein Leben der **Weltgestaltung**, das die Welt nicht passiv den bösen Mächten und Gewalten überlässt, die die Welt zerstören, sondern sich aktiv für Liebe, Freiheit, Gerechtigkeit und Versöhnung einsetzt

❖ ein Leben in der **Nachfolge Jesu** (→ S. 82 ff), der in seinen Worten und Taten, in seinem Leben und Sterben gezeigt hat, worin der Wille Gottes besteht

❖ ein Leben im Vertrauen darauf, dass **Gott** die Menschen unabhängig von ihren Stärken und Schwächen, unabhängig von Erfolg oder Misserfolg **liebt**.

1. Erklären Sie in einem kurzen Statement, worauf die **Namen** der genannten Richtungen zurückzuführen sind (z. B: »Hedonisten« oder »Machiavellisten«): → M 1. Zu Frankl: → M 1 und M 2.
2. Diskutieren Sie, ob die Antworten **gleichwertig** sind und welche eher **abzulehnen**, welche eher zu **bejahen** sind. Begründen Sie Ihre Auffassung. Der Sinn des Lebens – worin besteht er für Sie?
3. Warum ist es heute für den Menschen so schwierig, aus seiner **Freiheit Sinn** zu machen?
4. Ein alter Mythos und Gedichte zum Thema: → S. 22 f, 116. Ein Bild von Gauguin: → S. 24 f. Was hat das Bild von Hopper mit dem Thema zu tun?
5. Vergleichen Sie die Antworten auf die Sinnfrage mit den Antworten der **Bibel**. Wo gibt es Gegensätze, wo Entsprechungen? Wo ist das Angebot der Bibel ein kritisches Korrektiv für heutige Auffassungen?
6. Und damit Sie nicht nur diskutierten: Bereiten Sie eine **sinnvolle Handlung** vor, die Ihnen, Ihrem Kurs, Ihrer Freundin/Ihrem Freund oder Ihren Eltern zugute kommt.

Konstanten des Lebens

1. Frau und Mann

Mann und Weib – Eiche und Efeu

Joachim Heinrich Campe war ein deutscher Schriftsteller, Sprachforscher, Pädagoge und Verfasser des ersten deutschen Kinderbuchs »Robinson«. Im Jahr der Französischen Revolution schrieb er sein Buch »Väterlicher Rath für meine Tochter« (1789):

Gott selbst hat gewollt, und die ganze Verfassung der menschlichen Gesellschaften auf Erden, so weit wir sie kennen, ist danach zugeschnitten, dass nicht das Weib, sondern der Mann das Haupt sein sollte. Dazu gab der Schöpfer in der Regel dem Manne die stärkere Muskelkraft, die strafferen Nerven, die unbiegsameren Fasern, das gröbere Knochengebäude; dazu den größeren Mut, den kühneren Unternehmungsgeist, die auszeichnende Festigkeit und Kälte und – in der Regel, meine ich – auch die unverkennbaren Anlagen zu einem größeren, weiter blickenden und mehr umfassenden Verstande. Dazu ward bei allen kultivierten Nationen die ganze Erziehungs- und Lebensart der beiden Geschlechter dergestalt eingerichtet, dass das Weib schwach, klein, zart, empfindlich, furchtsam, kleingeistig – der Mann hingegen stark, fest, kühn, ausdauernd, groß, hehr und kraftvoll an Leib und Seele würde. Es ist also der übereinstimmende Wille der Natur und der menschlichen Gesellschaft, dass der Mann des Weibes Beschützer und Oberhaupt, das Weib hingegen die sich ihm anschmiegende, sich an ihm haltende und stützende treue, dankbare und folgsame Gefährtin und Gehilfin seines Lebens sein sollte – er die Eiche, sie der Efeu, der einen Teil seiner Lebenskraft aus den Lebenskräften der Eiche saugt, der mit ihr in die Lüfte wächst, mit ihr den Stürmen trotzt, mit ihr steht und mit ihr fällt – ohne sie ein niedriges Gesträuch, das von jedem vorübergehenden Fuß zertreten würde.

Joachim Heinrich Campe (1746–1818))

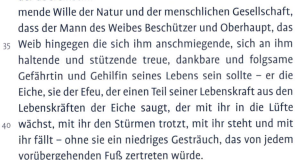

> ❖ **Konstanten des Lebens** sind die Faktoren, die unabdingbar zu jedem Menschen gehören. Dazu gehören Geburt, Wachstum, Reife, Alter, Essen und Trinken, Schlafen und Wachsein, Gesundheit und Krankheit, Arbeit, Freizeit und Muße u. a. Von jedem dieser Faktoren hängt ein Stück unserer Lebensqualität ab. Sie kommen ähnlich auch bei den (höher entwickelten) Tieren vor. Beim Menschen sind sie jeweils durch die Gesellschaft und Kultur geprägt und weisen dort eine erheblich größere Variationsbreite auf.
>
> ❖ Zu den unaufhebbaren **Konstanten des Lebens** gehört auch, dass der Mensch nicht im allgemeinen Sinn als Mensch, sondern nur konkret entweder als **Frau** oder als **Mann** existiert. Den Einzelnen gibt es nur in diesem Entweder – Oder.
>
> ❖ Allein diese Zweigeschlechtlichkeit ermöglicht **neues menschliches Leben**. Frau und Mann sind in vielfacher Weise aufeinander angewiesen. Sie ergänzen sich, lieben sich, zeugen und gebären Kinder, ziehen als Eltern die Kinder groß, arbeiten füreinander usw. Beide erleben, dass diese Beziehungen glücklich, ekstatisch, langweilig oder schrecklich sein kann und sowohl in wunderbarer Harmonie als auch mit erheblichen Konflikten und Kränkungen verlaufen können.
>
> ❖ Wie weit Frau und Mann – abgesehen von ihren jeweiligen genetischen, morphologischen und physiologischen Unterschieden – im emotionalen, psychischen und rationalen Bereich **gleich oder verschieden** sind, ist zur Zeit umstritten. Unumstritten ist, dass die gesellschaftliche Stellung von Frauen gegenüber Männern im Lauf der Geschichte nicht gleichwertig war und auch in der Gegenwart weitgehend noch nicht ist. Sie variiert erheblich durch den Einfluss z. B. der jeweilige Gesellschaft, Kultur und Religion.

Stationen

Kurt Tucholsky zählt zu den bedeutendsten Gesellschaftskritikern der Weimarer Republik. Schon früh wandte er sich gegen die Gefahren der Hitler-Partei und wollte »mit der Schreibmaschine eine Katastrophe aufhalten« (Erich Kästner). Sein Gedicht »Stationen« kommt aus der persönlichen Erfahrung mit einer strengen (»tyrannischen«) Mutter und mit wenig intellektuellen Frauen in seinem Leben. Philemon und Baucis sind in der griechischen Mythologie zwei Alte, die allein den Göttern Gastfreundschaft erweisen, zum Lohn dafür gemeinsam hochbetagt sterben und in eine Eiche und Linde verwandelt werden.

Erst gehst du umher und suchst an der Frau
das, was man anfassen kann.
Wollknäul, Spielzeug und Kätzchen – Miau –
du bist noch kein richtiger Mann.
   Du willst eine lustig bewegte Ruh:
   sie soll anders sein, aber sonst wie du ...
      Dein Herz sagt:
         Max und Moritz!

Das verwächst du. Dann langts nicht mit dem Verstand.
Die Karriere! Es ist Zeit ... !
Eine kluge Frau nimmt dich an die Hand
in tyrannischer Mütterlichkeit.
   Sie passt auf dich auf. Sie wartet zu Haus.
   Du weinst dich an ihren Brüsten aus ...
      Dein Herz sagt:
         Mutter.

Das verwächst du. Nun bist du ein reifer Mann.
Dir wird etwas sanft im Gemüt.
Du möchtest, dass im Bett nebenan
eine fremde Jugend glüht.
   Dumm kann sie sein. Du willst: junges Tier,
   ein Reh, eine Wilde, ein Elixier.
      Dein Herz sagt:
         Erde.

Und dann bist du alt. Und es ist so weit,
dass ihr an der Verdauung leidet:
dann sitzt ihr auf einem Bänkchen zu zweit,
als Philemon und Baucis verkleidet.
   Sie sagt nichts. Du sagst nichts, denn ihr wisst,
   wie es im menschlichen Leben ist ...
   Dein Herz, das so viele Frauen besang,
   dein Herz sagt: »Na, Alte ... ?«
         Dein Herz sagt: Dank.

Kurt Tucholsky (1890–1935)

Die neue Rolle der Frau

Catharina J. M. Halkes, amerikanische katholische feministische Theologin, hat einmal gesagt: »Endlich weiß ich, dass Gott kein Mann ist.« Sie hat versucht die Rolle der Frau in der Kirche neu zu definieren und ist davon überzeugt, dass sich jede Frau am Anfang ihres feministischen Neuaufbruchs bewusst wird, wie sehr sie durch von Männern definierte kirchliche Rollenmuster festgelegt wird: einerseits in der verzerrten Perspektive Marias als Jungfrau, Mutter, Dienende, im Stillen Wirkende, Tor zum Himmel und andererseits in der Nachfolge Evas als Verführerin, Hure, Tor zur Hölle, der Körperlichkeit Verhaftete. In ihrer Schrift »Das Antlitz der Erde erneuern« zeigt sie selbstbewusst neue Perspektiven für die Frau auch in der Kirche auf.

Wir Frauen erfahren das menschliche und kosmische Leben als »einen Tanz des Seins, den wir Göttin nennen« (Starhawk) und auch die Kraft oder die Energie ist heilig, die die Beziehung und Verbundenheit der Menschen untereinander und zwischen Mensch und Kosmos ermöglicht. Dieses Erleben des »kosmischen Tanzes«, Ausdruck der heiligen Verbundenheit zwischen Mensch und Welt, umfasst den Menschen in Seele und Körper. Was für die Natur im Allgemeinen gilt, trifft auch auf die Körperlichkeit als evidenteste Naturhaftigkeit des Menschen zu ...
Seit Entstehen einer feministischen Spiritualität haben Frauen, vor allem in der Göttin- und Hexenbewegung, diesen Aspekt ausdrücklich betont. Entgegen dem Misstrauen in der christlichen Moral in Bezug auf Körper und Sexualität behaupten sie, dass Sexualität »sacred« ist, nicht so sehr, da sie ein Mittel zur Fortpflanzung ist, sondern weil sie eine das Leben mit Vitalität und Freude erfüllende Kraft ist, weil sie die numinose Mittlerin einer tiefen Verbundenheit mit einem anderen menschlichen Wesen ist.

Catharina J. M. Halkes (geb. 1920)

Linke Seite:
Grant Wood (1892–1942),
American Gothic, 1930

Edvard Munch (1863–1944),
Der Tanz des Lebens, 1899/1900

Feminismus

❖ Seit dem 19. Jahrhundert gibt es in Europa Frauenbewegungen, die sich für die Gleichstellung der Frau in Politik und im öffentlichen Leben einsetzen. Als ersten Erfolg konnte das Frauenwahlrecht – in Deutschland ab 1918 – verbucht werden. Hinzu kam bald das Recht auf Bildung und Erwerbstätigkeit.

❖ Seit den 60er Jahren des 20. Jahrhunderts wurden die Bemühungen der Frauen unter dem Stichwort »**Feminismus**« intensiviert. Diese Bewegung verstand sich zugleich als »**Emanzipation**« (d.h. »Befreiung«). Die Frauen begnügten sich nicht mehr, an den von den Männern besetzten Positionen und Institutionen nur teilzuhaben, sondern sie kämpften nun für ihre **Selbstbestimmung** (»Autonomie«) und gegen ihre Bevormundung und Unterdrückung durch die Männer. Sie wollten **gleichberechtigt** in Politik, Kultur, Gesellschaft, Arbeitswelt, Familie und Kirche wirken und mitbestimmen. Der Kampf richtete sich gegen das »**Patriarchat**«, d.h. die Dominanz der Männer in allen gesellschaftlichen und privaten Bereichen (»Machos«).

❖ Durch den Feminismus wurde ein weithin **neues Selbstverständnis der Frauen** erzielt. Man akzeptiert nun, dass die weibliche Wesensart der männlichen völlig gleichwertig ist. Manche Frauen sehen sie sogar als überlegen an. Auf jeden Fall ist die Einbeziehung weiblicher Perspektiven, Denkweisen und Werte eine Bereicherung für alle Lebensbereiche.

❖ Innerhalb des Feminismus gibt es **unterschiedliche Richtungen**. **Radikale** Positionen streben kämpferisch die Ablösung des Patriarchats durch ein neues Matriarchat an, in dem nun die Frauen die Vorherrschaft übernehmen. **Gemäßigtere** Positionen halten eine friedliche Ergänzung der Geschlechter auf allen Ebenen für sinnvoll. Dazu gäbe es eine Chance, wenn die Männer sich endlich ändern, auf ihre unbegründete Vorherrschaft verzichten und zu einer neuen Partnerschaft bereit seien. Nur so könnten auch die Männer zu einem neuen Selbstverständnis kommen und auch für sich eine neue Dimension der Menschlichkeit entwickeln.

Edward Hopper (1882–1967), Sommerabend, 1927

❖ Manche Feministinnen beklagen, dass heutige Frauen den Sinn der Emanzipation allein in Lust, Sex und Geld sehen (»**Girlies**«, »Wellness-Feminismus«).

1. Zu **Joachim Heinrich Campe**, **Kurt Tucholsky**, **Catharina J. M. Halkes und zum Feminismus**: → M 1. Zur Interpretation der Texte: → M 2. Was sagen die Texte über das Verhältnis von Frau und Mann und über die geschichtliche Entwicklung dieses Verhältnisses? Wie weit lassen sich die hier zu Wort kommenden Erfahrungen verallgemeinern?

2. Erläutern Sie folgende **Stadien bzw. Rollen:**
   ❖ Mädchen, Teenager, Braut, Frau, Mutter, Großmutter, Freundin, Geliebte, Ex, Hure u. a.
   ❖ Junge, Twen, Bräutigam, Mann, Vater, Großvater, Freund, Geliebter, Ex, Schürzenjäger u. a.

3. Was wurde in den letzten Jahrzehnten durch den **Feminismus** erreicht, was (noch) nicht? Wie weit sind Frauen und Männer heute in allen Lebensbereichen gleichberechtigt? Welche Reaktionen der Männer kennen Sie? Wie beurteilen Sie diese? Was ist aus den feministischen Bewegungen heute geworden? Wie weit sind Frauen in der katholischen Kirche gleichberechtigt?

4. Feministinnen (und nicht nur sie) sehen in der heutigen **sexistischen und pornographisiertern** Gesellschaft eine neue Entwürdigung der Frau, weil die Frau hier zum alleinigen Lustobjekt des Mannes und zur Ware degradiert wird. Darum müsse die Frauen-Emanzipation heute »zu einem neuen Sprung« (Alice Schwarzer) ansetzen. Was halten Sie von dieser Sicht?

5. Ein Bibeltext: → S. 77; zwei **literarische Texte** zum Thema: → S. 110, 115.

6. Mann und Frau im **Bild**: → S. 94 ff; welche Entwicklungen zeigen die **Bilder** dieses Abschnitts?

Konstanten des Lebens

Projekt
Frau und Mann – ein einzigartiges Verhältnis

In dieses **Projekt** sollten – so weit wie möglich – **fächerverbindend** die Kurse evangelische Religionslehre, Biologie, Philosophie (Ethik), Deutsch, Geschichte, Gemeinschaftskunde und Kunst einbezogen werden. Hier soll die **anthropologische Konstante »Frau und Mann«**, die unvergleichlich komplex ist, beobachtet werden. **Ziel** des Projektes ist es, das Zu-, Mit- und Gegeneinander von Frau und Mann besser zu verstehen und einzusehen, was für das Leben des Einzelnen und für die Zukunft der Gesellschaft/Kultur davon abhängt. Aus den Beobachtungen sollen auch Konsequenzen für die eigene Lebensführung gezogen werden. Anregungen für die Arbeit: → M 1 und M 4. Mögliche **Schwerpunkte**, die exemplarisch behandelt und ergänzt werden können und unter denen je nach Zeit und Interessenlage eine Auswahl zu treffen ist:

1. **Biologie**: Welche Unterschiede weisen die Chromosomen von Frauen und Männern auf? Welcher Elternteil bestimmt das Geschlecht des Kindes? Was geschieht mit der Frau während und nach der Schwangerschaft? Welche körperlichen Unterschiede gibt es bei Frauen und Männern neben den Geschlechtsmerkmalen (Knochen, Muskel, Gesicht usw.)?

2. **Psychologie**: Empfinden, fühlen, denken und lieben Frauen nicht nur im Einzelfall, sondern generell anders als Männer? Wenn ja – worin bestehen die Unterschiede? Sind sie natur- oder kulturbedingt? Warum haben Männer und Frauen so oft Freude aneinander und Angst voreinander?

3. **Gesellschaft**: Welche Rolle haben Frauen in der Gesellschaft in der Vergangenheit gespielt? Was versteht man unter Matriarchat, was unter Patriarchat? Welche Rolle spielen sie heute? Stichworte: Familie, Söhne und Töchter, Kindererziehung, Ausbildung, Beruf, Geld, Politik, Öffentlichkeit, Religion usw. Wie erklären sich die unterschiedlichen sozialen Geschlechterrollen? Welche Chancen und Gefahren sind damit verbunden? Wie weit sind sie körperlich bedingt? Was versteht man unter juristischer und sozialer Gleichstellung? Diskutieren Sie die »Ks«, die früher auf die Stellung der Frau in der Gesellschaft angewandt wurden (Kinder – Kirche – Küche) und heute angewandt werden (Kleidung – Konsum – Karriere). Was hat die Frauenbewegung (»Emanzipation«) der letzten Jahrzehnte erreicht, was (noch) nicht? Was versteht man unter Gender-Forschung? Warum bezeichnet man Männer heute als »sozialpsychologische Problemzone des 21. Jahrhunderts«?

4. **Kunst/Literatur**: Suchen Sie Zeugnisse aus Malerei und Dichtung zum Verhältnis von Frau und Mann und interpretieren Sie diese: → S. 50 ff, 94 ff, 110, 115.

5. **Alltag/Sprache**: Erläutern Sie Begriffe wie Macho, Softie, Typ, Männchen, Kerl usw. Welche entsprechenden Ausdrücke sind für Mädchen und Frauen im Umlauf? Welches Frauen- und Männerbild dominiert in den Schulen, Medien (Computerspiele, Fernsehen, Film, Illustrierte usw.) und Disco-Hits? Was ist von Frauen- und Männerwitzen zu halten?

6. **Philosophie/Ethik**: Wann ist ein Verhältnis zwischen Mann und Frau gut? Gibt es dafür Regeln?

7. **Religionen**: Welche Rolle spielen Frauen in Lehre und Lebenspraxis des Judentums, Islam, Hinduismus und Buddhismus? Warum ist die Rolle der Frau in den Weltreligionen für die Zukunft der Menschheit wichtig?

8. **Bibel**: Was sagt die Bibel über das Verhältnis von Frau und Mann? Gehen Sie dabei vor allem auf die alttestamentlichen Schöpfungserzählungen (→ S. 76 ff) und das Hohelied sowie auf die Einstellung Jesu und die Aussagen des Paulus zu Frauen ein: → M 1. Was kann die Bibel zur Stellung der Frau in der heutigen Kirche und Gesellschaft sagen?

9. **Kirche**: Während das Christentum in der alten Welt die Stellung der Frau radikal verbesserte (Gleichheit aller Menschen, Einehe als Schutz der Frau), hat sich die Lage der Frau in der späteren Kirchengeschichte erheblich verschlechtert. Zeitweilig lehrte und predigte »man« die biologische Zweitrangigkeit der Frau gegenüber dem Mann und forderte ihre Unterordnung unter den Mann (→ S. 50). Es gab eine einseitige Betonung der Mutterrolle und eine Konzentration ihres Wirkens auf die häusliche Sphäre. Warum lehrt die katholische Kirche heute die Gleichwertigkeit, nicht aber die Gleichheit von Frau und Mann? Warum tritt sie für die Unauflöslichkeit der Ehe ein? Warum lässt sie zum Diakonat und Weihepriestertum auch heute nur Männer zu – ein Umstand, der von vielen Frauen und Männern bedauert wird?

Am Ende könnte als **Produkt** der Projektarbeit eine kleine **Ausstellung**, evtl. mit Einfügung kleiner Lesungen und Musikstücke, und eine öffentliche **Diskussion** über wichtige Einsichten und Konsequenzen der Arbeit mit dem Thema stehen. Dabei sollten auch einige Thesen über das richtige Verhalten gegenüber Frauen und Männern formuliert werden. Welche Rolle können die Bibel und der christliche Glaube dabei spielen? Empfehlenswert ist auch eine **Mappe** mit Texten und Bildern zum Thema.

2. Krisenanfälligkeit

1. Informieren Sie sich näher über die **Bilder** und die **Künstler**, die diese geschaffen haben: → M 1 und M 3. Welche Krisensituation könnte das Bild 5 zeigen? Fertigen Sie auch selber Bilder zum Thema an.
2. Was **bewirken** die dargestellten **Krisen** jeweils im Einzelnen? Überlegen Sie, wie sie entstehen und ob und was man dagegen tun kann.
3. Beschreiben Sie auch **andere Erfahrungen**, die Menschen als krisenhaft erleben, z. B. mangelnde Begabung oder Schönheit, fehlende Anerkennung, keinen Sinn im Leben sehen (→ S. 48) usw.
4. Welche Hilfen bietet der **christliche Glaube** zum Umgang mit diesen Krisen?
5. Stellen Sie dieselben Fragen zu den **positiven Erfahrungen im Leben** wie Begabung, Glück, Freundschaft, Liebe usw.

1 Klaus Staeck (geb. 1938), Plakat unter Verwendung der berühmten Mona Lisa von Leonardo da Vinci

2 Edvard Munch (1863–1944), Melancholie III, 1902

Zu den grundlegenden **Konstanten des Lebens** gehört auch die **Krisenanfälligkeit** des Menschen. Kaum ein Leben ist frei von **Krankheit, Einsamkeit, Langeweile, Sorge, Angst und Schuld.** Diese schwer zu ertragenden Störungen des Lebens werfen viele Fragen auf. Sie sind mitten im Leben Vorboten des Todes.

54 Konstanten des Lebens

3 Edvard Munch (1863–1944), Eifersucht, 1896

4 Klaus Staeck (geb. 1938), Plakat unter Verwendung eines Bildes von Albrecht Dürer, das seine Mutter zeigt

5 Ohne Titel

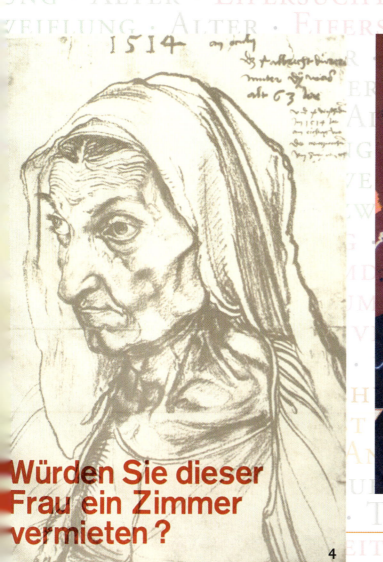

3. Der Tod

Die Bibel

*Die Aussagen der Bibel über den Tod sind **nicht einheitlich**. Sie spiegeln unterschiedliche und sogar gegensätzliche Erfahrungen wider.*

❖ Es gibt biblische Gestalten (Ijob, Kohelet), die den Tod als das **bittere Ende des Lebens** empfinden und Gott klagend und anklagend befragen, woher der Tod kommt, ohne eine Antwort zu vernehmen oder die Hoffnung auf ein Weiterleben nach dem Tod zu haben.

❖ Manchmal wird der Tod als **dunkle Gegenmacht zu Gott** verstanden, der den Tod selbst nicht gemacht hat, weil er ein Gott des Lebens ist (Weisheit).

❖ In anderen Texten (Genesis, Paulusbriefe) erscheint der Tod als eine **Folge menschlicher Schuld** – eine Aussage, denen wohl Erfahrungen mit einem individuell oder kollektiv verschuldeten Tod zugrunde liegen.

❖ Die Botschaft des Neuen Testaments lautet, dass der Tod seine **Macht verloren** hat und mit der Auferweckung Jesu endgültig überwunden ist (Paulus).

Staub bist du, zum Staub musst du zurück. *Gen 3, 19*

¹⁹ Denn jeder Mensch unterliegt dem Geschick und auch die Tiere unterliegen dem Geschick. Sie haben ein und dasselbe Geschick. Wie diese sterben, so sterben jene. Beide haben ein und denselben Atem. Einen Vorteil des Menschen gegenüber dem Tier gibt es da nicht. Beide sind Windhauch. ²⁰ Beide gehen an ein und denselben Ort. Beide sind aus Staub entstanden, beide kehren zum Staub zurück. *Koh 3, 19f.*

²⁰ Sind wenig nicht die Tage meines Lebens? Lass ab von mir, damit ich ein wenig heiter blicken kann, ²¹ bevor ich fortgehe ohne Wiederkehr ins Land des Dunkels und des Todesschattens, ²² ins Land, so finster wie die Nacht, wo Todesschatten herrscht und keine Ordnung, und wenn es leuchtet, ist es wie tiefe Nacht. *Ijob 10, 20-22*

Gott hat den Tod nicht gemacht und keine Freude am Untergang der Lebenden. *Weish 1, 13*

Durch einen einzigen Menschen kam die Sünde in die Welt und durch die Sünde der Tod und auf diese Weise gelangte der Tod zu allen Menschen, weil alle sündigten. *Röm 5, 12*

³³ Denn dieses Vergängliche muss sich mit Unvergänglichkeit bekleiden und dieses Sterbliche mit Unsterblichkeit. ³⁴ Wenn sich aber dieses Vergängliche mit Unvergänglichkeit bekleidet und dieses Sterbliche mit Unsterblichkeit, dann erfüllt sich das Wort der Schrift: Verschlungen ist der Tod vom Sieg. ³⁵ Tod, wo ist dein Sieg? Tod, wo ist dein Stachel? *1 Kor 15 53-55*

Philosophen

Der Tod kann uns nichts antun

Epikur (→ S. 26), ein antiker Philosoph, war davon überzeugt, dass der Tod für den Menschen kein Übel sei, weil der Mensch nach seinem Tod kein Empfinden mehr habe. Der Tod geht uns nichts an. Denn was sich aufgelöst hat (der Leib nach dem Tod), hat keine Empfindung. Was aber keine Empfindung hat, geht uns nichts an. *Epikur (341–270 vC)*

Zum Tod verurteilt

Zu Blaise Pascal: → S. 29.
Man stelle sich eine Anzahl Menschen vor, in Ketten gelegt und alle zum Tode verurteilt, von denen immer einige Tag für Tag vor den Augen der anderen hingerichtet werden; so dass die, die zurückbleiben, ihre eigene Lage in der ihresgleichen sehen und voller Schmerz und ohne Hoffnung aufeinander schauen und warten, dass die Reihe an sie komme. Das ist ein Bild der Lage des Menschen. *Blaise Pascal (1623–1662)*

Sein zum Tod

Martin Heidegger, der wohl bedeutendste Vertreter der deutschen Existenzphilosophie (→ S. 33), deutet in seinem Werk »Sein und Zeit« (1927) den Menschen als »Sein zum Tod«. Das »Dasein« ist das Sein des Menschen.
Man sagt: der Tod kommt gewiss, aber vorläufig noch nicht. Mit diesem »aber ...« spricht das Man dem Tod die Gewissheit ab. Das »vorläufig noch nicht« ist keine bloße negative Aussage, sondern eine Selbstauslegung des Man, mit der es sich an das verweist, was zunächst noch für das Dasein zugänglich und besorgbar bleibt ...
Der Tod als Ende des Daseins ist die eigenste, unbezügliche, gewisse und als solche unbestimmte und unüberholbare Möglichkeit des Daseins ...
Das Sein zum Tode gründet in der Sorge. Als geworfenes In-der-Welt-Sein ist das Dasein je schon seinem Tode überantwortet. Seiend zu seinem Tode, stirbt es faktisch, und zwar ständig, solange es nicht zu seinem Ableben gekommen ist. Das Dasein stirbt faktisch, sagt zugleich, es hat sich in seinem Sein zum Tode immer schon so oder so entschieden. Das alltäglich verfallende Ausweichen vor ihm ist ein *uneigentliches* Sein zum Tode. *Martin Heidegger (1889–1978)*

Tod und Auferstehung

Romano Guardini, Religionsphilosoph und Theologe, hatte großen Einfluss auf das religiöse, literarische und kulturelle Leben seiner Zeit.
Der Tod ist die uns zugewandte Seite jenes Ganzen, dessen andere Seite Auferstehung heißt. *Romano Guardini (1885–1968)*

Dichterinnen

Die Ewigkeit

Sie sagen, daß wir uns im Tode nicht vermissen
Und nicht begehren. Daß wir, hingegeben
Der Ewigkeit, mit andern Sinnen leben
Und also nicht mehr voneinander wissen.

Und Lust und Angst und Sehnsucht nicht verstehen,
Die zwischen uns ein Leben lang gebrannt,
Und so wie Fremde uns vorübergehen,
Gleichgültig Aug dem Auge, Hand der Hand.

Wie rührt mich schon das kleine Licht der Sphären,
Das wir ermessen können, eisig an,
Und treibt mich dir ans Herz in wilder Klage.

O halt uns Welt im süßen Licht der Tage,
Und laß so lang ein Leben währen kann
Die Liebe währen. *Marie Luise Kaschnitz (1901–1974)*

Wort halten

Ich kam zu spät. Das warme Bett
war leer. Sperrangel
weit standen beide Fenster offen.

Händedrücken mit vielen Leuten.
Fremde. Für persönliche Dinge
war der Plastiksack da.

Den Gang entlang rollten rosige Arme
die Wagen mit Schonkost. Wir stiegen
zum Keller hinab. Das letzte Fach unten rechts.

In diesem weißen Tuch
das ihr der Sohn um Kopf und Kinn gebunden
sah sie fast wie auf ihrem Hochzeitsfoto aus.

Ich roch den Fliederstrauß
auf ihrer starren Brust. *Ulla Hahn (geb. 1946)*

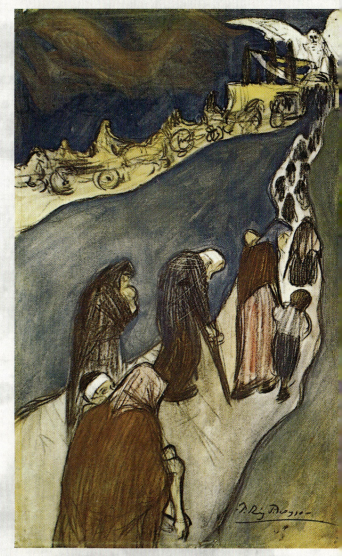

Pablo Picasso (1881–1973), Am Ende der Straße, 1898/9

Über den **Tod,** der eine unabwendbare Konstante des Lebens ist, wissen wir viel und wenig zugleich.

❖ Wenn es für uns **eine unbezweifelbare Gewissheit** gibt, so ist es diese: **Wir alle müssen sterben**. Der Tod macht alle gleich. In jedem Augenblick unseres Lebens gehen wir auf den **Tod** zu, ob wir daran denken oder nicht.

❖ Über den **Tod** selbst **wissen wir nichts Verlässliches**. Niemand, der über den Tod spricht oder nachdenkt, hat den Tod selbst erlebt. Die Toten aber sprechen nicht mehr über ihren Tod. Sie können uns nicht mitteilen, was ihnen widerfahren ist.

❖ Wir wissen, dass der Tod erst mit der **Evolution** in die Welt gekommen ist und insofern der Preis des Lebens ist.

❖ Trotz dieses Wissens bleibt der Tod ein großes **Geheimnis**.

---

1. Wieso wird in der **Bibel** und in der **Kirche** der Tod nicht verharmlost?
2. Versuchen Sie zu erklären, warum die biblischen Aussagen über den Tod nicht einheitlich sind. Welche Bedeutung kommt der Verheißung auf **Ewiges Leben** zu?
3. Warum ist der Tod erst mit der **Evolution** in die Welt gekommen? Wieso ist er der »Preis des Lebens«?
4. Halten Sie ein kurzes Statement über die zitierten Autoren und Dichterinnen: → M 1. Deuten Sie das, was sie über den Tod zum Ausdruck bringen.
5. Diskutieren Sie diese und ähnlichen **Auffassungen**:
   ❖ Mit dem Tod ist alles aus.
   ❖ Im Tod trennt sich die unsterbliche Seele vom sterblichen Leib.
   ❖ Auf den Tod folgt später eine Wiedergeburt ins Leben.
   ❖ Niemand weiß, was im Tod und nach dem Tod mit dem Menschen geschieht.

Freiheit – Wahl und Selbstbestimmung

1. Die Hirnforschung

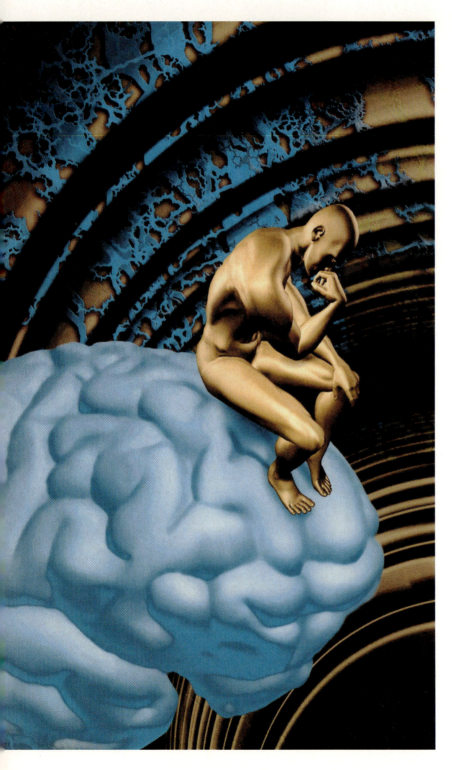

Eine erfolgreiche Story

Die Hirnforschung (engl.: »Neuroscience«), die in den letzten Jahren in rasantem Tempo unsere Kenntnis des menschlichen Gehirns erheblich erweitert hat, ist ein äußerst schwieriges Unterfangen, weil das Gehirn mit seiner extremen Vernetzung der unzähligen Nervenzellen höchst komplex ist. Die neuen Einsichten verdanken sich internationalen interdisziplinären Anstrengungen von Biologen, Neurologen, Physikern, Chemikern, Genetikern, Mathematikern, Informatikern u. a. Dabei hat sich ergeben, dass das Gehirn einer Landschaft gleicht, deren Einzelregionen unterschiedliche Aufgaben wie Sprechen, Hören, Sehen, Empfinden, Fühlen, Gedächtnis usw. haben.

Die Forscher interessieren sich dafür, wie das Gehirn im Detail aufgebaut ist, welche Aufgaben die einzelnen Gehirnregionen haben, wie der Mensch in der Evolution zum Denken (→ S. 36 ff) kam. Sie wollen herausfinden, auf welche Weise ein unmündiges Kind innerhalb kurzer Zeit eine hochkomplexe Sprache lernt, wie Intelligenz funktioniert, wie das Gehirn selbst auf Denken und Sprechen, auf Reize und Anregungen von außen reagiert und warum es sich selbst ständig verändert. Schon sind dazu erstaunliche Einsichten gewonnen worden. Einig sind sich die meisten, dass das menschliche Gehirn mit seinen vielen »kleinen grauen Zellen« ein wunderbares Organ ist, zu dem es in der ganzen Natur nichts Vergleichbares gibt.

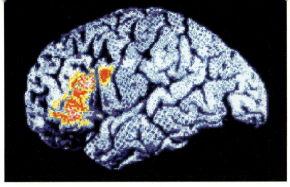 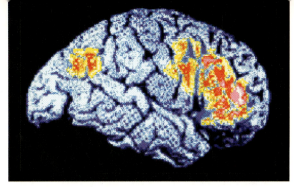

Bildgebende Verfahren machen Hirnaktivitäten sichtbar: Links bei der Aufgabe, sich etwas einzuprägen; rechts beim Abrufen dieser Erinnerung.

Erwartungen an die Gehirnforschung

❖ Einerseits **erhofft** man sich von ihr neue Möglichkeiten für eine bessere Erkenntnis des Menschen und neue Chancen für die Behandlung von Krankheiten, z. B. von Demenzen, für effektiveres Lernen usw.

❖ Andererseits **befürchtet** man ein »gläsernes Gehirn«, so dass selbst die geheimsten Gedanken leicht zugänglich werden könnten. Gelänge es der Forschung eines Tages, unsere Gedanken zu lesen, wäre man nicht einmal mehr auf den »Umweg« des Geistes durch »Äußerungen« angewiesen, um einen Menschen zu erkennen, einzuordnen und zu durchschauen. Dies hätte unabsehbare Folgen für unser persönliches Leben in Politik, Arbeitswelt, Familie usw.

Ergebnisse und Grenzen der Forschung

❖ Man kann mit heutigen Verfahren durch Messungen im Gehirn feststellen, wie Informationen im Gehirn aufgenommen und verarbeitet werden. **Es ist bekannt,** wo in der Hirnlandschaft starke Gefühle wie Liebe, Hass, Ekel oder Angst zu lokalisieren sind und welche Gehirnprozesse damit verbunden sind. Auch lässt sich bestimmen, ob jemand gerade spricht, hört, sich etwas vorstellt oder sieht.

❖ Was jemand spricht, sagt, sich vorstellt oder hört, kann man jedoch **nicht erkennen.** Von einer »Lesbarkeit« des Geistes im Gehirn kann keine Rede sein. Die Inhalte der Sprache, Gedanken oder der Bilder sind für die Neurologen nicht fassbar. Ob Albert Einstein oder ein Schüler gerade nachdenkt, ob ein Kleinkind kritzelt oder Picasso malt, ob einer Deutsch oder Chinesisch spricht, lässt sich durch die Beobachtungen der Gehirnaktivität nicht feststellen. Auch über den geistigen und charakterlichen Zustand eines Menschen erfahren wir hier nichts. So sind zwar die materiellen Korrelate der Gehirnaktivität auffindbar und erforschbar, die geistigen Gehalte und Bedeutungen selbst sind den Gehirnforschern aber unzugänglich – es sei denn, die Forscher bedienten sich der üblichen Verfahren wie Sprechen, Sehen, Hören, Denken, Deuten usw. Ohne diese Verfahren könnten sie nicht einmal ihre Forschungen am Gehirn betreiben, verstehen oder anderen mitteilen.

Grenzüberschreitungen

Wenn sich die Forschung darauf beschränken würde, lediglich eine Anatomie des Gehirns zu liefern und die Tätigkeit des Gehirns mit den fachlich akzeptierten Methoden zu untersuchen, würde sie vielleicht bewundert, aber kaum so starke öffentliche Aufmerksamkeit auf sich ziehen. Dies geschieht wohl eher deshalb, weil manche Forscher aus ihrer Wissenschaft **Konsequenzen** ziehen, die weit über den Rahmen ihres Faches reichen und Themen berühren, für die sich auch Kulturwissenschaftler, Psychologen, Philosophen und Theologen interessieren.

So erwarten einige Neurowissenschaftler, alle früheren philosophischen Spekulationen über Sprache, Denken und Handeln überflüssig machen und allein durch exakte Forschungen ersetzen zu können. Manche erklären alles Geistige zu einer Funktion des Neuronalen, so dass letztlich nicht mehr Worte, Schrift und Gedanken für das Leben relevant wären, sondern nur noch ihre materiellen neuronalen Substrate, die sich streng nach den Gesetzen der Physik richten. Besonders brisant wird die Hirnforschung da, wo sie die Freiheit des menschlichen Willens bestreitet (→ S. 60 f).

Die meisten Philosophen und Theologen sehen darin eine methodisch und inhaltlich nicht zu rechtfertigende **Grenzüberschreitung,** die durch weltanschauliche **Popularisierung** weithin bekannt wird. Sie befürchten, dass das Gehirn nun selbst zum letzten Zentrum und Geheimnis des Menschen, zum »letzten Stützpunkt der abendländischen Metaphysik« (Michael Hagner) wird.

---

1 Wer hält ein kurzes Referat über einige Ergebnisse der neueren **Hirnforschung** und formuliert dabei Fragestellungen, die über die Naturwissenschaften hinausgehen? (→ M 1; ein Beispiel: → S. 126 f)
2 Was sagt Ihr **Biologiebuch** zum Thema?
3 Warum ist das Thema auch im **Religionsunterricht** belangvoll?
4 Andere Bilder **zum Gehirn:** → S. 42, 126.

2. Bestreitung der Willensfreiheit

»**Determinismus**« (lat.: »determinare«, d.h. »festlegen«, »bestimmen«) nennt man die Position, die die Freiheit des Willens leugnet. Ihre Vertreter heißen »**Deterministen**«. Sie halten die Freiheit für eine **Illusion** des Menschen.

❖ Die meisten Formen des Determinismus kommen aus **naturwissenschaftlichem** Denken. Wenn der Mensch nichts anders als Materie (→ S. 30) ist, unterliegt er wie die Tiere allein den physikalischen Gesetzen der Materie, d.h. der Natur, die keine Freiheit kennt.

❖ Die gleichen Konsequenzen ergeben sich da, wo behauptet wird, der Mensch werde in seinem Handeln allein von seinen **psychischen/emotionalen Gesetzen** festgelegt, z.B. seelischen Krankheiten, Ängsten, Liebe, Affekten, Leidenschaften usw.

❖ Andere erklären die Willensfreiheit im Blick auf **soziale Kausalität,** die von anderen Menschen und von der Gesellschaft ausgeht, für nichtig, z.B. individueller oder öffentlicher Druck, Drohungen und Versprechungen, Gesetze und Gebräuche, Gruppenzwang, Werbung, Parteidisziplin usw.

❖ Manche Deterministen vertreten eine Position, in der **alle diese Faktoren** zusammenkommen.

❖ Zu einer immensen Herausforderung der Anthropologie wird in unseren Tagen die **Gehirnforschung** (→ S. 58 f) da, wo sie die Freiheit des menschlichen Willens bestreitet und erklärt, dass die **Freiheit eine Illusion** sei, die auf neuronalen Gehirnprozessen beruhe, die zu verstehen wir endlich in der Lage seien.

Die Herausforderung durch die Gehirnforschung

Deterministische Positionen

❖ **Benjamin Libet**, ein amerikanischer Physiologe, führte 1979 ein Experiment durch, in dem er den zeitlichen Abstand zwischen der Entscheidung zu einer Handlung und der Handlung selbst zu messen versuchte, um herauszufinden, wann ein Mensch eine Entscheidung trifft und wie lange es dauert, bis er nach der Entscheidung die Handlung ausführt. Mit einem 5 Elektromyogramm (EMG) versuchte er eine genaue Messung vorzunehmen. In einem technisch komplizierten Verfahren sollten die Versuchspersonen einen Arm heben. Zugleich wurde auf einer Uhr abgelesen, wann sie den Befehl dazu gaben. Dabei kam ein für ihn überraschendes Ergebnis heraus. Es ergab sich, dass die Ausführung der Handlung (Heben der Hand) stets ein 10 wenig vor dem Zeitpunkt der Entscheidung lag, oder – anders gesagt – dass die Entscheidung erst auf die Handlung selbst folgte. Darum konnte die Entscheidung selbst die Handlung nicht verursacht haben.

❖ Dieses »Libet-Experiment« löste heftige Kontroversen aus. Vor allem zog man daraus den Schluss, dass es keine Willensfreiheit gebe, weil die Hand- 15 lung nicht durch eine vorhergehende Entscheidung bewirkt werde. Sie müsse durch unbewusste Initiativen im Gehirn ausgelöst werden. Libet selbst ist bis heute kein Bestreiter der Willensfreiheit. Er hält zwar auch die unbewussten Gehirnprozesse als ein »Hochsprudeln« im Gehirn für ausschlaggebend, meint aber, dass der bewusste freie Wille immer noch entscheiden könne, 20 welche dieser Initiativen zur Handlung werden und welche Handlungen er verhindern solle (»Veto«), wobei dieser bewusste Wille selbst nicht wieder von unbewussten Gehirnprozessen ausgelöst werde.

❖ Das Experiment war heftig umstritten. So bezweifelte man methodisch die korrekte Durchführung und die Richtigkeit der Messdaten des Experiments. 25 Das Experiment greife selber in den hochkomplexen Vorgang ein und verfremde und verändere ihn dadurch. – Zudem gab man zu bedenken, dass es sich bei dem Experiment um eine äußerst einfache Handlung (Armheben) und deren Verursachung handelt, das nach dem fragwürdigen Modell »Reiz – Reaktion« aufgebaut wurde. Viele Handlungen im wirklichen Leben sind 30 komplizierter. Manche Entscheidungen brauchen sehr lange, ehe sie in eine Handlung umgesetzt werden, z.B bei der Frage, welchen Beruf einer ergreifen oder wohin er in den Ferien reisen soll. Liegen da etwa auch die Handlungen zeitlich vor den Entscheidungen? Andere wandten ein, dass Willensentscheidungen grundsätzlich nicht messbar seien. 35

Die bessere Option

Die Existenz eines freien Willens ist zumindest eine genauso gute, wenn nicht bessere wissenschaftliche Option als ihre Leugnung durch die deterministische Theorie. – Wir brauchen uns nicht als Maschinen zu verstehen, die auf keine Weise handeln, die völlig von den bekannten physikalischen Gesetzen beherrscht wird.

Benjamin Libet (geb. 1916)

60 Freiheit – Wahl und Selbstbestimmung

Bernhard Heisig (geb. 1925), Der große Bruder Puppenspieler, 1994

Deterministische Thesen wurden auch in der **Theologie** da vertreten, wo behauptet wurde, der Mensch sei nicht frei, weil Gott alles Handeln vorherbestimmt habe. Dieser theologische Determinismus geht von der »**Prädestination**« (lat. »Vorherbestimmung«) des Menschen durch die Allmacht Gottes aus. Das Heil und Unheil des Menschen werde allein von Gott im Voraus zu seinen Taten festgelegt. Die **Kirche** hat diese Lehre verworfen, weil sie glaubt, dass die **Freiheit das wichtigste Geschenk Gottes für die Menschen** und die damit verbundene Menschenwürde ist.

---

1 Orientieren Sie sich über **Libet, Singer und Roth**: → M 1. Machen Sie eine Aufstellung mit deren Argumenten gegen die Willensfreiheit. Prüfen Sie, ob diese Beweise für eine Leugnung der Willensfreiheit stichhaltig sind. Stellen Sie sich die Frage: »Wer entscheidet, wenn wir uns entscheiden?«

2 Was würde es für das **Verständnis vom Menschen** bedeuten, wenn Singer und Roth recht hätten?

3 Suchen Sie Beispiele dafür, wo wir in unseren Entscheidungen durch **physikalische, psychische und soziale Faktoren** begrenzt werden oder wo diese die Ausübung der Freiheit ganz aufheben.

4 Warum sprechen wir da nicht von Determinismus, wo die Freiheit durch **politische** Verhältnisse unterdrückt wird, z.B. durch ein politisches Regime, das seine Gegner zu Gefängnis oder Zwangsarbeit verurteilt? Deuten Sie in diesem Zusammenhang das Wort von **Friedrich Schiller**: »Der Mensch ist frei, und wär' er in Ketten geboren«.

5 Wir kommen auf die Welt, ohne gefragt zu werden. Unsere **Geburt** ist ein unerbetenes Geschenk. Das am weitesten reichende Faktum, das zugleich über unser Sein oder Nichtsein entscheidet, ist **fremdbestimmt** und kommt ohne unsere freie Entscheidung zustande. Welche Konsequenzen ergeben sich daraus? Welche nicht?

Keine Willensfreiheit

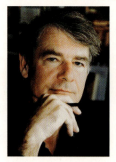

Wolf Singer (→ S. 127), einer der bekanntesten Hirnforscher Deutschlands, ist Direktor der Abteilung für Neurophysiologie am Max-Planck-Institut für Hirnforschung in Frankfurt am Main. Er meint, wir sollten aufhören von Freiheit zu reden. Die Forschung habe bewiesen, dass jeder Willensakt und jede Handlung neuronal determiniert sei. Selbst ein Gewaltverbrecher sei mit einer bestimmten neuronalen Veranlagung geboren und führe seine Taten nur deshalb aus, weil sich diese in seinen Gewalttaten unabwendbar aktiviere. Er sei für sein Tun nicht verantwortlich, weil er seine Veranlagung nicht unter Kontrolle habe. Darum brauche man aber Strafen nicht unbedingt abzuschaffen, da sich die Gesellschaft gegen Normabweichung schützen müsse. Nur sei die Strafe nicht mehr der Lohn der Schuld.

Ein anderer Grund für den Determinismus liege darin, dass sich menschliche und tierische Gehirne nur wenig unterscheiden, aber niemand dem Tier Freiheit zuspreche. Das menschliche Gehirn, das sich in der Evolution aus dem Gehirn der höheren Säugetiere entwickelt habe, lasse nirgends erkennen, dass es gegenüber dem tierischen Gehirn – abgesehen von der Größe – wesentlich anders strukturiert sei. Und wann, wo und wie sollte der Unterschied »unfrei – frei« denn evolutiv aufgetreten sein?

Singers radikal deterministische Position hat heftige Kontroversen ausgelöst. Sie wird von Philosophen und Theologen, aber auch von seinen Fachkollegen wegen ihres naturalistischen Totalanspruchs als Provokation empfunden.

Wir erfahren unsere Gedanken und unseren Willen als frei, als jedweden neuronalen Prozessen vorgängig. Wir empfinden unser Ich den körperlichen Prozessen gewissermaßen gegenübergestellt. Wir erfahren uns als wertende, mit Intentionalität ausgestattete Wesen, die sich selbst und anderen Verantwortung zuschreiben für das, was sie tun, und wir empfinden uns in der Lage, mit unserem Gewissen in Zwiegespräche einzutreten, mit unseren kategorischen Imperativen zu argumentieren, unsere Stimmungen zu beherrschen und uns über diese Handlungsdeterminanten hinwegzusetzen. Uns erscheint unser wahrnehmendes, wertendes und entscheidendes Ich als eine geistige Entität, die sich der neuronalen Prozesse allenfalls bedient, um Informationen über die Welt zu gewinnen und Beschlüsse in Taten umzusetzen. Damit das Gewollte zur Tat wird, muss etwas im Gehirn geschehen, was das Gewollte ausführt. Es müssen Effektoren aktiviert werden, und dazu bedarf es neuronaler Signale. Entsprechend müssen die Sinnessysteme eingesetzt werden, also wiederum neuronale Strukturen, um etwas über die Welt zu erfahren. Bei alldem begleitet uns das Gefühl, dass wir es sind, die diese Prozesse kontrollieren. Dies aber ist mit den deterministischen Gesetzen, die in der dinglichen Welt herrschen, nicht kompatibel.

Wolf Singer (geb. 1943)

Die Fremdbestimmung der Geburt

Ludger Lütkehaus, Literaturwissenschaftler, bezeichnet seine Position »am ehesten als vollendeten Nihilismus«.

Jede Geburt ist eine unerbetene Gabe. Das weitestreichende, buchstäblich gravierendste, über Sein oder Nichtsein im striktesten Sinn entscheidende existentielle Faktum ist zugleich das schlechthin fremdbestimmte, das jeder Wahl entzogen ist.

Ludger Lütkehaus (geb. 1943)

Freiheit ist eine Illusion

Gerhard Roth, Professor für Verhaltensphysiologie in Bremen, vertritt ebenfalls die These, es gebe aus der Sicht seiner Disziplin keinen freien Willen. Das Gehirn allein steuere unser Verhalten. »Wir sind determiniert. Die Hirnforschung befreit uns von Illusionen.« Wir müssten akzeptieren: »Nicht mein bewusster Willensakt, sondern mein Gehirn hat entschieden!« In letzter Zeit scheint sich Roth von seiner radikalen Position zu entfernen.

Das bewusste, denkende und wollende Ich ist nicht im moralischen Sinne verantwortlich für dasjenige, was das Gehirn tut, auch wenn dieses Gehirn »perfiderweise« dem Ich die entsprechende Illusion verleiht.

Gerhard Roth (geb. 1942)

Ernst Barlach (1870–1938), Der Mann im Stock, 1918

Kritik an Singer und Roth

Christian Geyer, Redakteur der Frankfurter Allgemeinen Zeitung, hat die öffentliche Diskussion über die Gehirnforschung inspiriert, weiteren Kreisen zugänglich gemacht und auch selbst mit eigenen Beiträgen begleitet.

❖ Der angestrengte Versuch, dem Geistigen jedwede energetische Kraft abzusprechen und die Welt in den Naturgesetzen unterzubringen, widerspricht freilich **Singers** eigener Beobachtung, dass Kultur und Soziales durchaus eine Prägekraft auf neuronale Prozesse hätten. Demnach »beeinflussen kulturelle Verabredungen und soziale Interaktionen Hirnfunktionen im gleichen Maße wie alle anderen Faktoren, die auf neuronale Verschaltungen und die auf ihnen beruhenden Erregungsmuster einwirken«. Kulturelle Verabredungen und soziale Interaktionen mögen ihrerseits auf neuronalen Prozessen beruhen, als objektive symbolische Formen haben sie ein Energieniveau erreicht, das die pure Materialität transzendiert. Andernfalls müssten die symbolischen Formen mit ihren neuronalen Trägerprozessen identisch sein – eine Annahme, die Singer ausdrücklich verwirft: »Natürlich sind diese beobachtbaren kognitiven Leistungen mit den zugrundeliegenden neuronalen Prozessen nicht identisch.« Wenn sie als Kultur und Soziales aber gleichwohl – wie Singer nicht bestreitet – in der Lage sind, auf die rein materiell aufgefasste neuronale Verschaltung zu wirken, dann hat sich die These von der energetischen Impotenz des Geistigen auf verblüffende Weise selbst erledigt. Das legt aber auch den versöhnlich-humanen Befund nahe: Singers materialistischem Monismus gebricht es an letzter Konsequenz.

❖ Für die Gehirnwissenschaft beansprucht **Roth** zu Recht, sich bei anthropologischen Fragen kein Redeverbot auferlegen zu lassen, sondern vielmehr ein munteres Wörtchen mitzureden. Sie scheint das aber sinnvoll nur tun zu können, wenn sie sich bei ihrer begrifflich-methodischen Selbstverständigung, die jetzt offenbar in Gang kommt, vor dem Rückfall in alte Gehirn-Mythologien schützt – wenn sie Sorge trägt, dass die Exaktheit ihrer Ergebnisse keine eindimensionale Anthropologie produziert.

Christian Geyer

Zwei Anekdoten

❖ Ein Club lädt seine Mitglieder zum Vortrag eines bekannten Hirnforschers ein und schreibt in der Einladung: NN spricht zum Thema »Der freie Wille ist eine Illusion. Eltern haften für ihre Kinder.«

❖ Ein angeklagter Krimineller sagt zu seinem Richter: »Sie dürfen mich nicht verurteilen. Es ist erwiesen, dass wir keinen freien Willen haben. Darum kann ich auch nicht für meine Tat verantwortlich gemacht werden.« Darauf der Richter: »Ja, das, was Sie mir über den freien Willen sagen, stimmt. Aber darum kann ich auch nicht anders als sie zu drei Jahren Haft zu verurteilen.«

3. Begründung der Willensfreiheit

❖ Der »**Indeterminismus**«, der in vielen Varianten vorkommt, vertritt im Gegensatz zum Determinismus die Position, dass der Mensch frei ist. Er hält Freiheit des menschlichen Willens nicht für eine Illusion und die Beweise der Deterministen bei allen richtigen Erkenntnissen im Einzelnen nicht für stichhaltig. Freiheit ist für ihn ein Merkmal, das den Menschen vom Tier unterscheidet. Im **Determinismus** sieht er eine einseitige und unberechtigte **Totalerklärung** des Menschen.

❖ Zwar muss auch der Indeterminist anerkennen, dass die menschliche **Freiheit in vieler Hinsicht begrenzt** ist. Unbegrenzte Freiheit gibt es nicht. Denn physische/neuronale, psychische/emotionale und soziale Kausalitäten (→ S. 60 ff) schränken unsere Freiheit ein und heben sie nicht selten auch auf. Aber diese Kausalitäten machen die Freiheit des Menschen nicht grundsätzlich unmöglich.

❖ Freiheitliche Entscheidungen sind nicht solche, die der Mensch neben und zusätzlich zu den kausal bestimmten Handlungen hat und die geschickt Lücken der Kausalität füllen, sondern solche, die mit kausalen Determinanten im Menschen zusammengehen. Wie dies möglich ist, wissen wir (noch) nicht.

❖ **Erfahrungen des Alltags** und **Reflexionen** auf uns selbst und unsere Identität liefern die **wichtigsten Anhaltspunkte** für die Freiheit des Willens.

---

1 Machen Sie eine Aufstellung mit den Argumenten für den freien Willen (1) aus den **Erfahrungen** des Alltags und (2) aufgrund philosophischer **Reflexionen**.

2 Vergleichen Sie diese Aufstellung mit den Gründen, die gegen einen freien Willen sprechen: → S. 60 ff.

Erfahrungen des Alltags

Wir können uns, wenn wir uns nur selbst genau beobachten, vergewissern, dass wir einen **freien Willen** haben.

❖ Diesen unterscheiden wir von allem unwirksamen »Wünschen/Mögen/Möchten«. Wir wünschen vielleicht, intelligenter oder schöner zu sein oder heute auf den Mars zu starten – wollen können wir es nicht, weil wir klar 5 erkennen, dass die Umstände dagegen sind.

❖ **Wollen** ist »**handlungswirksames Wünschen**« (Bieri). Unser Wille gibt uns Impulse zu wünschenswerten Handlungen für die nähere und weitere Zukunft, die so oder anders aussehen können. Wir können wählen, ob wir jetzt essen oder spazieren gehen, ob wir Ärztin oder Kauffrau werden, auch 10 wenn dazu Determinanten (Bestimmungsgründe des Willens) im Spiel sind, z. B. Hunger oder das Vorbild der Mutter. Vor der Handlung wissen wir (in diesen Fällen), dass wir auch anders handeln können, nach der Handlung wissen wir, dass wir auch anders hätten handeln können.

Grundsätzliche Reflexionen

Freiheit ist die notwendige **Voraussetzung für verantwortliches Handeln**. 15 Nur wo der Mensch in seinem Handeln die freie Wahl zwischen verschiedenen Möglichkeiten – auch zwischen guten und bösen Handlungen – hat, ist es sinnvoll, dass er sich für sein Handeln verantworten muss. Wo er nur unter neuronaler Fixierung, innerem Zwang oder äußerem Druck handelt, muss er sich für sein Tun nicht verantworten, wie wir auch Tiere für ihre Taten 20 nicht verantwortlich machen, selbst wenn sie großen Schaden anrichten. Wo der Mensch nicht völlig frei und nicht völlig gezwungen etwas tut – Handlungen, die sehr oft in dieser Mischform vorkommen –, trägt er eine eingeschränkte Verantwortung, die sich nach dem Maß von Zwang und Freiheit bemisst. 25

Seine allein durch die Freiheit ermöglichte Verantwortung richtet sich auf sich selbst, seine Mitmenschen, den Umgang mit den Tieren und auf die ganze Natur.

Freiheit – Identität – Selbstbestimmung

❖ **Freiheit** ist den Menschen **nicht als unveränderlicher Besitz** gegeben, sondern sie muss ständig neu erarbeitet werden. Man kann seine Freiheit selbst 30 einschränken oder sogar verlieren, wenn man Faktoren über sich Einfluss gewinnen lässt, die der Freiheit im Wege stehen, z. B. Verzicht auf Selbsterkenntnis, selbstgewählter Gruppenzwang, Gier, Abhängigkeit von Drogen oder anderen Menschen, Spiel-, Hab- und Computersucht usw. Wir stützen und erweitern unsere persönliche Freiheit durch Faktoren wie Selbster- 35 kenntnis, verantwortliches Handeln, Distanz zu freiheitsmindernden Faktoren.

❖ Durch jede unserer freien Handlungen verändern wir uns auch jeweils selbst, so dass unsere **Identität das Ergebnis unserer Freiheit** ist. Wir sind nicht von vorneherein in unserer Eigenart festgelegt, sondern wir werden 40 immer neu durch unser freies Handeln zu dem Menschen, der wir sind. Darum ist Freiheit nicht nur Wahlmöglichkeit, sondern immer auch **Selbstbestimmung**.

---

64 Freiheit – Wahl und Selbstbestimmung

Freiheit und Religion

* Die **Religion** kann – wie andere Institutionen – die **Freiheit des Menschen einschränken und zerstören**, z. B. wenn sie ihn durch Einfluss auf das Gewissen zu Taten motiviert, die ihn selber und andere Menschen verletzen und zerstören oder die Würde des Menschen beschädigt. Dies ist in der Geschichte der Religion oft geschehen und geschieht auch heute immer wieder. In diesen Fällen handelt die Religion gegen ihr eigenes Selbstverständnis und Grundprogramm.

* **Christen**, die dieser Gefahr auch oft erlegen sind, sehen aber gerade in der Freiheit ein **Geschenk des Schöpfergottes an den Menschen**. Freiheit gehört zur menschlichen Grundausstattung, verleiht ihm **Würde** (→ S. 68 ff) und ermöglicht es ihm, nach den sinnvollen Geboten und Weisungen Gottes zu leben und seinem Gewissen zu folgen. Nur wo Freiheit ist, kann auch Gerechtigkeit und Liebe sein.

* Es ist bezeichnend, dass die **frühesten geschichtlichen Erfahrungen Israels** mit seinem Gott **Freiheitserfahrungen** waren. Das Volk hat den Anfang seiner Geschichte als Befreiung (»**Exodus**«; → S. 10) aus der Knechtschaft Ägyptens gedeutet und darum den Gedanken der Freiheit selbst im Vorspann der Zehn Gebote (Ex 20, 2) programmatisch erwähnt, während es nach Auskunft der Ägyptologen damals nicht einmal ein Wort für Freiheit in Ägypten gab.

Nur Allmacht kann Freiheit schaffen

Sören Kierkegaard, einer der großen Philosophen und evangelischen Theologen des 19. Jahrhunderts, stellt sich dem Problem, wie menschliche Freiheit und göttliche Allmacht zusammen möglich sind.

Das Höchste, das überhaupt für ein Wesen getan werden kann, höher als alles, wozu einer es machen kann, ist, es frei zu machen. Eben dazu gehört Allmacht, um das tun zu können. Das scheint sonderbar, da gerade die Allmacht
5 abhängig machen sollte. Aber wenn man die Allmacht denken will, wird man sehen, dass gerade in ihr die Bestimmung liegen muss, sich selber so wieder in der Äußerung der Allmacht zurücknehmen zu können, dass gerade deshalb das durch die Allmacht Gewordene unabhängig sein
10 kann ... Nur die Allmacht kann sich selber zurücknehmen, während sie hingibt, und dieses Verhältnis ist gerade die Unabhängigkeit des Empfängers. Gottes Allmacht ist darum seine Güte.

Sören Kierkegaard (1813–1855)

*Annibale Carracci (1560–1609), Herkules am Scheideweg, 1596
Eine griechische Legende erzählt, dass sich Herkules einst an einer Wegkreuzung niederließ, um darüber nachzudenken, welchen (Lebens-)Weg er gehen solle. Da erschienen ihm zwei Frauen – Personifikationen des Lasters und der Tugend. In Freiheit entschied er sich für den beschwerlichen Weg der Tugend, der nach oben führt. Auf ihn weist die linke Gestalt mit dem Arm hin.*

Freiheit ist ein zerbrechliches Gut

Peter Bieri, Philosoph an der Freien Universität in Berlin, hat unter dem Pseudonym Pascal Mercier mehrere viel beachtete Romane (u. a. »Nachtzug nach Lissabon«; 2004) geschrieben. In seiner philosophischen Schrift »Das Handwerk der Freiheit« schreibt er:

Die Freiheit des Willens ist etwas, das man sich erarbeiten muss. Man kann dabei mehr oder weniger erfolgreich sein, und es kann Rückschläge geben. Was man an Freiheit erreicht hat, kann wieder verloren gehen. Willensfreiheit ist ein zerbrechliches Gut, um das man sich stets von neuem 5 bemühen muss. Und es ist dieser Idee zufolge eine offene Frage, ob man sie jemals in vollem Umfang erreicht. Vielleicht ist sie eher wie ein Ideal, an dem man sich orientiert, wenn man sich um seinen Willen kümmert.

Peter Bieri (geb. 1944)

---

3 Führen Sie eine **Gerichtsszene** durch, in der ein Anwalt des Determinismus gegen einen Anwalt des Indeterminismus auftritt und ein Richter – evtl. im Verein mit seinen Schöffen – das Urteil spricht.

4 Ist es möglich und sinnvoll, einem **Computer** Freiheit zuzusprechen, obwohl er uns in manchen Angelegenheiten gute Argumente für unser Handeln liefert?

5 Warum wäre die grundsätzliche Leugnung des freien Willens für unser Verständnis des Menschen und seiner Würde (→ S. 68 ff) eine **Katastrophe**?

4. Vielfältige Stimmen

Der Kampf um die Freiheit des Willens gehört zu den **großen Themen europäischen Denkens**. Schon lange tobt der Streit zwischen den sich befehdenden Lagern, der durch die Hirnforschung neu entfacht wurde.

❖ Immer da, wo **Philosophen und Theologen** von der ethischen Verantwortung des Menschen ausgingen, waren sie auch **Verfechter des freien Willens**, so z. B. Augustinus, Thomas von Aquin, Leibniz, Kant, Scheler oder Jaspers (→ S. 33).

❖ **Deterministische** Thesen wurden in der Geschichte der **Philosophie** da vertreten, wo man annahm, alles menschliche Handeln sei durch Gott bzw. durch die Natur vorherbestimmt, so z. B. Spinoza, d'Holbach (→ S. 30) oder Schopenhauer.

---

1 Suchen Sie weitere Informationen zu **Person und Werk** der zitierten Autoren: → M 1. Zur **Interpretation** der Texte: → M 2. In den Texten geht es um das Problem der **Willensfreiheit**. Welche **anderen Probleme** kommen auch in den Blick?

2 Mit welcher Unterscheidung begründet **Kant** die Freiheit des Willens?

3 Wie argumentiert **Kierkegaard** gegen die in der reformierten Theologie verbreitete Prädestinationslehre (→ S. 65)?

4 Wie begründet **Schopenhauer** seine Ablehnung der Willensfreiheit?

5 Warum sieht **Nietzsche** in der Idee der Willensfreiheit eine pathologische Selbstüberschätzung des Menschen?

6 Warum ist der Mensch für **Sartre** nicht nur frei, sondern dazu verurteilt, frei zu sein?

7 Welche Bedeutung haben die von **Höffe** genannten Gedanken heute?

8 Welche Texte sind mit der **christlichen Auffassung** über die Freiheit des Menschen vereinbar, welche nicht?

9 Zu **politischen** Freiheitsrechten und -pflichten: → S. 70; zur **biblischen** Auffassung von Freiheit und Verantwortung: → S. 78 f.

Freier Herr und dienstbarer Knecht

Martin Luther (→ S. 87), Initiator der Reformation in Deutschland, veröffentlichte im Jahr 1520 die Schrift »Von der Freiheit eines Christenmenschen«, die ein klassisches Dokument christlich-reformatorischen Denkens ist. Am Anfang sagt er in zwei Sätzen, »was ein Christenmensch sei«.

❖ Ein Christenmensch ist ein freier Herr über alle Dinge und niemand untertan.

❖ Ein Christenmensch ist ein dienstbarer Knecht aller Dinge und jedermann untertan.

Martin Luther (1483–1546)

Freiheit als Autonomie

Zu **Immanuel Kant**: → S. 20, 30, 70.

Der *Wille* ist eine Art von Kausalität lebender Wesen, sofern sie vernünftig sind, und *Freiheit* würde diejenige Eigenschaft dieser Kausalität sein, da sie unabhängig von fremden sie *bestimmenden* Ursachen wirkend sein kann; *Naturnotwendigkeit ist* die Eigenschaft der Kausalität aller vernunftlosen Wesen, durch den Einfluss fremder Ursachen zur Tätigkeit bestimmt zu werden.

Die angeführte Erklärung der Freiheit ist *negativ* und daher, um ihr Wesen einzusehen, unfruchtbar; allein es fließt aus ihr ein *positiver* Begriff derselben, der desto reichhaltiger und fruchtbarer ist. Da der Begriff einer Kausalität den von *Gesetzen* bei sich führt, nach welchen durch etwas, was wir Ursache nennen, etwas anderes, nämlich die Folge, gesetzt werden muss: so ist die Freiheit, ob sie zwar nicht eine Eigenschaft des Willens nach Naturgesetzen ist, darum doch nicht gar gesetzlos, sondern muss vielmehr eine Kausalität nach unwandelbaren Gesetzen, aber von besonderer Art sein; denn sonst wäre ein freier Wille ein Unding. Die Naturnotwendigkeit war eine Heteronomie der wirkenden Ursachen; denn jede Wirkung war nur nach dem Gesetze möglich, dass etwas anderes die wirkende Ursache zur Kausalität bestimmte; was kann denn wohl die Freiheit des Willens sonst sein als Autonomie, d. i. die Eigenschaft des Willens, sich selbst ein Gesetz zu sein? Der Satz aber: der Wille ist in allen Handlungen sich selbst ein Gesetz, bezeichnet nur das Prinzip, nach keiner anderen Maxime zu handeln, als die sich selbst auch als ein allgemeines Gesetz zum Gegenstande haben kann. Dies ist aber gerade die Formel des kategorischen Imperativs und das Prinzip der Sittlichkeit; also ist ein freier Wille und ein Wille unter sittlichen Gesetzen einerlei ... Wir haben den bestimmten Begriff der Sittlichkeit auf die Idee der Freiheit zuletzt zurückgeführt; diese aber konnten wir als etwas Wirkliches nicht einmal in uns selbst und in der menschlichen Natur beweisen; wir sahen nur, dass wir sie voraussetzen müssen, wenn wir uns ein Wesen als vernünftig und mit Bewusstsein seiner Kausalität in Ansehung der Handlungen, d. i. mit einem Willen begabt uns denken wollen, und so finden wir, dass wir aus eben demselben Grunde jedem mit Vernunft und Willen begabten Wesen diese Eigenschaft, sich unter der Idee seiner Freiheit zum Handeln zu bestimmen, beilegen müssen.

Immanuel Kant (1774–1804)

---

66 Freiheit – Wahl und Selbstbestimmung

Als wenn das Wasser spräche

Arthur Schopenhauer, einer der großen deutschen Philosophen des 19. Jahrhunderts, lehrte, dass unserer Welt, die immer nur unsere Vorstellung der Welt ist, ein mächtiger Wille zugrunde liege, der wie ein grund- und zielloser Drang chaotisch wirkt. Von daher kommt er in seinen Schriften zu einer Bestreitung der Willensfreiheit.

Wollen wir uns einen Menschen denken, der etwa auf der Gasse stehend zu sich sagte: »Es ist sechs Uhr abends, die Tagesarbeit ist beendigt. Ich kann jetzt einen Spaziergang machen oder ich kann in den Klub gehn; ich kann auch auf
5 den Turm steigen, die Sonne untergehen zu sehen; ich kann auch ins Theater gehn; ich kann auch diesen oder aber jenen Freund besuchen; ja ich kann auch zum Tor hinaus laufen in die weite Welt und nie wiederkommen. Das alles steht allein bei mir, ich habe völlige Freiheit dazu, tue
10 jedoch davon jetzt nichts, sondern gehe ebenso freiwillig nach Hause, zu meiner Frau.«
Das ist geradeso als wenn das Wasser spräche: »Ich kann hohe Wellen schlagen (ja! nämlich im Meer und Sturm), ich kann reißend hinabeilen (ja! nämlich im Bette des Stroms),
15 ich kann schäumend und sprudelnd hinunterstürzen (ja! nämlich im Wasserfall), ich kann frei als Strahl in die Luft steigen (ja, nämlich im Springbrunnen), ich kann endlich gar verkochen und verschwinden (ja! bei 80° Wärme); tue jedoch von dem allen jetzt nichts, sondern bleibe freiwil-
20 lig ruhig und klar im spiegelnden Teiche.«
Wie das Wasser jenes alles nur dann kann, wenn die bestimmenden Ursachen zum einen oder zum anderen eintreten, ebenso kann jener Mensch, was er zu können wähnt, nicht anders als unter derselben Bedingung. Bis die Ursachen ein-
25 treten, ist es ihm unmöglich: dann aber *muss* er es so gut wie das Wasser, sobald es in die entsprechenden Umstände versetzt ist. *Arthur Schopenhauer (1788–1860)*

Freiheit – ein pathologisches Verlangen

Zu **Friedrich Nietzsche**: → S. 31.

Das Verlangen nach »Freiheit des Willens«, in jenem metaphysischen Superlativ-Verstande, wie er leider noch immer in den Köpfen der Halb-Unterrichteten herrscht, das Verlangen, die ganze und letzte Verantwortlichkeit für seine
5 Handlungen selbst zu tragen und Gott, Welt, Vorfahren, Zufall, Gesellschaft davon zu entlasten, ist nämlich nichts Geringeres, als eben jene causa sui (d. h.: »Verursacher seiner selbst«) zu sein und, mit einer mehr als Münchhausenschen Verwegenheit, sich selbst aus dem Sumpf des Nichts
10 an den Haaren ins Dasein zu ziehn.
Friedrich Nietzsche (1844–1900)

Zur Freiheit verurteilt

Jean-Paul Sartre hat die wichtigste Version der französischen Existenzphilosophie (→ S. 33) entwickelt. Seine Lehre von der Freiheit ist der illusionslose Teil seiner atheistischen Philosophie. Sartre geht axiomatisch davon aus, dass der Mensch nicht ein vorgegebenes Wesen hat, sondern kraft seiner Freiheit gezwungen ist, sich selbst, d. h. seine Existenz bzw. sein Dasein, zu entwerfen.

Der Mensch erfährt seine Freiheit in dem unerbittlichen Zwang, in jedem Augenblick seines Daseins wählen und sich entscheiden zu müssen. Er ist nicht einfach nur da, wie die Dinge, sondern *er hat zu sein*, d. h.: Er muss sich
5 selbst schaffen. Diese Seinsweise, die für ihn eine schwere Last bedeutet, hat er sich aber nicht selbst gewählt. Denn er wurde nicht gefragt, ob er auch frei sein wolle. Er wurde vielmehr von Anfang an dazu verurteilt, frei sein zu müssen. Und mit seiner Freiheit wurde ihm eine grenzenlose
10 Selbstverantwortung aufgebürdet. Denn er muss von Augenblick zu Augenblick entscheiden und wählen, obschon ihm keine absoluten Wertmaßstäbe vorgegeben sind, nach denen er jedesmal eindeutig richtig und gut wählen könnte. Er muss vielmehr in jeder Wahl den Wert-
15 maßstab zu ihr erst erfinden. Womit er dazu aufgerufen ist, Schöpfer der Werte und Wertordnungen zu sein. Und dies erzeugt Angst und Einsamkeit in ihm. Viele fliehen daher vor der Freiheit und empfinden sie als einen Fluch, zu dem sie verdammt sind. Sie flüchten sich in tausend
20 Formen von Uneigentlichkeit, Unwahrhaftigkeit und Selbstbetrug. Sie wollen nicht frei sein, weil sie nicht verantwortlich sein wollen. *nach Jean-Paul Sartre (1905–1980)*

Verlust der Freiheit durch sinnloses Streben

Otfried Höffe, Professor für Philosophie in Tübingen, weist darauf hin, dass derjenige, der sein Leben nur dem Streben nach Lust, Wohlstand, Macht oder Ansehen widmet, seine reale Freiheit verliert und durch die Faktoren unfrei wird, die er zu beherrschen versucht.

Der Mensch macht sich zum Sklaven seiner momentanen Bedürfnisse und Interessen: Prinzip Lust; oder seiner Zukunftssorgen: Prinzip Wohlstand und Macht; oder der Wertschätzung anderer: Prinzip Ansehen. – Neigung und Selbstliebe verlieren das Recht, die letzte Antriebskraft zu sein. *Otfried Höffe (geb. 1942)*

Menschenwürde – Menschenrechte

1. Die geschichtliche Entwicklung

Judentum/Christentum

Die ältesten Impulse hat die Idee der Menschenwürde und der Menschenrechte in unserem Kulturkreis durch die Bibel erhalten.

❖ Die Grundlagen dazu finden sich schon im Alten Testament, an dessen Anfang jeder Mensch programmatisch als »Geschöpf« und »Bild Gottes« (Gen 1, 24; → S. 74) bezeichnet wird. Damit ist der unvergleichlich hohe Rang aller Menschen in der Welt und zugleich auch ihre Gleichwertigkeit theologisch festgeschrieben. Zu dieser Aussage, die für Frauen und Männer, Säuglinge, Erwachsene und Alte, Farbige und Weiße, Mächtige und Machtlose, Reiche und Arme, Starke und Schwache in gleicher Weise gilt, gibt es in den alten Religionen keine Parallele.

❖ An vielen Stellen hebt das Alte Testament hervor, dass der Gott Israels insbesondere für die **Armen,** für die **Witwen und Waisen** da ist. Israel soll gegenüber allen Menschen gerecht sein und selbst den **Fremden** im Land Chancen zum Leben einräumen (Dtn 15, 7-8; 24, 16, 18-19; 17-18 u.ö.).

❖ Die Propheten Israels (→ S. 14) haben das **Unrecht,** das **von den Königen gegenüber ihren Untertanen**

begangen wurde, öffentlich angeklagt. Der Prophet Natan wirft dem großen König David den Mord an Urija vor (2 Sam 12, 1-7). Elija kritisiert den König Ahab heftig wegen der Steinigung Nabots und der Enteignung von dessen Weinberg (2 Kön 21). In Israel steht Königsmacht nicht, wie in der alten Welt üblich, über dem Menschenrecht, sondern unter Gottes Gebot.

❖ Auf diesen Ideen baut das **Neue Testament** auf, wenn Jesus die **Armentheologie** (Lk 6, 20-26) ausweitet, **Gerechtigkeit** als ein Hauptthema seiner Verkündigung betrachtet (Mt 5, 6) und das Gebot der **Nächstenliebe** und sogar das der **Feindesliebe** zum letzten Maßstab christlichen Handelns macht (Mt 6, 43-48; 22, 34-40; → S. 88).

Wenn auch die Kirchen in der Geschichte die Grundrechte der Menschen oft vergaßen und die Handlungsweisen der Christen ihnen oft nicht entsprachen, konnten sich diese Ideen doch tief in das kollektive Gedächtnis **Europas** einprägen.

Antike

❖ Annäherungen an die Idee der Menschenrechte werden schon in der griechischen **Dichtung** (»Antigone«; → S. 70) und vor allem in der **Philosophie** greifbar, so wenn die **Stoiker** (→ S. 27) seit dem 3. Jahrhundert vC auch die **Sklaven** als Menschen bezeichnen, denen man elementare Rechte zugestehen muss, während in der früheren Philosophie und sozialen Praxis die Sklaven nicht als Menschen galten und deshalb auch kaum Rechte hatten. Allerdings dauerte es noch sehr lange, bis sich diese positive Sicht auch in der Lebenspraxis durchsetzen konnte.

❖ Einige stoische Philosophen haben beim Handeln des Menschen zwischen »**von Natur** (gr.: »**physei**«) **aus gut**« und »**aufgrund menschlicher Setzung** (gr.: »**thesei**«) **gut**« unterschieden. Im ersten Fall wissen die Menschen ohne Belehrung von sich aus, was gut und böse ist, z. B. gerecht zu handeln oder nicht zu morden. Im zweiten Fall wissen sie dies aufgrund von Gesetzen/Bräuchen, z. B. die Regeln für den Hausbau in einer Stadt zu beachten oder die Toten außerhalb der Stadtmauern zu begraben. Wo etwas für das menschliche Handeln von Natur aus gut oder böse ist, ist es unveränderlich und dauernd gültig. Der Gedanke an »von Natur aus gute Handlungen« hat sich später mit dem Gedanken an unverlierbare Menschenrechte verbunden.

❖ Die Idee der **Menschenrechte** gehört zu den wenigen **universalen** Ideen der Menschheit. Sie beruht auf der Idee der **Menschenwürde**. Weil alle Menschen allein aufgrund ihrer Existenz eine unverlierbare Würde haben, haben sie auch entsprechende Rechte, vor allem gegenüber dem Staat und der öffentlichen Gewalt. Zwar wurden und werden diese Rechte immer wieder verletzt, was ihre grundsätzliche Geltung aber nicht außer Kraft setzt.

❖ Heute werden die Menschenrechte in vielen Verfassungen der Welt geschützt. In der **Verfassung** der Bundesrepublik Deutschland (1949) sind die Menschenrechte, die auch Grundrechte oder Freiheitsrechte genannt werden, unmittelbar nach der Grundbestimmung über die Menschenwürde (Art. 1) und noch vor allen gesetzlich festgelegten Pflichten festgeschrieben.

❖ Trotz erheblicher **Differenzen** in der Begründung und in vielen Details muss es in einer modernen **Demokratie** einen **Grundkonsens** über die Idee der Menschenwürde und der Menschenrechte zwischen Christen, Atheisten, Agnostikern, Humanisten, religiösen und areligiösen Menschen und den demokratischen Parteien geben. Wo dieser Konsens ins Wanken gerät oder zusammenbricht, ist die Demokratie mit ihrer Rechts- und Sozialordnung nicht mehr lebensfähig.

Die Erklärung der Menschenrechte durch die Nationalversammlung zu Beginn der Französischen Revolution am 28. 8. 1789

Mittelalter

❖ Aus der philosophischen Unterscheidung von »natürlich gut« und »satzungsgemäß gut« hat sich im Mittelalter und in der beginnenden Neuzeit die Lehre vom »**Naturrecht**« entwickelt. Es ist das Recht, das immer und überall gilt und deshalb Norm für alle einzelnen Gesetze sein muss. Das »**positive Recht**«, das vom Staat in der Gesetzgebung erlassen wird, darf nicht im Widerspruch zum Naturrecht stehen. Wo einzelne Gesetze gegen das Naturrecht verstoßen, sind sie ungerecht. So sind z. B. Sklaverei, Folter, Ausbeutung oder Rassismus auch dann ungerecht, wenn sie von einem Staat gesetzlich angeordnet oder geschützt werden. Diesen Gesetzen darf man nicht gehorchen.

❖ Bis weit in die Gegenwart spielen diese beiden Rechtsideen eine zentrale Rolle. Sie wirken **in unserer Verfassung** bei der Unterscheidung zwischen »Grundrechten« und den vielen »Gesetzen« nach.

Moderne

❖ Die Idee der Menschenrechte wurde nun auch unter diesem Namen in der europäischen **Aufklärung** weiter entwickelt. Philosophen wie Thomas **Hobbes** (1588–1679), John **Locke** (1632–1704), Jean-Jacques **Rousseau** (1712–1778) und vor allem Immanuel **Kant** (1724–1804) rückten sie in das Zentrum ihres Denkens. Im Anschluss an die Stoa und die christliche Schöpfungs- und Naturrechtslehre unternahmen sie es, die Menschenrechte nun allein von der Vernunft her zu begründen, damit sie unabhängig von Religion, Kultur und Land überall gleich gelten können. Sache des Staates ist es, sie zu schützen, wie es ansatzweise in Europa schon in der englischen Magna Charta (1215) der Fall war, wo einzelne Schutzrechte der Untertanen gegenüber der Krone formuliert wurden.

❖ Die neuen philosophischen Begründungen wurden alsbald auch **politisch** wirksam, so z. B. 1776 in **Amerika** in der Virginia Convention (»Bill of Rights«), deren Autor Thomas Jefferson (1743–1826) war, und in der **Französischen Revolution**, als 1789 die Nationalversammlung die »Erklärung der Menschen- und Bürgerrechte« proklamierte und zugleich damit die Privilegien von König, Adel und höherem Klerus in Frage stellte.

❖ Die Französische Revolution fand mit ihrer Idee der Menschenrechte rasch in **Europa** und in vielen Teilen der **Welt** Gehör. Nun entstanden viele demokratische Staaten, deren Verfassungen sich zu dieser Idee bekannten. Ein weiterer entscheidender Schritt erfolgte am 10. Dezember 1948, als die **Vereinten Nationen** (UN) die »Allgemeine Erklärung der Menschenrechte« verabschiedeten. Viele Staaten haben diese Erklärung in ihre Verfassung aufgenommen. Am 8. Mai 1949 wurde die Verfassung für die **Bundesrepublik** Deutschland vom Parlamentarischen Rat in Bonn verabschiedet. Seit diesen Entscheidungen spielen die Menschenrechte auf der politischen Bühne eine große Rolle.

❖ So sehr diese Entwicklung zu begrüßen ist, so wenig dürfen die damit verbundenen heutigen **Probleme** übersehen werden. Weiterhin ist es z. B. strittig, was im Einzelnen mit den Menschenrechten gemeint ist. Schlimmer noch sind die unzähligen Verletzungen der Menschenrechte, die überall in der Welt zu beklagen sind. So fällt z. B. in islamisch beherrschten Ländern die Religionsfreiheit nicht unter die Menschenrechte. Darum muss immer noch für die Verwirklichung des Satzes »**Die Würde des Menschen ist unantastbar**« gekämpft werden.

---

1 **Menschenwürde – Menschenrechte.** Was haben sie miteinander zu tun? Worin unterscheiden sie sich? Warum kann die Menschenwürde nicht z. B. durch Leistung, Geld oder Verdienste erworben werden und auch nicht verloren gehen? Warum kann nur der Staat im Einzelfall kraft Gesetzes in sie eingreifen (z. B. Freiheitsentzug)? → Grundgesetz, Artikel 1–4

2 Gehen Sie auf **Verstöße gegen die Menschenwürde** ein, von denen Sie in letzter Zeit gehört haben (→ S. 71). Wo haben **Sie** die Möglichkeit, sich für die Menschenrechte einzusetzen?

3 Die Würde des Menschen ist **unantastbar**. – Die Würde des Menschen ist **antastbar**. In welchem Sinn sind die beiden Sätze richtig?

2. Philosophische und politische Überlegungen

Humane Philosophie und Politik sind sich in Übereinstimmung mit dem Christentum darin einig, dass die **Unmenschlichkeit**, die einem anderen angetan wird, nicht nur diesen beschädigt, sondern mehr noch die **Täter** selbst zerstört.

1. Zu **Sophokles, Kant und Kirchhof** :→ M 1.
2. Wie begründet **Kant** philosophisch die Menschenrechte? Erklären Sie den Zusammenhang Mittel – Zweck – Person.
3. Erläutern Sie den Zusammenhang, den **Kirchhof** zwischen Freiheitsrechten und Freiheitspflichten im Staat beschreibt. Gibt es diesen Zusammenhang auch in der **Kirche**?
4. Manche Wissenschaftler und Politiker, die den Menschen ausschließlich als **biologisches Lebewesen** sehen, schreiben nicht allen Lebensstadien und Lebenssituationen eines Individuums Menschenwürde zu. Welche Konsequenzen kann das für Probleme wie Embryonenverbrauch, Stammzellenforschung, Abtreibung, aktive Sterbehilfe, teure gesundheitliche Versorgung alter und geistig schwer behinderter Menschen, Umgang mit Zuwanderern, ökonomische Ordnung usw. haben?
5. In den letzten Jahren wurden die **Menschenrechte politisch** dadurch **unterlaufen**, dass man unter Berufung auf die Menschenrechte Kriege anzettelte und Gefangene folterte. Wie denken Sie darüber? Deuten Sie in diesem Zusammenhang auch das Bild von **Botero**.
6. Eine **christliche Kurzformel** zur Würde des Menschen: → S. 91

Das ungeschriebene, heilige Recht

Der griechische Dramatiker **Sophokles** *thematisiert schon im 5. Jahrhundert vC in seiner Tragödie »Antigone« den Konflikt zwischen staatlichen und ewigen/göttlichen Gesetzen. Am Anfang des Dramas verbietet Kreon, der König von Theben, seinen Untertanen durch ein Gesetz unter Todesandrohung, den Leichnam des Polyneikes zu bestatten, weil dieser gegen Theben gekämpft hatte. Antigone, die Schwester des Polyneikes, will sich an dieses Gesetz des Kreon nicht halten und riskiert so ihr Leben. Sie begründet ihren Widerstand gegenüber Kreon so:*

Auch hielt ich nicht für so stark dein Gesetz,
dass Menschenwerk vermocht zu überholen
das ungeschriebene, heilige Recht der Götter.
Denn nicht von heute oder gestern ist es.
Es lebt ewig und keiner weiß, seit wann.

Sophokles (496–406 vC)

Der Mensch existiert als Zweck an sich selbst

Zu Immanuel Kant: → *S. 20, 30, 66.*

Der Mensch und überhaupt jedes vernünftige Wesen *existiert als Zweck an sich selbst, nicht bloß als Mittel* zum beliebigen Gebrauche für diesen oder jenen Willen, sondern muss in allen seinen sowohl auf sich selbst als auch auf andere vernünftige Wesen gerichteten Handlungen jederzeit *zugleich als Zweck* betrachtet werden.

Der kategorische Imperativ

Handle so, dass du die Menschheit sowohl in deiner Person als in der Person eines jeden anderen jederzeit zugleich als Zweck, niemals bloß als Mittel brauchst.

Immanuel Kant (1724–1804)

Politische Freiheit als Recht und Pflicht

Paul Kirchhof, Richter am Bundesverfassungsgericht (1987–1999), weist darauf hin, dass politische Freiheitsrechte immer auch Freiheitspflichten sind.

Wichtigster Inhalt der demokratischen Staatsverfassungen sind die Freiheitsrechte. Freiheitsrechte sind Angebote. Der Freiheitsberechtigte darf sie annehmen, aber auch ausschlagen. Staat und Gesellschaft sind allerdings darauf angewiesen, dass die große Zahl der Berechtigten von ihrer Freiheit auch Gebrauch macht. Wenn die Verfassung Berufs- und Eigentümerfreiheit garantiert, erlaubt sie jedermann, sich am Erwerbsleben durch Anstrengung zu beteiligen oder sich von ihm fernzuhalten. Wenn aber die Mehrzahl der Menschen sich entscheiden würde, als Diogenes in der Tonne zu leben und unter der Brücke zu schlafen, sich also nicht am Erwerbsleben zu beteiligen, hätte keiner das Recht verletzt. Die soziale Marktwirtschaft, der Finanz- und Steuerstaat wäre aber an seiner eigenen Freiheitlichkeit gescheitert.

Ein gegenwärtig aktuelleres Problem betrifft die Freiheit zur Ehe und zur Familie, also zum Kind. Sollten viele Menschen in Deutschland sich gegen das Kind entscheiden, würden sie wiederum nur von einem ihnen zustehenden Recht Gebrauch machen. Der Staat aber wäre ohne Jugend, also ohne Zukunft, in seinem Freiheitskonzept gescheitert.

Der Kulturstaat erwartet selbstverständlich, dass Menschen sich wissenschaftlich für das Auffinden der Wahrheit anstrengen, künstlerisch das Schöne in For-

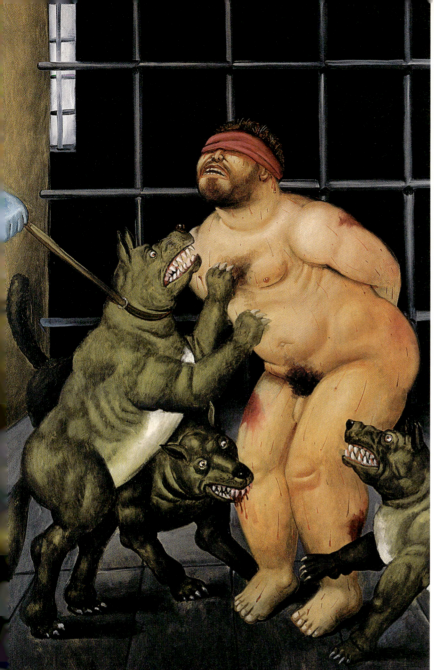

Fernando Botero (geb. 1932), Abu Ghraib 52, 2005 – Das Bild stellt Folterungen von Kriegsgefangenen durch amerikanische Soldaten in einem irakischen Gefängnis im Jahr 2003 dar.

mensprache ausdrücken, religiös immer wieder die Frage nach Gott stellen. Täten sie dieses nicht, wäre der Kulturstaat sprach- und gesichtslos.

Oder man stelle sich vor, am nächsten Sonntag wären Wahlen und keiner ginge hin. Dann hat wiederum kein Wahlberechtigter in Deutschland das Recht verletzt. Das neue Parlament wäre aber nicht legitimiert, weil niemand gewählt hat; das alte hat seine Legitimation durch Zeitablauf verloren. Wir hätten nicht einmal ein Organ, das Neuwahlen anordnen dürfte. Die Demokratie wäre durch den demokratischen Bürger zerstört worden.

Freiheiten werden deshalb nicht als Beliebigkeiten gewährt, sondern als Freiheitsrechte, als definierte Berechtigungen mit einem Gegenüber, der gleiche Rechte hat. Lediglich die kurzfristigen Gegenwartsfreiheiten erlauben Beliebigkeit: Der Mensch kann heute ein Glas Bier und morgen ein Glas Wein trinken, heute spazieren gehen und morgen mit dem Auto fahren, heute ein Buch lesen und morgen ins Theater gehen. Hierfür ist er niemandem Rechenschaft schuldig. Würde der Staat ihn nach seinen Gründen fragen, antwortete er selbstbewusst: kein Kommentar.

Für das Gelingen der individuellen Biographie wie des freiheitlichen Gemeinschaftslebens allerdings sind die langfristigen Zukunftsfreiheiten maßgebend, bei denen der Freiheitsberechtigte im ersten Schritt frei ist, dann aber auf Dauer Verantwortlichkeiten und Bindungen übernimmt. Er nimmt heute für acht Semester ein Studium auf, um daraus einen Lebensberuf zu entwickeln. Er baut heute ein Haus, in dem seine Kinder und Enkelkinder noch wohnen können. Er gründet heute eine Firma, die ihn selbst überleben soll. Er begründet eine unkündbare und unscheidbare Elternschaft, gehört ein Leben lang seiner Kirche oder seinem Staat an. Auf diese Weise erschließt sich der Freiheitsberechtigte einen Lebensbereich, der auch andere betrifft. Seine Berufspartner setzen auf seine Berufsqualifikation und erwarten eine verlässliche Leistung, die Hausbewohner einen standsicheren Bau, Arbeitnehmer, Kunden und Vorlieferanten seiner Firma einen verlässlichen Vertragspartner, Kinder die Erziehung zur Freiheitsfähigkeit und familiären Geborgenheit, Kirche und Staat die innere Zugehörigkeit und Mitgestaltung dieser Gemeinschaft.

Würde ein Mensch sich um seiner Unabhängigkeit willen diesen Bindungen entziehen, blieben ihm viele Türen zu freiheitlichen Lebensbereichen verschlossen. Er verzichtete um der kurzfristigen Freiheit zur Beliebigkeit willen auf die großen Zukunftsfreiheiten, in der sich Freiheitskultur und Persönlichkeit entfalten.

Paul Kirchhof (geb. 1943)

3. Die Einstellung der Kirche

In der Einstellung der **Kirche** zu den Menschenrechten lassen sich **drei Phasen** unterscheiden:
❖ Die Zeit der **Ablehnung** reicht von der Französischen Revolution (1789) bis zu Papst Pius IX. (1846–1878), der – wie schon einige seiner Vorgänger – die Menschenrechte kompromisslos ablehnte, weil er glaubte, die Menschenrechtsbewegungen seien mit ihrer Betonung der Vernunft für den Glauben gefährlich und die Demokratien seien kirchenfeindlich.
❖ Die Phase der **Annäherung** beginnt mit Papst Leo XIII. (1878–1903) und endet mit Pius XII. (1939–1958).
❖ Die Epoche der **Bejahung** beginnt mit Papst Johannes XXIII. (1958–1963) und reicht über das Zweite Vatikanische Konzil (1962–1965) bis heute. Seitdem tritt die Kirche weltweit entschieden für die Menschenrechte ein. Sie hat endlich gelernt, dass es um ihr eigenes Erbe (→ S. 68 f) geht, wenn sie für die Menschenrechte eintritt.

Pius IX. – Menschenrechte sind ein Wahnsinn

Papst Pius IX. verurteilte noch heftiger als seine Vorgänger im 19. Jahrhundert die modernen Freiheiten, weil er meinte, Menschen- und Freiheitsrechte könne es nicht in Demokratien, sondern nur innerhalb der tradierten Monarchien und der Kirche geben, weil diese allein von Gott eingesetzt seien. In seinem berüchtigten »Syllabus« (d. h. »Verzeichnis«, »Register«) verurteilte er 1864 zahlreiche moderne Ansichten:

Infolge dieser ganz falschen Vorstellung von der Regierung der Gesellschaft scheuen sie (die Verfechter der Freiheitsrechte) sich nicht, jene irrtümliche, der katholischen Kirche und dem Seelenheile höchst verderbliche Meinung zu hegen, welche von unserem Vorgänger Gregor XVI. ein Wahnsinn genannt wurde, die Meinung nämlich, die Freiheit des Gewissens und der Kulte seien eines jeden Menschen eigenes Recht, welches durch das Gesetz ausgesprochen und festgestellt werden müsse in jeder wohlkonstituierten Gesellschaft, und die Bürger besäßen das Recht auf die durch keine kirchliche oder staatliche Behörde zu beschränkende vollständige Freiheit, die Gedanken jeder Art ... zur Öffentlichkeit zu bringen.

Pius IX. (1846–1878)

Johannes XXIII. – Einsatz für die Menschenrechte

Papst Johannes XXIII. veröffentlichte in seinem Todesjahr 1963 die Enzyklika »Pacem in terris« (lat.: »Frieden auf Erden«), in der er sich klar zu den Menschenrechten bekennt. Diese Enzyklika fand weltweit gerade auch bei demokratischen Politikern Zustimmung. Sie markiert eine Trendwende der Kirche gegenüber früheren päpstlichen Auffassungen.

Das Recht auf Leben und Lebensunterhalt

11. Bezüglich der Menschenrechte, die wir ins Auge fassen wollen, stellen wir gleich zu Beginn fest, dass der Mensch das Recht auf Leben hat, auf die Unversehrtheit des Leibes sowie auf die geeigneten Mittel zu angemessener Lebensführung. Dazu gehören Nahrung, Kleidung, Wohnung, Erholung, ärztliche Behandlung und die notwendigen Dienste, um die sich der Staat gegenüber den Einzelnen kümmern muss. Daraus folgt auch, dass der Mensch ein Recht auf Beistand hat im Falle von Krankheit, Invalidität, Verwitwung, Alter, Arbeitslosigkeit oder wenn er ohne sein Verschulden sonst der zum Leben notwendigen Dinge entbehren muss.

Moralische und kulturelle Rechte

12. Von Natur aus hat der Mensch außerdem das Recht, dass er gebührend geehrt und sein guter Ruf gewahrt wird, dass er frei nach der Wahrheit suchen und unter Wahrung der moralischen Ordnung und des Allgemeinwohls seine Meinung äußern, verbreiten und jedweden Beruf ausüben darf; dass er schließlich der Wahrheit entsprechend über die öffentlichen Ereignisse in Kenntnis gesetzt wird.
13. Zugleich steht es dem Menschen kraft des Naturrechtes (→ S. 69) zu, an der geistigen Bildung teilzuhaben, d. h. also auch das Recht, sowohl eine Allgemeinbildung als auch eine Fach- und Berufsausbildung zu empfangen, wie es der Ent-

---

1 Erklären Sie die Motive, die Päpste wie **Pius IX.** zu ihrer Ablehnung von Demokratie und Menschenrechten führten. In welche Situation haben sie die Kirche dadurch gebracht?
2 Welche Erfahrungen führten Papst **Johannes XXIII.** dazu, gegen die Lehre seiner Vorgänger die Menschenrechte unzweideutig anzuerkennen? Was hat er dadurch für die Menschenrechte und für die Kirche bewirkt?
3 Warum war die »Erklärung über die Religionsfreiheit« auf dem **II. Vatikanischen Konzil** umstritten?
4 Diskutieren Sie die Kritik, die **Arnold Angenendt** an der päpstlichen Menschenrechtspolitik übt.
5 Welche **neueren kirchlichen Bemühungen** um die Menschenrechte kennen Sie?
6 Ein Text von **Jürgen Habermas** zum Thema: → S. 75

wicklungsstufe des betreffenden Staatswesens entspricht. Man muss eifrig darauf hinarbeiten, dass Menschen mit
20 entsprechenden geistigen Fähigkeiten zu höheren Studien aufsteigen können, und zwar so, dass sie, wenn möglich, in der menschlichen Gesellschaft zu Aufgaben und Ämtern gelangen, die sowohl ihrer Begabung als auch der Kenntnis entsprechen, die sie sich erworben haben.

Johannes XXIII. (1958–1963)

2. Vatikanisches Konzil – Religionsfreiheit

Das II. Vatikanische Konzil vollzog einen weiteren wichtigen Schritt, als es in seiner letzten öffentlichen Sitzung am 7. 12. 1965 der »Erklärung über die Religionsfreiheit« (»Dignitatis humanae«, d. h. »Über die Menschenwürde«) zustimmte. Keine Erklärung war unter den Bischöfen so umstritten und keine musste so oft umformuliert werden wie dieser Text, bis er mit 2308 gegen 70 Stimmen endlich angenommen wurde. Zusammen mit der ebenfalls umstrittenen und revolutionären »Erklärung über das Verhältnis der Kirche zu den nichtchristlichen Religionen« (»Nostra Aetate«, d. h. »In unserer Zeit«) gehört diese Erklärung zu den Konzilsdokumenten, die weltweit am meisten Beachtung fanden.

Das Vatikanische Konzil erklärt, dass die menschliche Person das Recht auf religiöse Freiheit hat. Diese Freiheit besteht darin, dass alle Menschen frei sein müssen von jedem Zwang sowohl von seiten Einzelner wie gesellschaft-
5 licher Gruppen, wie jeglicher menschlichen Gewalt, so dass in religiösen Dingen niemand gezwungen wird, gegen sein Gewissen zu handeln, noch daran gehindert wird, privat und öffentlich, als Einzelner oder in Verbindung mit anderen – innerhalb der gebührenden Grenzen – nach seinem Gewis-
10 sen zu handeln. Ferner erklärt das Konzil, das Recht auf religiöse Freiheit sei in Wahrheit auf die Würde der menschlichen Person selbst gegründet, so wie sie durch das geoffenbarte Wort Gottes und durch die Vernunft selbst erkannt wird. Dieses Recht der menschlichen Person auf
15 religiöse Freiheit muss in der rechtlichen Ordnung der Gesellschaft so anerkannt werden, dass es zum bürgerlichen Recht wird.　　　*2. Vatikanisches Konzil (1962–1965)*

Das Sozialwort der Kirchen

*Im Jahr 1997 erschien unter dem Titel »**Für eine Zukunft in Solidarität und Gerechtigkeit**« das »Wort des Rates der Evangelischen Kirche in Deutschland und der Deutschen Bischofskonferenz zur wirtschaftlichen und sozialen Lage in Deutschland«. Darin heißt es*

4.1. (130) Nach christlichem Verständnis sind die Menschenrechte Ausdruck der Würde, die allen Menschen auf Grund ihrer Gottebenbildlichkeit zukommt. Die Anerkennung von Menschenrechten bedeutet gleichzeitig die Anerkennung der Pflicht, auch für das Recht der Mitmenschen einzutre-
5

ten und deren Rechte als Grenze der eigenen Handlungsfreiheit anzuerkennen. Von der Verwirklichung der Menschenrechte kann nur dann gesprochen werden, wenn die staatliche Rechtsordnung die elementaren Rechte jedes Menschen unabhängig von seinem Geschlecht, seiner Her- 10 kunft oder seinen individuellen Merkmalen schützt und diese Ordnung von allen Beteiligten anerkannt wird. Die Pflicht zur Anerkennung und zum Einsatz für die Menschenrechte endet jedoch nicht an den Staatsgrenzen. Eine die Idee der Menschenrechte verwirklichende Gesellschafts- 15 ordnung wird erst erreicht sein, wenn diese Rechte weltweit anerkannt und geschützt werden. Davon sind wir noch weit entfernt.　　*Sozialwort der beiden Kirchen in Deutschland (1997)*

Ein Theologe – Kritischer Rückblick

Arnold Angenendt, em. Professor für Mittlere und Neuere Kirchengeschichte in Münster, schreibt in seinem Buch »Toleranz und Gewalt – Das Christentum zwischen Bibel und Schwert« (2006) über die heutige kirchliche Hochschätzung der Menschenrechte:

Man könnte es nun bei einem ›Ende gut – alles gut‹ bewenden lassen. Das aber verbieten die Katastrophen des 20. Jahrhunderts. Denn hätten die Kirchen und katholischerseits gerade auch das Papsttum früher und entschiedener für Menschenrechte, Demokratie und Gleichberechtigung 5 gekämpft, dann wären Menschenwürde und Freiheit, wenn auch möglicherweise nur im Protest, stärker als Panier gegen die Barbarei hochgehalten worden. Dass tatsächlich die kirchliche Beförderung der modernen· Freiheitsrechte etwas zu bewirken vermag, zeigt die Geschichte nach dem 10 Zweiten Weltkrieg: Es waren die Christdemokraten, die Europa begründeten, und es war Papst Johannes Paul II. (1978–2005), der entscheidend zum Zusammenbruch des Ostblocks beigetragen hat. Von einer »zweiten Papstrevolution« (nach der ersten mittelalterlich-gregorianischen) 15 spricht der Berliner Historiker Heinrich August Winkler: »Die zweite Papstrevolution der Geschichte war, innerkirchlich gesehen, eine konservative Revolution. Ihre weltlichen Wirkungen aber waren freiheitlich. Sie trugen, weit über Polen hinaus, entscheidend zur Aushöhlung der kommunisti- 20 schen Herrschaft und schließlich zu ihrem Zusammenbruch bei«. Als Einwand gegenüber dem Papsttum bleibt, dass es sich erst nach den Katastrophen der ersten Hälfte des 20. Jahrhunderts zu positiver Bewertung der Menschenrechte und der Demokratie durchfand; oder dogmengeschichtlich 25 betrachtet, dass es nicht einfach aus dem gesicherten Schatz allzeit verfügbarer Wahrheiten zu schöpfen vermochte.

Arnold Angenendt (geb. 1934)

73

Das Geschöpf Gottes – Altes Testament

1. Bild Gottes

❖ Das Alte Testament macht schon auf den ersten Seiten programmatische Aussagen über den Menschen. Die ersten drei Kapitel der Bibel, die keine literarische Einheit bilden, sehen den **Menschen** in seiner **Geschöpflichkeit**, in seiner ganzen **Größe** und in seinem **Elend**. Seine **Größe** besteht darin, dass er von Gott geschaffen und damit von Gott gewollt und geliebt ist. Sein **Elend** liegt darin, dass er in Freiheit vor Gott schuldig werden kann.

❖ Der erste Text (Gen 1, 1–2, 4), nicht der älteste Teil der Bibel, ist ein **Hymnus, der die Schöpfung der Welt als Siebentagewerk Gottes preist**. Er ist etwa um 520 vC oder kurz danach von jüdischen Priestern in Babylon verfasst worden und gehört zu einem größeren alttestamentlichen Textblock, den die Exegeten die **»Priesterschrift«** (Abkürzung **»P«**) nennen. Wegen seiner grundsätzlichen Bedeutung wurde er wohl vom Endredaktor der Thora (→ S. 8) an den Anfang der Bibel gesetzt.

❖ Der Hymnus kann und will **keine Konkurrenz zu unseren wissenschaftlichen Kenntnissen von der Entstehung des Kosmos und des Menschen** sein. Er legt aber das Fundament für das biblische Verständnis von Gott und Mensch.

Der Text

*Mit Gen 1, 1–2, 4 a liegt ein kunstvolles **Lehrgedicht** vor, das feierlich und eher nüchtern sowie klar gegliedert ist und ein theologisches Programm enthält: Gott hat das Chaos dieser Welt allein durch sein Wort zurückgedrängt und die Finsternis in Licht verwandelt. Während Gott an den fünf ersten Tagen Himmel und Erde hervorbringt und mit herrlichen Werken ausschmückt, schafft er am sechsten Tag den Menschen. Danach ruht er, um so den Rhythmus der Woche zu bestimmen und ein Vorbild für die Heiligung des Sabbats zu sein.*

²⁶ Dann sprach Gott: Lasst uns den Menschen machen als unser Abbild, uns ähnlich. Sie sollen herrschen über die Fische des Meeres, über die Vögel des Himmels, über das Vieh, über die ganze Erde und über alle Kriechtiere auf dem Land.
²⁷ Gott schuf also den Menschen als sein Abbild; als Abbild Gottes schuf er ihn. Als Mann und Frau schuf er sie.
²⁸ Gott segnete sie und Gott sprach zu ihnen: Seid fruchtbar und vermehrt euch, bevölkert die Erde, unterwerft sie euch.

Gen 1, 26-28

Zur Deutung des Wortes »Bild Gottes«

Am sechsten Tag wird der Mensch ins Dasein gerufen. **Mann und Frau** werden hier ohne jeden Unterschied geschaffen. Gott nennt sie beide »**Bild Gottes**« (1, 27). Mit diesem ganz ungewöhnlichen Wort zeichnet Gott den Mann und die Frau vor allen anderen Schöpfungswerken aus. Nur der **Sabbat** ist noch größer, weil durch ihn Gottes Schöpfung vollendet wird (2, 2). An diesem Tag soll sich auch der Mensch ohne Arbeit an der Ruhe und Schönheit des Festtags erfreuen.

Das Wort vom »**Bild Gottes**« ist **zum Fundament jüdischer und christlicher Anthropologie** geworden. Es ist reich an Bedeutungen.

❖ In manchen antiken Religionen repräsentierte das **Götterbild** die Gottheit. Als Leib der Gottheit konnte es die Ehre empfangen, die der Gottheit selber zustand. Das Bild repräsentierte Gottes Leben und Macht. In Gen 1, 27 soll **der Mensch** als Bild des Schöpfers Vermittler des Lebens auf der Erde sein.

❖ In Mesopotamien und Ägypten galt der **König** als »Bild Gottes« auf Erden. Wer den König sah, sah die Gottheit. Als »Bild Gottes« verdiente er höchste Achtung. Könige hatten die göttliche Aufgabe, das Land zu schützen, Recht und Gerechtigkeit durchzusetzen und den Armen zu helfen. – Nun nehmen **alle Menschen** im Haus der Schöpfung den Platz Gottes ein. Kein König hat einen Vorrang. Jeder Mensch soll den Platz ausfüllen, der eigentlich Gott zusteht. Was der Schöpfer für die **Welt** getan hat, muss nun der Mensch weiterführen: **die Welt hüten, pflegen und wohnlich machen**. Frieden, Recht, Ordnung und das Wohl der Armen sind seine großen Aufgaben. Diese Sonderstellung des Menschen bedeutet für die Bibel keinen Freibrief für nur auf sich selbst bezogene Selbstverwirklichung oder gar für die Ausbeutung der Natur. Der Mensch darf von der Welt leben. Wo der Mensch aber ohne Rücksicht auf die Erde nur auf seine eigenen Wünsche achtet, zerstört er den ihm von Gott gegebenen Lebensraum.

❖ Jeder Mensch ist »Bild Gottes«. Die in Gott gründende »**Menschenwürde**« und die sich daraus ableitenden »**Menschenrechte**« und »**Menschenpflich-**

ten« gelten für alle Menschen in gleicher Weise. Kein König, kein Politiker, kein Volk, keine Rasse, kein Mann und keine Frau darf sich über andere Menschen erheben und sie unterdrücken. Hier werden die Schwachen vor dem Größenwahn der Starken geschützt. Rassismus, Kolonialismus und Sexismus sind mit der Gleichheit vor Gott unvereinbar. Für die Begründung der »Menschenwürde«, die heute weltweit im Zentrum der ethischen Diskussion steht, spielt dieser biblische Text vom Menschen als »Bild Gottes« eine entscheidende Rolle.

❖ Die dem Menschen hier zugeschriebene Würde **erhebt ihn über alle einseitigen Deutungen**. Der Mensch ist nicht nur von Natur und Kultur, von Volk und Nation, von Klasse und Rasse her zu verstehen. Er geht nicht darin auf, Materie, Maschine, Psycho-Apparat, Evolutionsprodukt, Genkomplex oder Computer zu sein. Wer ihn allein mit einem Willen zur Macht, mit Profitgier oder als Mängelwesen definiert, steht im Widerspruch zur Bibel: → S. 92 f).

Gottes Ebendbild und Menschenwürde

Jürgen Habermas, einer der führenden deutschen Philosophen der Gegenwart, der für einen aufgeklärten Gebrauch der Vernunft plädiert, hat in seiner Rede anlässlich der Verleihung des Friedenspreises des Deutschen Buchhandels 2001 in der Frankfurter Paulskirche gesagt:
Die Übersetzung der Gottebenbildlichkeit des Menschen in die gleiche und unbedingt zu achtende Würde aller Menschen ist eine rettende Übersetzung. Sie erschließt den Gehalt biblischer Begriffe über die Grenzen einer Religionsgemeinschaft hinaus einem allgemeinen Publikum von Andersgläubigen und Ungläubigen.

Jürgen Habermas (geb. 1929)

---

1 Lesen Sie das ganze Lehrgedicht zur **Schöpfung** Gen 1, 1–2, 4. Suchen Sie die Gliederung des Textes, die gleichbleibenden und die sich ändernden Sätze. Achten Sie auf die Sprache des Textes. Wo liegt der Höhepunkt? Was ist aus heutiger Perspektive veraltet, was dauernd aktuell? (→ M 2). Zum biblischen Weltbild: → S. 17.
2 Der biblische Text sagt nirgends, dass der Mensch die »**Krone der Schöpfung**« sei, wohl aber das »**Bild Gottes**«. Worin liegt der Unterschied? Welche gefährlichen Konsequenzen hatte es, als sich der Mensch als »Krone der Schöpfung« verstand? Manchmal hat man das Wort, der Mensch solle über die ganze Erde herrschen, als Freibrief dafür interpretiert, die Erde auszubeuten. So sei der Text für die heutigen Umweltkatastrophen mitverantwortlich. Warum verdreht eine solche Behauptung den biblischen Schöpfungsglauben? Entgegengesetzte Perspektiven finden Sie z. B. auch: → Gen 2, 15; Ps 104.
3 Informieren Sie sich, wie im **Judentum** und **Islam** über den Menschen als Bild Gottes gedacht wird: → S. 118 ff.
4 Was macht **Ludwig Feuerbach** aus der biblischen Aussage vom Menschen als Bild Gottes? (→ S. 30)
5 Ein Wort von **Max Frisch** zum Thema: → S. 130.
6 Zum Thema »**Menschenwürde**«: → S. 68 ff.

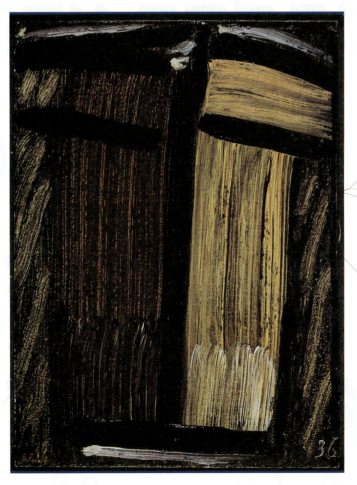

Alexej Jawlensky (1864–1941), »… etwas Göttliches möchte ich sagen!«, Kleine Meditation Nr. 28/V, 1936

75

2. Adam und Eva

ADAM: der aus der Erde Genommene

❖ Der zweite Text der biblischen Urgeschichte (Gen 2, 4–3, 24) erzählt vom **Paradies**, von **Adam und Eva** sowie vom **Sündenfall** und seinen **Folgen**. Er dürfte im 8. oder 7. Jahrhundert vC in einem bäuerlichen Umfeld entstanden sein. Da sein Autor den Gottesnamen JHWH benutzt, nennen die Fachleute ihn den **Jahwisten**, seinen Text den **»jahwistischen Schöpfungstext«** (Abkürzung »J«).

❖ Beide Schöpfungstexte wurden in der Mitte des 5. Jahrhunderts vC in Jerusalem in ein Geschichtswerk aufgenommen, das zu einem wichtigen Bestandteil der fünf Mosebücher (»Thora«, → S. 8) wurde.

❖ Der ältere **jahwistische Schöpfungstext** (Gen 2, 4–3, 24) weist manche Ähnlichkeiten mit ägyptischen und mesopotamischen Mythen auf. Vielleicht haben seine Verfasser einige literarische Bilder von da übernommen (Gott als Töpfer, Garten mit Flüssen, Baum der Erkenntnis, Engelgestalten u. a.), um damit die Erfahrungen, die das Volk Israel in seinem Gottesglauben mit den Menschen und der Welt gemacht hat, zu beschreiben. In seiner literarischen Form ist der jahwistische Text ein **Mythos**, der nicht exakt darüber informiert, was einmal in der Vergangenheit war, sondern bildhaft erzählt, was in Gegenwart und Zukunft gilt.

❖ Wenn man diesen Text für eine Reportage über das Entstehen menschlichen Lebens hielte, wäre er **missverstanden**. Er ist als Erzählung von der Schöpfung auch nicht durch die heutigen Wissenschaften überholt. Als Mythos hat er seinen bleibenden Sinn, indem er nicht von den ersten Ereignissen am Beginn der Zeit, sondern vom immer währenden Ursprung jeder Zeit handelt. Hier geht es nicht um das einmalige Schicksal der ersten Menschen, sondern um die dauernde Situation aller Menschen.

Mesopotamisches Rollsiegel (3. Jahrtausend vC). Es zeigt ähnliche Motive, wie sie in der Bibel vorkommen: Schlange, Frau und Lebensbaum, Gottheit.

Zur Deutung des Textes

Die Frage nach dem Leid

Der Text des Jahwisten erschließt sich leichter, wenn man ihn vom **Ende** her (3, 14-24; → S. 104) liest. Dort ist die leidvolle und chaotische Situation von Mann und Frau beschrieben. In ihrer Welt gibt es harte Arbeit, Unfrieden, Schmerzen bei der Geburt eines Kindes und den Tod. Diese harte Realität des menschlichen Lebens warf schon immer die Frage auf, warum es dieses Leid in Gottes guter Schöpfung gibt. Die Antwort gibt der **Anfang** der Erzählung (2, 4-24). Das Paradies, das so oft als Schlaraffenland missdeutet wird, ist die Welt, wie sie von Gott gewollt ist. Hier gibt es keine Leiden. Die Leiden hat der Mensch selbst durch Missachtung von Gottes Gebot verschuldet.

Von Gott geschaffen

Das Erste, was der Text über den Menschen zu sagen hat, ist auch schon das Wichtigste: der Mensch ist von Gott geschaffen. Wie ein Töpfer hat Gott die Menschenfigur liebevoll geformt. Der Mensch ist letztlich nicht aus der Natur und auch **nicht aus sich selbst erklärbar**. Er verdankt sein Leben dem lebensspendendem Atem Gottes.

Adam

Doch der Mensch ist nicht selbst Gott und auch nicht göttlich. Gott hat ihn **von der vergänglichen Erde** genommen und mit seinem göttlichen Odem belebt. Gott und Erde sind die beiden ungleichen Pole, von denen aus der Mensch verständlich wird. Weil der Mensch aus der Erde (hebr.: »adama«) geformt wurde, heißt er »Adam« (d. h. »**der aus der Erde Genommene**« oder »Erdwesen«). »Adam« ist ursprünglich kein Name, sondern eine Wesensbestimmung des Menschen. Sie bringt seine Erdverbundenheit und damit seine Hinfälligkeit zum Ausdruck. Jeder Mensch ist Adam. Jeder kommt von der Erde, lebt auf der Erde und kehrt beim Tod zur Erde zurück (be»erdigen«). Vom »Mann« ist hier noch nicht ausdrücklich die Rede.

Paradies

In einer rückwärts gewandten Vision entwirft der Mythos das utopische Bild eines Gartens (»Paradies«), den besten Ort, den sich Nomaden und Wüstenbewohner vorstellen können. Er wird von Bäumen, Früchten und Flüssen belebt. Adam darf die Früchte der Bäume essen und ständig die Schönheit des Paradieses erleben. Es ist ein **Kontrastbild zu unserer leidvollen Welt**, in dem es kein Chaos, keine Feindschaft, keinen Fluch, keine menschenunwürdige Arbeit und nicht Schmerz und Tod gibt.

76 Das Geschöpf Gottes – Altes Testament

EVA: Mutter der Lebendigen

Die Gebote

Auch in diesem Zustand gibt es Gebote, an die sich der Mensch halten soll. Vom »**Baum der Erkenntnis von Gut und Böse**« darf er nicht essen. (Von einem Apfelbaum ist nirgends die Rede. Die Vorstellung erklärt sich auch aus einem sprachlichen Missverständnis. Im Lateinischen heißt ›malum‹ [mit langem a] ›Apfel‹ und [mit kurzem a] ›böse‹, ›schlecht‹.) »Gut und Böse« meint in der Sprache des Mythos nicht Tugend und Sünde – davon durfte der Mensch wissen –, sondern gottgleiches Wissen. Wenn sich der Mensch dieses Wissen anmaßt, überschreitet er seine Grenzen. Das Gebot setzt voraus, dass der Mensch **Freiheit** (→ S. 64 ff) hat. Ohne Freiheit wären Gebote und Verbote sinnlos. In der Freiheit liegen Chancen und Risiken.

Die Tiere

Trotz göttlicher Herkunft, trotz Verbundenheit mit der Erde, trotz des Lebens im Paradies kann der Mensch zuerst nicht glücklich sein, weil er noch nicht vollständig ist. Er fühlt sich, solange er allein ist, einsam. Auch darin deckt der Mythos ein Stück seines Wesens auf. Poetisch-mythische Bilder zeigen, wer Adam ergänzen und vollenden kann und wer nicht. So schafft Gott zuerst die Tiere (→ S. 40 f). Doch so sehr Adam sie auch erkennt und liebt (»**Namen geben**«), so wenig sind sie dem Menschen adäquate Partner. Sie können seine Einsamkeit nicht aufheben.

Die Frau

Adam braucht einen Partner, der ihm gleich und gleichwertig ist. Ohne ein gleichartiges Gegenüber ist der Mensch unvollständig. Darum schafft Gott eine **Frau**, die aus ihm selbst stammt und von seiner Art ist. Nur sie kann ihm geben, was ihm bislang fehlte. Erst im Gegenüber zu ihr erfährt sich Adam erstmals als »**Mann**«. Nur zusammen mit der Frau wird er ein vollständiger Mensch. In der Szene vom **Schlaf Adams** ist angedeutet, dass der Mensch das Wunder nicht sehen kann, das Gott schafft. Dass die Frau aus der **Rippe** des Mannes geschaffen wird und somit aus der Herzmitte Adams kommt, erklärt das fortwährende Gefühl, zusammen zu gehören und zusammen zu passen. Sie ist ihm völlig gleichwertig. Manche Feministinnen (→ S. 52 f) unserer Tage sehen sie sogar überlegen, da der Mann nur aus der Erde, die Frau aber vom Menschen stammt. Adam nannte seine Frau »**Eva**«, d. h. »Mutter der Lebendigen«. Auch das ist mehr eine Wesensdefinition als ein Name. Jede Frau ist »Eva«.

Mann und Frau

Mann und Frau haben ein starkes **Verlangen** zueinander. Ihr unterschiedlicher Eros und ihre unterschiedliche **Sexualität** führen sie zusammen. Dieser Drang ist den Menschen von Gott gegeben. Erst gemeinsam stellen beide die Ganzheit des Menschseins dar. Auch hier wird die Frau nicht diskriminiert, denn es heißt, dass der Mann Vater und Mutter verlässt, um der Frau anzuhängen und nicht umgekehrt.

Der ägyptische Gott Chnum formt auf der Töpferscheibe Menschen.

❖ Die **Sprache** des Mythos (→ S. 116 f) ist wohl überlegt. In vielen anthropomorphen (d. h. menschengestaltigen) Bildern erzählt er von Gott. Hier erschafft Gott wie ein Töpfer und wandelt wie ein Gärtner, er schenkt wie ein Freund, bestraft wie ein Richter und sorgt wie ein Vater. Alle diese Aussagen gelten nicht im Wortsinn unserer Alltagssprache. Sie weisen auf etwas hin, das selbst nicht bildhaft ist, aber im Sprachbild zugänglich werden kann.

---

1 Stellen Sie zu beiden Schöpfungstexten (P und J) folgende Fragen:
   ❖ Wie erschafft Gott die Welt?
   ❖ In wie viel Tagen wird die Welt erschaffen?
   ❖ Wie ist der Urzustand? Wie wird das Wasser erlebt?
   ❖ An welchem Tag wird der Mensch erschaffen?
   ❖ Wie tritt der Mann, wie die Frau ins Dasein?
   ❖ Welche Aufgaben hat der Mensch?
   ❖ Was steht am Ende der Texte?
   Was ergibt sich aus einem Vergleich beider Texte?

2 Erklären Sie, warum Gen 1, 1–2, 4 (P) ein **Lehrgedicht** und Gen 2, 5–3, 24 (J) ein **Mythos** und beide Texte **keine Reportagen oder Beschreibungen** vom Anfang der Welt sind. Was bedeuten diese literarischen Bestimmungen für die Interpretation beider Texte? (→ M 2). Zum babylonischen Mythos Enuma Elisch: → S. 117.

3 Stellen Sie den Zusammenhang zwischen Gott – Mensch – Gebot – Freiheit – Schuld dar, den die Bibel erstmals herstellt.

4 Eine Bildfolge zu **Adam und Eva in der Kunst**: → S. 94 ff.

5 Adam und seine Frau im **Judentum** und **Islam**: → S. 118 ff.

6 Ziehen Sie zum Vergleich **andere Mythen** über die Erschaffung des Menschen heran: → S. 116 f.

3. Versuchung und Sünde

❖ Der biblische Mythos von Adam und Eva im Paradies gibt auf die Menschheitsfrage, woher das **Leiden in Gottes Schöpfung** kommt, eine Antwort. Die **Menschen** haben das Leiden verursacht, weil sie **in Freiheit Gottes Gebot übertreten** und sich so vom Leben mit Gott entfernt haben. Gott darf dafür nicht verantwortlich gemacht werden. Darum ist dieser Text ein Stück biblischer »**Theodizee**«, d. h. der Versuch der Rechtfertigung Gottes angesichts des Leidens in der Schöpfung.

❖ Aber die Bibel ist nicht ohne **Hoffnung**. Sie weiß zwar von den bösen Erfahrungen, die Menschen mit sich, ihrem Partner und mit der Erde machen. Aber sie betont später immer wieder, dass das Paradies dem Menschen nicht endgültig verschlossen ist (Lk 23, 44).

❖ Heute wirft der Text möglicherweise **weitere Fragen** auf, die damals nicht gestellt wurden, z. B. warum das Böse überhaupt in der Welt ist.

❖ In späteren Zeiten haben Theologen wie **Augustinus** (→ S. 28) im Anschluss an **Paulus** (Röm 5, 12-21 ; → S. 86, 98) aus der Paradieserzählung die Lehre von der **Erbsünde** entwickelt, obwohl in dem Text das Wort »Sünde« nicht vorkommt. Diese Lehre ist schwer zu deuten, aber darin realitätsnah, dass sie jeden Menschen von Geburt an in einer Unheilssituation weiß, in der er, ohne dass er persönlich schon schuldig wurde, auf den Weg des Bösen gerät. Als uraltes Erbe lastet es auf allen Menschen, dass sie sich selbst, ihren Mitmenschen und auch der ganzen Erde schlimmen Schaden zufügen können.

---

1 Was bedeutet es für das Selbstverständnis des Menschen, wenn jeder Einzelne von Gott **geschaffen** und damit **gewollt** ist?

2 Wo liegen gängige **Missverständnisse** dieser Erzählung? Wo beschreibt der Text Erfahrungen, die immer gültig sein können?

3 **Vergleichen** Sie die biblische Auffassung vom Menschen mit den andersartigen Sichten des Menschen in den **ostasiatischen Religionen**: → S. 122 ff.

Die Schlange

Im Bild der »Schlange« tritt das **Böse** plötzlich zutage. Kein Wort erklärt, warum sie in der Welt ist. Offensichtlich weiß auch dieser Mythos nicht, woher das Böse letztlich kommt. Die Schlange ist einfach da. Sie ist ein Teil der Welt und versucht den Menschen zu **verführen**. Als gute Psychologin und Kennerin des menschlichen Herzens erweckt sie das Verlangen nach Verbotenem. Warum sollte der Mensch nicht von der Frucht des verbotenen Baumes essen? Vielleicht kann sie dazu verhelfen, »wie Gott zu sein« und die begrenzten menschlichen Möglichkeiten ins Unendliche zu steigern. 5

Die Versuchung und die böse Tat

Die Versuchung in Gestalt der Schlange ist erfolgreich. Die **Frau** isst von der Frucht und gibt dem **Mann** davon. Als Gott die Tat entdeckt, verstecken sich 10 beide – ein Zeichen ihres schlechten Gewissens. Von Gott zur Rechenschaft aufgefordert schieben sie die Schuld von sich weg. Adam beschuldigt Eva und Eva beschuldigt die Schlange. Sie müssen rasch erkennen, dass das Essen von der verbotenen Frucht nicht die erhoffte Wirkung gebracht hat. Im Gegenteil. Gott, die Welt und auch die Menschen erscheinen den beiden nun völ- 15 lig anders als vorher. Vor allem erkennen sie sich selbst in ihrer nackten Erbärmlichkeit. Indem sie wie Gott sein wollten, haben sie sich von Gott entfernt. Die Tat war ein Missbrauch ihrer Freiheit. Seitdem gibt es Furcht vor Gott und den anderen Menschen sowie Scham bei Nacktheit.

Die Folgen

Die Folgen der Tat sind verheerend. Frau und Mann sind in ihrer ganzen 20 Existenz getroffen. Die **Frau** kann nicht vom Mann lassen. Sie wird von ihm abhängig (Los der Frau in der altorientalischen Welt). Nur unter Schmerzen erlebt sie das Wunder der Geburt und die Hervorbringung neuen Lebens. Das, was den Menschen in besonderer Weise Gott vergleichbar macht, ist nun schmerzhaft und gefährlich. Der **Mann** ist nun der Erde ausgeliefert. Die 25 Erde macht ihm mit Dornen und Disteln die lebensnotwendige Arbeit zur Qual. Er kann ihr nicht entrinnen, bis er im **Tod** zur Erde zurückkehrt.

Das Menschsein ist in eine schreckliche Lage geraten. Nun können die Menschen nicht mehr im **Paradies** leben. Sie werden daraus vertrieben. Das Paradies ist **verschlossen**. Engel wachen darüber, dass niemand eintreten kann. 30

Der Mensch – Größe und Elend

In der bilderreichen Erzählung von Adam und Eva erscheint der Mensch in seiner ganzen Widersprüchlichkeit. Sie zeigt seine Größe und sein Elend.

❖ Der Mensch kommt von **Gott** und wird am Ende zu **Staub**.

❖ Er erhält von Gott das **Leben**, aber er ist dem **Tod** verfallen.

❖ **Mann und Frau** sollen einander **glücklich machen**, aber sie **quälen** sich 35 gegenseitig, ohne voneinander lassen zu können.

❖ Der Mensch allein hat die guten **Gaben von Freiheit und Geist**, fügt sich damit aber irreparablen **Schaden** zu.

❖ Die **Schöpfung** ist von zauberhafter **Schönheit**, aber sie bereitet den Menschen auch bittere **Mühsal**. 40

So handelt die Paradieseserzählung von einer **gottgewollten** und einer **gottfernen** Welt. In dieser Spannung muss der Mensch leben.

---

78 Das Geschöpf Gottes – Altes Testament

Richard Lindner (1901–1978), Adam and Eve, 1971

Der Kontext der Erzählung

Die Erzählung vom Paradies sollte im Kontext der ganzen biblischen Urgeschichte (Gen 1-9) gelesen werden. Innerhalb dieses größeren Rahmens zeigt die Bibel auch an anderen Exempeln Wesenszüge der Menschen. Die Bosheit der Menschen steigert sich nach dem Sündenfall in dem Mord, den **Kain** an seinem Bruder **Abel** begeht. Schließlich nimmt das Böse so überhand, dass Gott fast die ganze Menschheit durch die **Sintflut** vernichten will. Nur **Noach**, der das Beispiel eines gerechten Menschen ist, bleibt am Leben. Ihm gibt Gott am Ende die trostvolle Verheißung, dass Menschen nie mehr eine solche Katastrophe als göttliches Strafgericht zu fürchten brauchen. Zum Zeichen dafür dient der Regenbogen am Himmel. So kann es scheinen, dass sich Gott am Schluss mehr gewandelt hat als die Menschen. Während diese ihre Bosheit nicht aufgeben, lässt Gott nun von vernichtenden Strafen ab.

4. Ein unerschöpfliches Thema

❖ Das **Alte Testament** wäre oberflächlich gelesen, wenn man für sein Verständnis des Menschen nur die beiden Schöpfungserzählungen der Genesis beachtete, so grundlegend diese auch sind. In einer Breite, die in der Antike ihresgleichen sucht, zeichnen die alttestamentlichen Bücher ein realistisches Bild des **Menschen** mit seinen **unterschiedlichen, ja gegensätzlichen Erfahrungen**. Nichts Menschliches ist diesem Buch fremd. Es kennt den Alltag und Grenzsituationen. Es weiß von Tod und Leben, Schuld und Vergebung, Hass und Liebe, Gier und Bescheidenheit, Feigheit und Tapferkeit, Dummheit und Weisheit. Menschen loben Gott und bitten ihn – auch um weltliche Güter. Sie klagen über ihr Leid und haben Angst vor Krankheit, Einsamkeit und Tod. Sie danken Gott, preisen ihn und suchen bei ihm Vergebung. Sie leben in Treue gegenüber Gottes Gesetz und verstoßen dagegen. Sie verpflichten sich zu Gerechtigkeit und vor allem zu Gottes- und Nächstenliebe und verstoßen dennoch dagegen. Manche verstehen den Sinn des Leidens in der Welt nicht und klagen daher Gott heftig an.

❖ Der Mensch in seinen wesentlichen Beziehungen zu Gott, zur Welt und zu den Menschen – das ist das **unerschöpfliche Thema des Alten Testaments**. In dieser Fülle ist es damit selbst dem Neuen Testament überlegen (→ S. 14 f).

Bitte um Vergebung und Neuschaffung

*Der **Psalm 51**, der in Zeit nach dem Babylonischen Exil verfasst wurde, ist das Bitt- und Bußlied eines Einzelnen, der sich seiner Schuld bewusst ist und vertrauensvoll auf Gottes Erbarmen hofft. Ein Bild dazu: → S. 18.*

3 Gott, sei mir gnädig nach deiner Huld,
tilge meine Frevel nach deinem reichen Erbarmen!
4 Wasch meine Schuld von mir ab und mach mich rein von meiner Sünde!
5 Denn ich erkenne meine bösen Taten,
meine Sünde steht mir immer vor Augen.
6 Gegen dich allein habe ich gesündigt, ich habe getan, was dir missfällt.
So behältst du recht mit deinem Urteil, rein stehst du da als Richter.
12 Erschaffe mir, Gott, ein reines Herz
und gib mir einen neuen, beständigen Geist!
13 Verwirf mich nicht von deinem Angesicht
und nimm deinen heiligen Geist nicht von mir!
14 Mach mich wieder froh mit deinem Heil,
mit einem willigen Geist rüste mich aus!   *Psalm 51, 3-6.12-14*

Der vergängliche Mensch

*Auch der **Psalm 90**, der aus einer nachexilischen Weisheitsschule stammen dürfte, zählt zu den Klageliedern.*

Unser Leben währt siebzig Jahre,
und wenn es hoch kommt, sind es achtzig.
Das Beste daran ist nur Mühsal und Arbeit,
rasch geht es vorbei, wir fliegen dahin.   *Psalm 90, 10*

Unter dem Schutz des Höchsten

*Der **Psalm 91** gehört zu den Vertrauenspsalmen, die aus einer nachexilischen Weisheitsschule stammen. Er konnte im Tempel von Jerusalem, aber auch von jedem Beter persönlich gesprochen werden.*

1 Wer im Schutz des Höchsten wohnt
und ruht im Schatten des Allmächtigen,
2 der sagt zum Herrn: »Du bist für mich Zuflucht und Burg,
mein Gott, dem ich vertraue.«
3 Er rettet dich aus der Schlinge des Jägers und aus allem Verderben.
4 Er beschirmt dich mit seinen Flügeln, unter seinen Schwingen
findest du Zuflucht, Schild und Schutz ist dir seine Treue.
10 Dir begegnet kein Unheil, kein Unglück naht deinem Zelt.
11 Denn er befiehlt seinen Engeln, dich zu behüten auf all deinen Wegen.
12 Sie tragen dich auf ihren Händen,
damit dein Fuß nicht an einen Stein stößt;
13 du schreitest über Löwen und Nattern, trittst auf Löwen und Drachen.
14 »Weil er an mir hängt, will ich ihn retten;
ich will ihn schützen, denn er kennt meinen Namen.
15 Wenn er mich anruft, dann will ich ihn erhören.
Ich bin bei ihm in der Not, befreie ihn und bringe ihn zu Ehren.
16 Ich sättige ihn mit langem Leben und lasse ihn schauen mein Heil.«
                                                           Psalm 91, 1-4. 10-16

Der Mensch vor dem allgegenwärtigen Gott

*Der nachexilische **Psalm 139** ist ein Dankhymnus an Gott, zu dem der Beter Vertrauen hat, weil Gott alles weiß, überall gegenwärtig ist und ständig wirkt.*

¹ (Für den Chormeister. Ein Psalm Davids) Herr,
du hast mich erforscht und du kennst mich.
² Ob ich sitze oder stehe, du weißt von mir.
Von fern erkennst du meine Gedanken.
³ Ob ich gehe oder ruhe, es ist dir bekannt;
du bist vertraut mit all meinen Wegen.
⁴ Noch liegt mir das Wort nicht auf der Zunge – du, Herr, kennst es bereits.
⁵ Du umschließt mich von allen Seiten und legst deine Hand auf mich.
⁶ Zu wunderbar ist für mich dieses Wissen,
zu hoch, ich kann es nicht begreifen.
⁷ Wohin könnte ich fliehen vor deinem Geist,
wohin mich vor deinem Angesicht flüchten?
⁸ Steige ich hinauf in den Himmel, so bist du dort;
bette ich mich in der Unterwelt, bist du zugegen.
⁹ Nehme ich die Flügel des Morgenrots
und lasse mich nieder am äußersten Meer,
¹⁰ auch dort wird deine Hand mich ergreifen
und deine Rechte mich fassen.
¹¹ Würde ich sagen: »Finsternis soll mich bedecken,
statt Licht soll Nacht mich umgeben«,
¹² auch die Finsternis wäre für dich nicht finster,
die Nacht würde leuchten wie der Tag,
die Finsternis wäre wie Licht.

Psalm 139, 1-12

Georges Rouault (1871–1958), Miserere mei Deus secundum magnam misericordiam tuam (lat.: Erbarme dich meiner, Gott, gemäß deiner großen Barmherzigkeit; Psalm 51), 1923, Blatt 1 aus dem Bildzyklus »Miserere«; → S. 18 f.

1	Informieren Sie sich über das Buch der **Psalmen**: → M 1; → S. 15. Zur **Interpretation der Texte:** → M 2.
2	Finden Sie **Sprachbilder** in den angegebenen Psalmen. Wie sind sie zu interpretieren?
3	Suchen Sie jeweils einen anthropologisch bedeutsamen Text aus folgenden alttestamentlichen Büchern: **Ijob, Kohelet, Hoheslied, Buch der Weisheit, Sprichwörter**.
4	Andere **Worte** des Alten Testaments über menschliche Erfahrungen: → S. 20.

Die neue Schöpfung – Neues Testament

1. Umkehr und Vergebung

❖ Das **Neue Testament** teilt uneingeschränkt die Auffassung, die das **Alte Testament** vom Menschen hat. Aber es setzt auch **neue Akzente**, die nicht aus neuen Ideen bestehen, sondern in der **Person Jesu Christi**, im Glauben an sein Wirken, seinen Tod und seine Auferweckung ihr Zentrum haben. Diese neutestamentliche Anthropologie wird nirgends systematisch, sondern immer exemplarisch verkündet.

❖ An ihrem Anfang steht der Ruf der **Umkehr** vom bisherigen Leben und die Zusicherung von Gottes **Vergebung**.

---

1. Zum Verständnis der **Bibeltexte**: → M 2.
2. Zu **Mk 1, 15**: Welche vier Aussagen finden sich hier? Was bedeutet »Umkehr«? Warum ist der Ruf Jesu zur Umkehr eine »Frohe Botschaft« (»Evangelium«)?
3. Zu **Mt 13, 15**: Was verstehen Sie unter einem »verhärteten« (»verstockten«) Herzen? Andere Worte zum Thema »Herz«: Mt 6, 21; 9, 4; 15, 18; 19. 18; Lk 1, 51; 16, 15; Röm 1, 21 u. a.
4. Zu **Mk 8, 35 f**: Wie wird das Paradox verständlich? Ein ähnlicher Gedanke in der heutigen Philosophie: → S. 67.
5. Zu **Lk 18, 9-14**: Was waren das für Leute – **Pharisäer und Zöllner**? In welchem Ruf standen sie beim Volk? Warum kritisiert Jesus den Pharisäer so hart und würdigt den Zöllner so positiv?
7. Welches **Bild vom Menschen** und von **Gott** liegt den Worten Jesu zugrunde? Wie denkt er über den Menschen? Worin liegt seine Radikalität?

Die Botschaft Jesu

❖ Jesus ist davon überzeugt, dass die Welt, die durch das Böse, durch Ungerechtigkeit, Hass, Geldgier und Unfrieden (»Mächte und Gewalten«) beschädigt und bedroht ist, nur durch das Kommen des Reiches Gottes gerettet werden kann. Weil die Zeit dafür mit seinem Kommen da ist, ruft er die Menschen mit großem Ernst zur **Umkehr** und zur Buße auf. Sie sollen den Weg gehen, den er selbst in und mit seinem Evangelium zeigt. Es ist ein Weg der Abwendung vom Bösen, der Zuwendung zu Gott, ein Weg des **Glaubens, der Hoffnung und der Liebe**. Damit steht er gegen Sinnlosigkeit, Verzweiflung und Hass als Zeichen der Gottesferne – Einstellungen, die den Menschen zerstören. ⁵ ¹⁰

❖ Dabei ist Jesus **kein Moralapostel**, weil für ihn die Schuld der Menschen **nicht** in erster Linie aus **moralischen Schwächen** besteht, wie sie alle Menschen immer haben. Dafür zeigt er oft Verständnis. Schuld ist für ihn **Selbstgerechtigkeit** und **Ichsucht**, die sich darin zeigt, dass Menschen sich selbstsüchtig in sich verschließen (»das Herz verhärten«; »ein verstocktes Herz haben«). So zerstören sie sich selbst und können das Angebot, das von Gott (»Gnade«) kommt, nicht annehmen. ¹⁵

❖ Befreiung von Schuld (»Umkehr«) gelingt nur durch die **Öffnung des Herzens**, die allein die Ichzentriertheit auflöst. Dieser Weg steht selbst Ehebrecherinnen und Zöllnern, die damals als öffentliche Sünder galten, offen. Umgekehrt werden Leute wie einige Pharisäer, die weitgehend alle religiösen Pflichten erfüllten, wegen ihrer Selbstgerechtigkeit und Herzenshärte heftig getadelt. ²⁰

Der Ruf zur Umkehr

Die ersten Worte, die Jesus im Markusevangelium spricht, weisen programmatisch auf das hin, was Jesus wichtig ist.

¹⁴ Nachdem man Johannes ins Gefängnis geworfen hatte, ging Jesus wieder nach Galiläa; er verkündete das Evangelium Gottes

¹⁵ und sprach: Die Zeit ist erfüllt, das Reich Gottes ist nahe. Kehrt um, und glaubt an das Evangelium!

Mk 1, 14 f

Herzenshärte

*Als die Jünger einmal fragen, warum Jesus zu den Leuten so oft in **Gleichnissen** redet, kommt er auch auf die Verstocktheit der Herzen zu sprechen, die ein Verständnis seiner Botschaft unmöglich macht.*

Denn das Herz dieses Volkes ist hart geworden und mit ihren Ohren hören sie nur schwer und ihre Augen halten sie geschlossen, damit sie mit ihren Augen nicht sehen und mit ihren Ohren nicht hören, damit sie mit ihrem Herzen nicht zur Einsicht kommen, damit sie sich nicht bekehren und ich sie nicht heile.

Mt 13, 15

Emil Nolde (1867–1956), Pharisäer und Zöllner, 1911

Leben retten und Leben verlieren

Das paradox klingende Wort Jesu erklärt sich so, dass er einmal das Leben als Selbstzerstörung, das andere Mal das sinnvolle Leben meint.

35 Denn wer sein Leben retten will, wird es verlieren; wer aber sein Leben um meinetwillen und um des Evangeliums willen verliert, wird es retten.
36 Was nützt es einem Menschen, wenn er die ganze Welt gewinnt, dabei aber sein Leben einbüßt?

Mk 8, 35-36

Selbstgerechtigkeit und Selbsterkenntnis

Einmal erzählt Jesus ein provozierendes Gleichnis, in dem er einen Frommen im Land (»Pharisäer«) und einen Mann, der einen verhassten Beruf ausübt (»Zöllner«) und dabei oft zum Betrüger und Erpresser wird, auf ungewöhnliche Weise gegenüberstellt und die beiden noch ungewöhnlicher beurteilt. Da das Verhalten dieses Pharisäers nicht allen anderen Pharisäern angelastet werden darf, ist es falsch, das Wort »Pharisäer« zu einem Schimpfwort zu machen.

9 Einigen, die von ihrer eigenen Gerechtigkeit überzeugt waren und die anderen verachteten, erzählte Jesus dieses Beispiel:
10 Zwei Männer gingen zum Tempel hinauf, um zu beten; der eine war ein Pharisäer, der andere ein Zöllner.
11 Der Pharisäer stellte sich hin und sprach leise dieses Gebet: Gott, ich danke dir, dass ich nicht wie die anderen Menschen bin, die Räuber, Betrüger, Ehebrecher oder auch wie dieser Zöllner dort.
12 Ich faste zweimal in der Woche und gebe dem Tempel den zehnten Teil meines ganzen Einkommens.
13 Der Zöllner aber blieb ganz hinten stehen und wagte nicht einmal, seine Augen zum Himmel zu erheben, sondern schlug sich an die Brust und betete: Gott, sei mir Sünder gnädig!
14 Ich sage euch: Dieser kehrte als Gerechter nach Hause zurück, der andere nicht. Denn wer sich selbst erhöht, wird erniedrigt, wer sich aber selbst erniedrigt, wird erhöht werden.

Lk 18, 9-14

Die Liebe Gottes

Jesus macht immer wieder deutlich, dass der Mensch nicht in seiner Selbstverlorenheit und Ichbezogenheit (»Sünde«) bleiben muss, sondern aus dieser Situation befreit werden soll. Er spricht in unnachahmlichen Worten von einem den Menschen zugewandten und liebenden Gott. Allen gibt er die Hoffnung, dass Gott ihre beschädigte Existenz heilt.

❖ Mit **Zöllnern** und **Sündern** sucht Jesus Kontakt, weil gerade die Verlorenen seine Frohe Botschaft vom Reich Gottes hören sollen (Mt 9, 9-13; Lk 19, 1-10).

❖ Jeder darf sich in dem **verlorenen Sohn** wiedererkennen können, der von daheim weggelaufen ist, sich in der Welt verloren hat, aber dann doch, als er zurückkommt, von einem **guten Vater** liebevoll aufgenommen wird (Lk 15, 11-32).

❖ Jeder kann sich in der **Ehebrecherin** wiedererkennen, die von Jesus in Schutz genommen wird, während manche Leute sie steinigen wollen (Joh 8, 3-11).

❖ Jedem kann es so ergehen wie dem reuigen **Banditen am Kreuz**, dem Jesus in der Stunde seines Todes die Aufnahme ins Paradies verspricht (Lk 23, 39-43).

83

2. Gericht und Auferstehung von den Toten

❖ Zu einem Gipfelpunkt der neutestamentlichen Anthropologie wurde der Glaube, dass der Mensch zur **Auferweckung** aus dem Tod berufen ist, wie Jesus selbst von Gott auferweckt wurde.

❖ Wer den Weg Jesu geht, sein Herz öffnet und gerecht und liebevoll handelt, der darf auf einen gütigen Richter im **Endgericht** hoffen. Wer das nicht tut, der richtet sich selbst und der findet darum im Gericht keine Gnade.

1 Zum Verständnis der **Bibeltexte**: → M 2.
2 Zu **Mt 25, 31ff**: Beschreiben Sie die einzelnen Taten, die beim Weltgericht zur **Rettung und Bestrafung** der Menschen führen. Was fällt dabei auf? Wie passt der Text zur sonstigen Botschaft Jesu?
3 Zu **1 Kor 15**: Worauf stützt Paulus den Glauben, dass die Menschen **auferstehen** werden? Auf welche Schwierigkeiten geht er dabei ein, die man mit diesem Glauben haben kann? Welche Fragen stellen Sie zu diesem Thema? Warum ist dieser Glaube zentrales Element einer christlichen Anthropologie?
4 Ein **Bild** der **Auferstehung** Christi, zugleich ein Bild der **Erlösung**: → S. 98.
5 Vergleichen Sie den christlichen Auferstehungsglauben mit der **Reinkarnation** der ostasiatischen Religionen (→ S. 123) und der bei uns verbreiteten Vorstellung von der **Wiedergeburt**.

Die Kriterien beim Weltgericht

Zur frohen Botschaft Jesu gehört auch das Weltgericht am Ende der Tage. Der Text soll keine Drohung sein, sondern zeigen, wie ernst Gott die Taten der Menschen nimmt. Die Abwendung bzw. die Hinwendung zum Nächsten bestimmt die Existenz der Menschen über den Tod hinaus. Jesus macht hier nicht einen religiösen Glauben oder eine weltanschauliche Position zum Maßstab im Gericht, sondern die Werke der Barmherzigkeit gegenüber Armen, Schwachen und Leidenden, wie die Propheten sie auch schon im Alten Testament gefordert haben (Jes 58, 5-9).

31 Wenn der Menschensohn in seiner Herrlichkeit kommt und alle Engel mit ihm, dann wird er sich auf den Thron seiner Herrlichkeit setzen.

32 Und alle Völker werden vor ihm zusammengerufen werden und er wird sie voneinander scheiden, wie der Hirt die Schafe von den Böcken scheidet.

33 Er wird die Schafe zu seiner Rechten versammeln, die Böcke aber zur Linken.

34 Dann wird der König denen auf der rechten Seite sagen: Kommt her, die ihr von meinem Vater gesegnet seid, nehmt das Reich in Besitz, das seit der Erschaffung der Welt für euch bestimmt ist.

35 Denn ich war hungrig und ihr habt mir zu essen gegeben; ich war durstig und ihr habt mir zu trinken gegeben; ich war fremd und obdachlos und ihr habt mich aufgenommen;

36 ich war nackt und ihr habt mir Kleidung gegeben; ich war krank und ihr habt mich besucht; ich war im Gefängnis und ihr seid zu mir gekommen.

37 Dann werden ihm die Gerechten antworten: Herr, wann haben wir dich hungrig gesehen und dir zu essen gegeben, oder durstig und dir zu trinken gegeben?

38 Und wann haben wir dich fremd und obdachlos gesehen und aufgenommen, oder nackt und dir Kleidung gegeben?

39 Und wann haben wir dich krank oder im Gefängnis gesehen und sind zu dir gekommen?

40 Darauf wird der König ihnen antworten: Amen, ich sage euch: Was ihr für einen meiner geringsten Brüder getan habt, das habt ihr mir getan.

41 Dann wird er sich auch an die auf der linken Seite wenden und zu ihnen sagen: Weg von mir, ihr Verfluchten, in das ewige Feuer, das für den Teufel und seine Engel bestimmt ist!

42 Denn ich war hungrig und ihr habt mir nichts zu essen gegeben; ich war durstig und ihr habt mir nichts zu trinken gegeben;

43 ich war fremd und obdachlos und ihr habt mich nicht aufgenommen; ich war nackt und ihr habt mir keine Kleidung gegeben; ich war krank und im Gefängnis und ihr habt mich nicht besucht.

44 Dann werden auch sie antworten: Herr, wann haben wir dich hungrig oder durstig oder obdachlos oder nackt oder krank oder im Gefängnis gesehen und haben dir nicht geholfen?

45 Darauf wird er ihnen antworten: Amen, ich sage euch: Was ihr für einen dieser Geringsten nicht getan habt, das habt ihr auch mir nicht getan.

46 Und sie werden weggehen und die ewige Strafe erhalten, die Gerechten aber das ewige Leben.

Mt 25, 31-46

84 Die neue Schöpfung – Neues Testament

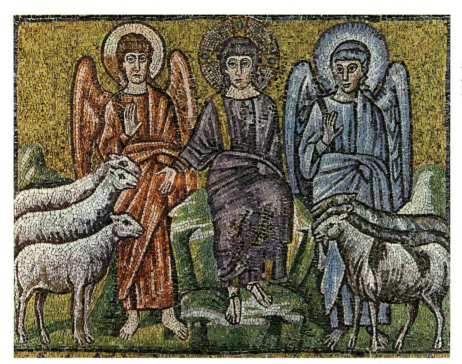

Mosaik aus Kirche San Apollinare Nuovo in Ravenna, Christus beim Weltgericht, 6. Jh

Die zentrale christliche Verheißung

Paulus zitiert in seinem 1. Brief an die Christengemeinde von Korinth aus dem Jahr 50 oder 51 das älteste Zeugnis von der Auferweckung Jesu (15, 1-11), das er so weitergibt, wie er es empfangen hat. Darin werden u. a. die vielen Zeugen aufgezählt, denen der Auferstandene erschienen ist. Danach entfaltet Paulus die älteste christliche Theologie und Anthropologie der Auferweckung. Auch in seinen anderen Briefen wird dieses Thema weiter entfaltet.

[19] Wenn wir unsere Hoffnung nur in diesem Leben auf Christus gesetzt haben, sind wir erbärmlicher daran als alle anderen Menschen.

[20] Nun aber ist Christus von den Toten auferweckt worden als der Erste der Entschlafenen.

[21] Da nämlich durch einen Menschen der Tod gekommen ist, kommt durch einen Menschen auch die Auferstehung der Toten.

[22] Denn wie in Adam alle sterben, so werden in Christus alle lebendig gemacht werden.

[23] Es gibt aber eine bestimmte Reihenfolge: Erster ist Christus; dann folgen, wenn Christus kommt, alle, die zu ihm gehören.

[24] Danach kommt das Ende, wenn er jede Macht, Gewalt und Kraft vernichtet hat und seine Herrschaft Gott, dem Vater, übergibt.

[25] Denn er muss herrschen, bis Gott ihm alle Feinde unter die Füße gelegt hat.

[26] Der letzte Feind, der entmachtet wird, ist der Tod.

[35] Nun könnte einer fragen: Wie werden die Toten auferweckt, was für einen Leib werden sie haben?

[36] Was für eine törichte Frage! Auch das, was du säst, wird nicht lebendig, wenn es nicht stirbt.

[37] Und was du säst, hat noch nicht die Gestalt, die entstehen wird; es ist nur ein nacktes Samenkorn, zum Beispiel ein Weizenkorn oder ein anderes.

[38] Gott gibt ihm die Gestalt, die er vorgesehen hat, jedem Samen eine andere.

[42] So ist es auch mit der Auferstehung der Toten. Was gesät wird, ist verweslich, was auferweckt wird, unverweslich.

[43] Was gesät wird, ist armselig, was auferweckt wird, herrlich. Was gesät wird, ist schwach, was auferweckt wird, ist stark.

[44] Gesät wird ein irdischer Leib, auferweckt ein überirdischer Leib.

[53] Denn dieses Vergängliche muss sich mit Unvergänglichkeit bekleiden und dieses Sterbliche mit Unsterblichkeit.

[54] Wenn sich aber dieses Vergängliche mit Unvergänglichkeit bekleidet und dieses Sterbliche mit Unsterblichkeit, dann erfüllt sich das Wort der Schrift: Verschlungen ist der Tod vom Sieg.

[55] Tod, wo ist dein Sieg? Tod, wo ist dein Stachel?

[56] Der Stachel des Todes aber ist die Sünde, die Kraft der Sünde ist das Gesetz.

[57] Gott aber sei Dank, der uns den Sieg geschenkt hat durch Jesus Christus, unseren Herrn.

[58] Daher, geliebte Brüder, seid standhaft und unerschütterlich, nehmt immer eifriger am Werk des Herrn teil und denkt daran, dass im Herrn eure Mühe nicht vergeblich ist.

1 Kor 15, 19-26. 35-38. 42-44. 53-58

3. Der neue Mensch

❖ **Paulus**, zuerst Verfolger der jungen Christengemeinde, dann aufgrund eines mystischen Erlebnisses vor Damaskus engagierter Verkünder des Evangeliums, entwirft in seinen Briefen die Grundzüge einer christlichen Anthropologie. Er liefert aus dem Glauben an die rettende Kraft von Kreuz und Auferstehung Jesu die Mosaiksteine für ein neues Bild vom Menschen. Für ihn wird der Mensch im Glauben anders. Im Glauben an Christus wird der Mensch endgültig von den widergöttlichen Mächten der Sünde und des Todes befreit. Darum spricht er in seinen Briefen oft vom »**neuen Menschen**« und vom Menschen als einer »**neuen Schöpfung**«.

❖ Diese Anthropologie steht bei ihm in einem großen theologischen, christologischen, eschatologischen und ethischen Zusammenhang. Danach schenkt der Tod Jesu am **Kreuz** und seine **Auferweckung** denen, die an Christus **glauben**, »**Erlösung**« durch Gott. Damit meint er, dass dem Menschen durch diesen **Glauben** ein neues Leben (»Vergebung der Sünden«) und die rettende **Gnade** Gottes (»Freiheit der Kinder Gottes«) und die Hoffnung auf **Auferweckung** (→ S. 85) zuteil wird. Diese Lehre hat für das alltägliche Leben bedeutende Konsequenzen. Der Glaubende kann sich öffnen, die Selbstsucht aufgeben (»die Sünde ablegen«) und den Weg der Liebe gehen.

---

1 Informieren Sie sich über das Leben und die Briefe des **Paulus**: → M 1.

2 Erarbeiten Sie aus den vorgegebenen Textstellen **Bausteine einer christlichen Anthropologie** und bringen Sie diese in einen Zusammenhang.

3 Suchen Sie nähere Angaben über den **Galaterbrief**: → M 1.

4 Was bedeutet das Wort **Luthers** für eine christliche Anthropologie?

5 Ein **Bild** zum Thema: → S. 99.

Neue anthropologische Grundsätze

Paulus spricht in seinen Briefen oft vom »neuen Menschen« oder von der »neuen Schöpfung«. Er gebraucht damit einen Begriff, der an die Schöpfungserzählungen des Alten Testaments (→ S. 74 ff) erinnert und einen Gegensatz zum »alten Menschen« bildet, der sein Leben in Selbstsucht und Habgier vertut. Durch das Kreuz und die Auferweckung Christi finden die Menschen diese neue Existenz, die ihrem Leben eine neue Richtung – weg von den Mächten des Bösen – auf den Nächsten und auf Gott hin gibt. Nun werden sie nicht mehr zuerst durch eigene Leistungen und Verdienste zu Kindern Gottes, sondern aufgrund der Gnade, die Christus bei Gott erwirkt hat. Zwischen denen, die glauben, verschwinden alle Unterschiede, die die Natur und die Gesellschaft errichtet haben – ein Programm, das ganz der gegenseitigen Liebe, dem Frieden unter den Völkern, der Gerechtigkeit für alle und dem Lob Gottes dient. So sagt Paulus z. B.:

Als neue Menschen leben

Wir wurden mit Christus begraben durch die Taufe auf den Tod; und wie Christus durch die Herrlichkeit des Vaters von den Toten auferweckt wurde, so sollen auch wir als neue Menschen leben.

Röm 6, 4

Neue Schöpfung

Wenn jemand in Christus ist, dann ist er eine neue Schöpfung: Das Alte ist vergangen, Neues ist geworden.

2 Kor 5, 17

Den alten Menschen ablegen

[9] Belügt einander nicht; denn ihr habt den alten Menschen mit seinen Taten abgelegt [10] und seid zu einem neuen Menschen geworden, der nach dem Bild seines Schöpfers erneuert wird, um ihn zu erkennen. [11] Wo das geschieht, gibt es nicht mehr Griechen oder Juden, Beschnittene oder Unbeschnittene, Fremde, Skythen, Sklaven oder Freie, sondern Christus ist alles und in allen. [12] Ihr seid von Gott geliebt, seid seine auserwählten Heiligen. Darum bekleidet euch mit aufrichtigem Erbarmen, mit Güte, Demut, Milde, Geduld!

Kol 3, 9-12

Christus ist unser Friede

[14] Denn Christus ist unser Friede. Er vereinigte die beiden Teile (Juden und Heiden) und riss durch sein Sterben die trennende Wand der Feindschaft nieder. [15] Er hob das Gesetz samt seinen Geboten und Forderungen auf, um die zwei in seiner Person zu dem einen neuen Menschen zu machen. Er stiftete Frieden.

Eph 2, 14 f

Der neue Mensch nach dem Bild Gottes

[22] Legt den alten Menschen ab, der in Verblendung und Begierde zugrunde geht, ändert euer früheres Leben [23] und erneuert euren Geist und Sinn! [24] Zieht den neuen Menschen an, der nach dem Bild Gottes geschaffen ist in wahrer Gerechtigkeit und Heiligkeit.

Eph 4, 22-24

Die Anthropologie des Galaterbriefs

Paulus hat auf seinen Missionsreisen mehrfach *Galatien*, eine Landschaft im Inneren der heutigen Türkei, besucht und dort um das Jahr 50 Christengemeinden gegründet. Als er von Unruhen und Irrlehren in den Gemeinden hörte, schrieb er um ca. 53 (55?) an die Galater einen Brief, der später Aufnahme in das Neue Testament fand. Darin legt er dar, worin die Besonderheit des Evangeliums sowohl im Vergleich mit den »Heiden« als auch den »Juden« besteht. Dabei kommen wesentliche Grundzüge seiner *Anthropologie* in den Blick.

Frei von der gegenwärtigen Welt

³ Gnade sei mit euch und Friede von Gott, unserem Vater, und dem Herrn Jesus Christus, ⁴ der sich für unsere Sünden hingegeben hat, um uns aus der gegenwärtigen bösen Welt zu befreien, nach dem Willen unseres Gottes und Vaters. ⁵ Ihm sei Ehre in alle Ewigkeit. Amen.

Gal 1, 3-5

Christus lebt in mir

Nicht mehr ich lebe, sondern Christus lebt in mir. Soweit ich aber jetzt noch in dieser Welt lebe, lebe ich im Glauben an den Sohn Gottes, der mich geliebt und sich für mich hingegeben hat.

Gal 2, 20

Freigekauft vom Fluch des Gesetzes

¹³ Christus hat uns vom Fluch des Gesetzes freigekauft, indem er für uns zum Fluch geworden ist; denn es steht in der Schrift: Verflucht ist jeder, der am Pfahl hängt. ¹⁴ Jesus Christus hat uns freigekauft, damit den Heiden durch ihn der Segen Abrahams zuteil wird und wir so aufgrund des Glaubens den verheißenen Geist empfangen.

Gal 3, 13f

Aufhebung diskriminierender Unterschiede

²⁸ Es gibt nicht mehr Juden und Griechen, nicht Sklaven und Freie, nicht Mann und Frau; denn ihr alle seid »einer« in Christus Jesus.

Gal 3, 28

Nicht mehr Sklaven alter Götter

⁸ Einst, als ihr Gott noch nicht kanntet, wart ihr Sklaven der Götter, die in Wirklichkeit keine sind. ⁹ Wie aber könnt ihr jetzt, da ihr Gott erkannt habt, vielmehr von Gott erkannt worden seid, wieder zu den schwachen und armseligen Elementarmächten zurückkehren? Warum wollt ihr von neuem ihre Sklaven werden?

Gal 4, 8-9

Rembrandt (1606–1669), Paulus im Gefängnis, 1627

Zur Freiheit berufen

Zur Freiheit hat uns Christus befreit. Bleibt daher fest und lasst euch nicht von neuem das Joch der Knechtschaft auflegen!

Gal 5, 1

Aus dem Geist leben

²⁵ Wenn wir aus dem Geist leben, dann wollen wir dem Geist auch folgen. ²⁶ Wir wollen nicht prahlen, nicht miteinander streiten und einander nichts nachtragen.

Gal 5, 25f

Miteinander und füreinander leben

Einer trage des anderen Last; so werdet ihr das Gesetz Christi erfüllen.

Gal 6, 2

Zugleich

Martin Luther (→ S. 66), der den entscheidenden Anstoß zur Reformation in Deutschland gegeben hat, hat sein Menschenbild im Anschluss an Paulus knapp und paradox so formuliert:

Der Mensch ist zugleich ein Gerechter und ein Sünder (lat.: »simul iustus et peccator«).

Martin Luther (1483–1546)

4. Ecce Homo

Die Christenheit hat immer in **Jesus Christus** das **Idealbild des Menschen** gesehen. Sein Leben und sein Wirken, sein Leiden und sein Tod haben ihn für unzählige Christen zum unvergleichlichen Vorbild gemacht. Auch heute befinden sich überall in der Welt Menschen, die mit Freude und Ernst auf seinem Weg gehen (»Nachfolge«). Wenn sie nach ihrem Menschenbild gefragt werden, können sie mit Pilatus, wenn auch in einem anderen Sinn, auf ihn zeigen und sagen: **»Ecce Homo«** (lat.: »Seht, da ist der Mensch«).

Seht, da ist der Mensch (1)

*In der Passionserzählung des **Johannesevangeliums** wird Jesus auch dem römischen Prokurator **Pontius Pilatus** vorgeführt, der ihn zum Tod am Kreuz verurteilen soll. Obwohl er Jesus für unschuldig hält, lässt er ihn geißeln. Den Gegeißelten stellt er den Anklägern vor und versucht, eine weitere Bestrafung zu verhindern. Dabei spricht er die Worte, die berühmt geworden sind und seitdem in vielfachen Kontexten zitiert werden:*

[1] Darauf ließ Pilatus Jesus geißeln.

[2] Die Soldaten flochten einen Kranz aus Dornen; den setzten sie ihm auf und legten ihm einen purpurroten Mantel um.

[3] Sie stellten sich vor ihn hin und sagten: Heil dir, König der Juden! Und sie schlugen ihm ins Gesicht.

[4] Pilatus ging wieder hinaus und sagte zu ihnen: Seht, ich bringe ihn zu euch heraus; ihr sollt wissen, dass ich keinen Grund finde, ihn zu verurteilen.

[5] Jesus kam heraus; er trug die Dornenkrone und den purpurroten Mantel. Pilatus sagte zu ihnen: Seht, da ist der Mensch! (lat.: Ecce Homo«).

Joh 19, 1-5

Seht, da ist der Mensch (2)

Jesus ist der Mensch, an dem Christen ihr eigenes Leben orientieren können. In seinem Leben und mit seinen Worten hat er konkret Wege gezeigt, die ein sinnerfülltes und gottgewolltes Leben ermöglichen. Ihm nachzufolgen heißt aber nicht, sein Leben sklavisch nachzuahmen, sondern in seinem Geist zu handeln.

❖ Jesus hat nicht in Sorge um Besitz, Prestige und Fortkommen gelebt, sondern wusste sich **sorglos und heiter** in Gottes Hand geborgen: → Mt 6, 25-30; Lk 12,23 ff.

❖ Jesus hat immer wieder die **Macht des Geldes und Reichtums** kritisiert und für ein Leben plädiert, das nicht von ökonomischen Gesichtspunkten bestimmt ist: → Mt 6, 24; Lk 12, 15; 18, 18-27.

❖ Er hat **Gewalt abgelehnt**: → Mt 5, 38-41.

❖ Mit seiner Verkündigung vom nahen Reich Gottes hat er auf eine Welt hingewiesen, in der **Frieden, Gerechtigkeit, Barmherzigkeit und Trost** vorherrschen: → Mt 5, 3-11.

❖ Er hat stets **Verständnis für die Schwachen** gezeigt und gefordert: für die Kinder, Frauen, Witwen und Waisen, Verachteten, Armen und Kranken: → Mk 4, 38-41; 9, 36; Lk 7, 11-17; 7, 37-50; 8, 40-56; 13, 10-17.

❖ Er hat statt geistiger Orientierungslosigkeit **Glauben**, statt Verzweiflung **Hoffnung**, statt Hass und Selbstsucht **Liebe** ermöglicht: → Mk 12, 29-31; Mt 5, 41-44.

❖ Er hat im Blick auf Gott auch die **Leiden** seines Lebens und Sterbens auf sich genommen: → Mt 16, 21-23; 17, 22 f.

❖ Er hat im **Geist Gottes** und ganz im Vertrauen auf seinen **Vater** gelebt: → Mt 6, 9; 11, 25-27.

---

1 Zum Text des **Johannesevangeliums**: → M 2; zum **Bild**: → M 3.

2 Was bedeutet das Wort **»Ecce Homo«** im Mund des Pilatus? Wie kann dasselbe Wort auch anders auf Jesus angewandt werden?

3 Suchen Sie Texte über Jesus im Neuen Testament, die für die eigene **Lebensführung** maßgeblich sein können.

Die neue Schöpfung – Neues Testament

Honoré Daumier (1808–1879), Ecce Homo, um 1850

5. Gott wird Mensch

❖ Für Christen ist Jesus von Nazaret noch mehr als nur ein einzigartiges Vorbild. Wenn in ihm, wie das Neue Testament und die frühen Konzilien lehren, **Gott Mensch** geworden ist (»**Inkarnation**«), dann besitzt das Menschsein in ihm eine unüberbietbare Qualität. Gott selbst hat sich in ihm mit dem Menschen vollständig identifiziert. In Jesus Christus ist der Mensch nicht mehr nur Gottes Geschöpf. Gott ist hier mit dem Menschen ganz eins.

❖ Eine engere Verbindung zwischen Gott und Mensch ist nicht denkbar. Darum ist Gott für Christen nicht eine anonyme Allmacht, nicht eine Weltformel, nicht ein Garant der Sittlichkeit, nicht ein überirdischer Computer, sondern in Christus lebendig gegenwärtig. Ein derart **menschlicher Gott** kann auch zu den Menschen sprechen und für sie da sein.

❖ Auch der Gedanke von der **Würde des Menschen** (→ S. 68 ff) bekommt von dem Mysterium der Inkarnation noch einmal eine neue Vertiefung.

Christus – der Mensch gewordene Gott

*Paulus zitiert in seinem **Brief** an seine Lieblingsgemeinde von **Philippi** (Mazedonien) aus dem Jahr 55 den wohl ältesten christlichen Hymnus. Danach war Christus Gott gleich, hielt aber nicht daran fest, wie Gott zu sein, sondern wurde dem Menschen gleich. In Christus wird den Menschen exemplarisch gezeigt, was es heißt, Bild Gottes zu sein. Christus ist der gottgewollte Mensch schlechthin.*

[5] Seid untereinander so gesinnt, wie es dem Leben in Christus Jesus entspricht:
[6] Er war Gott gleich, hielt aber nicht daran fest, wie Gott zu sein,
[7] sondern er entäußerte sich und wurde wie ein Sklave und den Menschen gleich. Sein Leben war das eines Menschen;
[8] er erniedrigte sich und war gehorsam bis zum Tod, bis zum Tod am Kreuz.
[9] Darum hat ihn Gott über alle erhöht und ihm den Namen verliehen, der größer ist als alle Namen,
[10] damit alle im Himmel, auf der Erde und unter der Erde ihre Knie beugen vor dem Namen Jesu
[11] und jeder Mund bekennt: »Jesus Christus ist der Herr« – zur Ehre Gottes, des Vaters.

Phil 2, 5-11

Das einzigartige Bild Gottes

Christus ist das Ebenbild des unsichtbaren Gottes, der Erstgeborene der ganzen Schöpfung

Kol 1, 15.

Das Wort ist Fleisch geworden

*Am Beginn des 4. Evangeliums, das etwa um 90 entstanden ist, findet sich ein einzigartiges Vorwort (»Prolog«), das auch für die christliche Anthropologie von höchster Bedeutung ist, da es die unerhörte Aussage enthält, dass Gott Mensch geworden ist. Hier wird Christus – wahrscheinlich in der Sprache der damaligen jüdisch/hellenistischen Wort- und Weisheitsphilosophie – als das »**Wort**« (gr.: der »**Logos**«) bezeichnet, das von Anfang an bei Gott war (»Präexistenz«). Die äußerste Steigerung bildet der Vers 14, wo die Menschwerdung Christi drastisch (…Fleisch geworden…«) ausgesagt wird. Er ist der Einzige, der Gott je gesehen und den Menschen davon Kunde gebracht hat (V. 18).*

[1] Im Anfang war das Wort, und das Wort war bei Gott,
und das Wort war Gott.
[2] Im Anfang war es bei Gott.
[3] Alles ist durch das Wort geworden
und ohne das Wort wurde nichts, was geworden ist.
[4] In ihm war das Leben und das Leben war das Licht der Menschen.

[14] Und das Wort ist Fleisch geworden und hat unter uns gewohnt
und wir haben seine Herrlichkeit gesehen,
die Herrlichkeit des einzigen Sohnes vom Vater, voll Gnade und Wahrheit.

[18] Niemand hat Gott je gesehen. Der Einzige, der Gott ist und am Herzen des Vaters ruht, er hat Kunde gebracht.

Joh 1, 1-4.14.18

Matthias Grünewald (um 1475/1480–1528), Menschwerdung Gottes, Detail aus dem Isenheimer Altar in Colmar, um 1512

Wunderbar geschaffen – wunderbarer erneuert
Ein Gebet benennt wie in einer Kurzformel das Fundament der christlichen Anthropologie.
Gott, du hast die menschliche Würde wunderbar erschaffen und noch wunderbarer erneuert.
Wir bitten dich, lass uns an der Gottheit Jesu Christi, deines Sohnes, teilnehmen, der sich herabgelassen hat, unsere Menschheit anzunehmen.
Durch unseren Herrn Jesus Christus, der mit dir lebt und herrscht in der Einheit des Heiligen Geistes von Ewigkeit zu Ewigkeit.
Amen

Aus der Weihnachtsliturgie

1. Beschreiben Sie die einzelnen Stationen des Weges, den Christus nach den Aussagen des **Philipperbriefes** geht.
2. Gehen Sie den Gedanken des **Johannesprologs** nach und beschreiben Sie sein Gottes-, Christus- und Menschenbild.
3. Warum ist das alte Weihnachtsgebet ein **klassischer Ausdruck des christlichen Glaubens**? Von welchen Mysterien des Christentums ist hier die Rede? Bringen Sie den Text im nächsten Schulgottesdienst ein und/oder machen Sie ihn zur Grundlage einer **Meditation**: → M 5.

91

6. Im Streit der Menschenbilder

Das **christliche Bild vom Menschen** ist durch mehrere Faktoren geprägt worden.
❖ Die christliche Anthropologie gründet sich zuerst auf die alttestamentliche **Theologie**. Diese sieht den Menschen als Geschöpf und Bild Gottes und schreibt ihm damit eine unveräußerbare Würde zu. Sie betont: Der Mensch ist frei, verantwortlich, er soll und kann die Gebote Gottes halten.
❖ Die christliche Anthropologie ist bestimmt durch die neutestamentliche **Christologie**. Sie stützt sich auf die Aussagen des Glaubensbekenntnisses: »Wir glauben an Jesus Christus, Gottes einzigen Sohn, der für uns Mensch geworden ist«. Wenn Gott in Christus Mensch geworden ist, dann kann vom Menschen nichts Größeres ausgesagt werden. Er ist Leitbild für ein Leben nach der Frohen Botschaft. Es ist ein Leben in Gerechtigkeit, in Glaube, Hoffnung und Liebe.
❖ Die christliche Anthropologie ist sodann bestimmt durch die **Philosophie**. Die Kirchenväter und Theologen haben die biblische Botschaft mit Begriffen der antiken und neueren Philosophie in Zusammenhang gebracht und die christliche Anthropologie um zentrale Begriffe wie Leib und Seele, Vernunft, Sprache, Willensfreiheit, Verantwortung, Paradox, Geschichtlichkeit, Schöpfer der Kultur usw. bereichert. So wurde eine Synthese von Glauben und Vernunft geschaffen.
❖ Die christliche Anthropologie ist schließlich bestimmt durch die **Wissenschaften**. In der Auseinandersetzung mit den modernen Wissenschaften wurden z. B. **naturwissenschaftlich gesicherte Einsichten** in das christliche Menschenbild des Alten und Neuen Testaments integriert. Demnach ist der Mensch, was seinen Körper angeht, ein Produkt der Evolution, weitgehend durch seine genetische Veranlagung bestimmt, aber zu freien Handlungen und damit zu verantwortlichem Handeln fähig usw. Auch in Zukunft muss die christliche Anthropologie für neue Erkenntnisse der Wissenschaften offen sein.

Anthropologische Konzepte der Neuzeit

*In der Neuzeit wurde die christliche Auffassung vom Menschen nicht mehr durchgängig akzeptiert. Ständig kam es zu heftigen **Konflikten mit konkurrierenden Konzepten**, von denen hier einige in elementarer Form skizziert werden.*

Das materialistische Menschenbild

Materialisten, die es schon in der Antike gab und auch heute gibt, definieren den Menschen als pure Materie, als funktionstüchtige Maschine, als Konglomerat von Atomen oder Genen, als komplizierten Computer o. Ä. Beispiele: Paul Thiry d'Holbach: → S. 30, Monod → S. 33; Homo Faber: → S. 114.

Das Bild des vernünftigen Menschen in der Aufklärung

Die europäische Aufklärung entwickelt in Anlehnung an die Antike unterschiedliche Menschenbilder, in denen der Mensch primär als Vernunftwesen verstanden wird. Die Vernunft zeichnet ihn vor allem anderen Sein aus. Sie bereichert sein Wissen und Können. In einer Version bestimmt die Vernunft auch, was in Religion Sache ist. Soweit der Glaube der Vernunft entspricht, ist er akzeptabel oder sogar geboten. Soweit er gegen die Vernunft verstößt, ist er abzulehnen. Zur »natürlichen« Religion der Vernunft zählen der Schöpferglaube, die meisten Gebote des Dekalogs und die Unsterblichkeit der menschlichen Seele. Ein Beispiel: Kant: → S. 20, 66, 70.

Das Menschenbild des humanistischen Atheismus

Einige Atheisten lehnen aus humanen Gründen den Gottesglauben ab. Sie wollen ein Menschenbild, das ohne Gott auskommt, um so den Menschen selbst als höchstes Wesen verstehen zu können.
Ein Beispiel: Ludwig Feuerbach: → S. 30.

Das Menschenbild der Biologie

Als im 19. Jahrhundert Charles Darwin und andere Naturwissenschaftler die Lehre von der Abstammung des Menschen aus dem Tierreich (»Evolution«) entwickelten, wollten viele Vertreter dieser Richtung, z. B. Ernst Haeckel den Menschen allein als Produkt der Evolution verstehen. Sie lehnten alle religiösen Deutungen ab. Umgekehrt wehrten sich maßgebliche kirchliche Kreise gegen die Evolutionslehre, weil sie meinten, sie widerspräche den Aussagen der Bibel. Zwar gibt es heute vor allem in den USA noch Kreationisten, die die wörtliche Auslegung der biblischen Schöpfungserzählungen für richtig halten. Aber die katholische Kirche hat längst eine positive Einschätzung der Evolutionslehre gefunden, soweit sich diese auf die Entwicklung des menschlichen Körpers bezieht.
Weitere Details: → S. 36 ff.

Das kommunistische Menschenbild der Klasse

In der politischen Philosophie des Kommunismus wird der Mensch als Wesen definiert, das ganz von den gesellschaftlichen Verhältnissen bestimmt wird. Solange sich die unterschiedlichen gesellschaftlichen Klassen gegenüberstehen, z. B. Kapitalisten und Proletarier, herrscht der Klassenkampf. In dieser Zeit gibt es noch die Religion als »Opium des Volkes« (Marx) bzw. »Opium für das Volk« (Lenin). Sie vertröstet die Unterdrückten mit der Hoffnung auf eine bessere Welt. Wenn die Klassen im Endzustand aufgehoben sind, braucht der Mensch keine Religion mehr. Dann wird sie von selbst absterben.
Zu Karl Marx: → S. 31.

Das kapitalistische Menschenbild der Kasse

Der Kapitalismus, der weniger eine Philosophie und mehr ein Wirtschaftskonzept ist, handelt, soweit er nicht sozial abgefedert ist, weitgehend nur nach den ökonomischen Gesichtspunkten der Gewinnmaximierung. Die Menschen sind dabei nur nützlich, wenn sie auf dem freien Markt Gewinne erzielen und das Kapital der marktbeherrschenden Mächte vergrößern. Geld ist der Maßstab für alle Bereiche, wobei das ungezügelte Gewinnstreben zu höchst ungleicher Verteilung der Güter führt. Der Mensch ist nur noch eine Ware neben anderen auf dem Markt.
Hinweise: → S. 33, 67.

Das nationalsozialistische Menschenbild der Rasse

Die nazistische Ideologie der Hitlerzeit stützt sich auf eine pseudowissenschaftliche Rassenlehre, die behauptet, es gebe unterschiedlich zu bewertende Rassen. Während die nordische Rasse, zu der die Deutschen zählen, zur Herrschaft bestimmt sei, verunreinige das Judentum mit seiner Zugehörigkeit zur semitischen Rasse das Blut anderer Rassen, z. B. das deutsche Blut. Sie müsse deshalb ausgerottet werden.

Das deterministische Menschenbild

Deterministische Auffassungen, die die Freiheit des Willens bestreiten, hat es seit Jahrhunderten gegeben. In den letzten Jahren ist durch die Hirnforschung eine naturwissenschaftliche Variante dazugekommen, die unter Hinweis auf Prozesse im Gehirn die Willensfreiheit und damit die menschliche Verantwortung bestreitet. Vertreter sind Wolf Singer und Gerhard Roth: → S. 62.

Das hedonistische Menschenbild

Zur Zeit ist hier und in vielen Teilen der Welt eine Lebenspraxis weit verbreitet, die alles nur danach bemisst, was dem Menschen Lust (gr.: »Hedone«), Vergnügen, Unterhaltung, Abwechslung bringt. Der Mensch definiert sich selbst durch seinen Status, seinen Konsum, seinen Anteil an der Mode, seinen Sex, sein Prestige, sein Konto. Er wird zur Summe seiner lustbetonten Empfindungen usw.

Ein resigniertes, skeptisches Menschenbild

Für den Menschen gibt es kein Entrinnen aus Elend und Schuld, Ausweglosigkeit und Sinnlosigkeit. Er bleibt, was er immer war: armselig, unsicher, ängstlich, einsam, aggressiv, engstirnig, beschränkt, schuldig. Mit dem Tod ist alles aus.
Ein Beispiel: Monod: → S. 33.

Klaus Staeck (geb. 1938), Plakat

1 **Warum** machen sich Menschen Menschenbilder? Was spricht dafür, was dagegen? Sollte man angesichts dieser großen »Menschenbildergalerie« resignieren? Kann man auch von einseitigen Menschenbildern etwas lernen?
2 Bedenken Sie den **Rat Wittgensteins**: »Man kann in gewissem Sinn mit philosophischen Irrtümern nicht vorsichtig genug umgehen: Sie enthalten so viel Wahrheit.«
3 Stellen Sie **Menschenbilder** zusammen, die nach dem Muster gezeichnet sind: »Der Mensch ist nichts als ... z. B. ein »nackter Affe« (Desmond Morris), »eine gemeine Marmelade« (Jean-Paul Sartre). Vergleichen Sie diese mit offeneren, differenzierteren komplexeren Auffassungen.
4 Welche **Auswirkung** hat das Menschenbild, das jeder bewusst oder unbewusst von sich und anderen hat?
5 Vergleichen Sie die einzelnen Menschenbilder mit der **christlichen Auffassung** vom Menschen. Wo finden Sie Übereinstimmungen, einseitige Akzentuierungen, Verkürzungen und Widersprüche?

Adam und Eva – Bilder des Menschen

1. Erschaffung – Fall – Strafe

❖ **Adam und Eva** haben nicht nur seit Jahrtausenden die Aufmerksamkeit der Bibelleser und Bibelinterpreten gefunden. Was die Bibel von ihnen erzählt, ist auch unzählige Male von **Dichterinnen und Dichtern** aufgegriffen und variiert worden. Dabei sind Adam und Eva zu Gestalten geworden, die sich zur Darstellung der Kontraste im Verhältnis Gott und Mensch, Frau und Mann, Paradies und Welt, Liebe und Entfremdung usw. eignen. Schon ihre Namen sagen, dass sie nicht so sehr individuelle Gestalten, sondern Archetypen des Menschen sind. Adam heißt »der aus dem Ackerboden Genommene« oder »Erdmensch«, Eva bedeutet »Mutter der Lebendigen«. In diesem langen, auch heute anhaltenden Prozess zeigt sich, wie fruchtbar diese biblischen Urgestalten in der Kultur- und Geistesgeschichte geworden sind. Sie gehören zum kulturellen Erbe der Menschheit.

❖ Was von der Dichtung gilt, trifft auch auf die Adam-Eva-Bilder der **bildenden Kunst** zu. Wer die lange Geschichte dieser Bilder betrachtet, wird feststellen, dass die biblischen Gestalten in allen Phasen der religiösen und kulturellen Geschichte vorkommen, und zwar so, dass dabei leitende Ideen der jeweiligen Zeit anschaulich werden. Dieser Prozess hält bis in die Gegenwart an.

Zur Geschichte des Bildes: Die Bibel wurde in der Blütezeit karolingischer Buchkunst von Mönchen in einem angesehenen fränkischen Kloster angefertigt. Sie unterscheidet sich von den meisten früheren Ausschmückungen der Bibel darin, dass sie nicht mehr nur herrliche Texte oder mit Bildern ausgefüllte Anfangsbuchstaben (»Initialen«) aufweist, sondern ganze Bildfolgen enthält. Heute gehört die kostbare Bibel dem Britischen Museum in London.

Zum Bild: Das Prachtblatt zeigt in einer originellen Streifenkomposition folgende Szenen:
(1) Erschaffung des Adam im Garten Eden; Engel; Schlaf des Adam;
(2) Vorstellung der Eva; der Baum der Erkenntnis von Gut und Böse;
(3) Versuchung; Eva pflückt die verbotene Frucht und reicht sie Adam; Aufdeckung der Schuld und Scham der Menschen;
(4) Vertreibung aus dem Paradies; schmerzhafte Mutterschaft und mühselige Arbeit; Dornen und Disteln.

Wichtige Details: Die Darstellung Gottes erinnert an das Bild Christi. Das Aussehen der Schlange ändert sich. Der Engel unten trägt das Zeichen des Kreuzes. Die Farbe des Hintergrundes wechselt.

Erschaffung und Paradies

[7] Da formte Gott, der Herr, den Menschen aus Erde vom Ackerboden und blies in seine Nase den Lebensatem. So wurde der Mensch zu einem lebendigen Wesen.
[8] Dann legte Gott, der Herr, in Eden, im Osten, einen Garten an und setzte dorthin den Menschen, den er geformt hatte.
[9] Gott, der Herr, ließ aus dem Ackerboden allerlei Bäume wachsen, verlockend anzusehen und mit köstlichen Früchten, in der Mitte des Gartens aber den Baum des Lebens und den Baum der Erkenntnis von Gut und Böse.
[15] Gott, der Herr, nahm also den Menschen und setzte ihn in den Garten von Eden, damit er ihn bebaue und hüte.
[16] Dann gebot Gott, der Herr, dem Menschen: Von allen Bäumen des Gartens darfst du essen,
[17] doch vom Baum der Erkenntnis von Gut und Böse darfst du nicht essen; denn sobald du davon isst, wirst du sterben.

Gen 2, 7-9.15-17

---

1 Zur Arbeit mit dem **Bild**: → M 3. Welche Bedeutung hatten die Klöster im frühen Mittelalter?
2 Zum **Text**: → S. 76 ff.

94 Adam und Eva – Bilder des Menschen

Adam und Eva, Bibel aus Moutier-Grandval, einem Benediktinerkloster nahe bei Tours, um 840

2. Urbilder der Schönheit

Der Künstler und seine Zeit: **Jan van Eyck** war der berühmteste Vertreter der altniederländischen Malerei. Er war der erste Maler nördlich der Alpen, der naturalistische Komponenten in die Malerei einführte und gebleichte Öle für seine Bilder verwendete. Seine Komposition, Farbgebung und Maltechnik wurden schon zu seinen Lebzeiten bewundert. Deshalb haben ihn Fürsten, Herzöge und reiche Städte in ihre Dienste genommen.

Der Genter Altar: Als sein bedeutendstes Meisterwerk schuf er den Altar für die Kirche St. Bavo in Gent. Nach neueren Forschungen war sein vermeintlicher Bruder Hubert van Eyck an der Arbeit nicht beteiligt. Dieser Altar enthält ein großartiges künstlerisches und theologisches Bildprogramm, das auf der vorderen Mitteltafel oben Gottvater (oder Christus?) zwischen Maria und Johannes dem Täufer zeigt. Neben dieser Dreiergruppe sind auf beiden Seiten musizierende Engelgruppen zu sehen. Ganz am Rand – auf dem 6. und 7. Bild dieser Reihe – stehen in schmalen hohen Rahmen Adam und Eva. Das Bild des Adam ist 213 cm hoch und 37 cm breit, das der Eva 213 cm hoch und 32 cm breit.

Die beiden Bilder: Adam und Eva waren von Anfang an die berühmtesten Figuren des großen Bildprogramms. Das Bildpaar war wohl die kühnste Erfindung Jan van Eycks. Schon Albrecht Dürer hat sie aufs höchste gelobt. Sie sind in voller Lebensgröße nach einem lebendigen Aktmodell gemalt – die ersten Akte in der Zeit nach der Antike, die auch noch in einer Kirche aufgestellt wurden. Darin waren beide Bilder damals revolutionär. Während man sie in der Renaissance als die schönsten und naturgetreusten Bilder der ganzen Christenheit ansah, wurde ihre Nacktheit im 19. Jahrhundert so zum Problem, dass man sie für Jahrzehnte aus der Kirche nahm und versteckte.

❖ Jan van Eyck sah in den Stammeltern die **Urbilder von Mann und Frau** – beide zusammen als Bild Gottes (Gen 1, 27; → S. 74). Die Schönheit ihres Körpers, der ja von Gott erschaffen war, durfte und sollte zur Ehre Gottes und zur Freude des Betrachters gemalt werden. Adam und Eva erscheinen hier in ihrer ganzen Sinnenhaftigkeit so, wie sie nach der Vorstellung des Künstlers im Garten Eden lebten. Wahrscheinlich ist hier der Augenblick gemalt, als sie nach dem Essen der verbotenen Frucht vor den Schöpfer traten und erkannten, dass sie nackt waren. Damit begann die Geschichte der Menschheit, die am Ende der Zeiten mit der Anbetung des Lammes im Paradies vollendet wird – ein Thema, das Jan van Eyck unmittelbar unter der oberen Reihe des Genter Altars dargestellt hat.

❖ **Adam**, ein stattlicher Mann, hat dunkles Lockenhaar und einen dunklen Bart. Der traurige Blick zeugt wohl vom Wissen seiner Schuld. Sein Gesicht stimmt nicht ohne Grund mit dem des Schöpfers im Zentrum der Bildreihe völlig überein.

❖ **Eva**, mit langem Haar und wohlgeformten Leib, trägt eine Frucht in der Hand. Sie gleicht mit ihrem Gesicht der Mutter Jesu, die neben dem Schöpfer in der Mitte des Bildes thront.

96 Adam und Eva – Bilder des Menschen

Die Erschaffung der Eva

¹⁸ Dann sprach Gott, der Herr: Es ist nicht gut, dass der Mensch allein bleibt. Ich will ihm eine Hilfe machen, die ihm entspricht.
²¹ Da ließ Gott, der Herr, einen tiefen Schlaf über den Menschen fallen, so dass er einschlief, nahm eine seiner Rippen und verschloss ihre Stelle mit Fleisch.
²² Gott, der Herr, baute aus der Rippe, die er vom Menschen genommen hatte, eine Frau und führte sie dem Menschen zu.
²³ Und der Mensch sprach: Das endlich ist Bein von meinem Bein und Fleisch von meinem Fleisch. Frau soll sie heißen, denn vom Mann ist sie genommen.
²⁴ Darum verlässt der Mann Vater und Mutter und bindet sich an seine Frau und sie werden ein Fleisch.
²⁵ Beide, Adam und seine Frau, waren nackt, aber sie schämten sich nicht voreinander ...
⁶ Da sah die Frau, dass es köstlich wäre, von dem Baum zu essen, dass der Baum eine Augenweide war und dazu verlockte, klug zu werden. Sie nahm von seinen Früchten und aß; sie gab auch ihrem Mann, der bei ihr war, und auch er aß.
⁷ Da gingen beiden die Augen auf und sie erkannten, dass sie nackt waren. Sie hefteten Feigenblätter zusammen und machten sich einen Schurz.

Gen 2, 18.21-25; 3, 6-7

1 Ein **Bild des ganzen Genter Altars** finden Sie im Internet: Google, Bild. Zum Genter Altar und Jan van Eyck: → M 1.
2 Zur **Arbeit** mit dem Bild: → M 3; zum Text: → S. 76 f.

Jan van Eyck (um 1390–1441), **Adam und Eva**, Seitenflügel des Genter Altars, 1432
Links unten das Bild Gottes und rechts unten das Marias (Ausschnitte) aus der Mitte des Genter Altars

97

3. Der alte und der neue Adam

Der Maler: Meister Dionissi, kein Mönch, sondern Laie, leitete am Ende des 15. und zu Beginn des 16. Jahrhunderts eine Ikonenwerkstatt der berühmten Moskauer Schule. Er erhielt große Aufträge aus Regierungskreisen, Klöstern und von der höheren Geistlichkeit. Bewusst setzte er die Tradition des berühmtesten russischen Ikonenmalers Andrej Rubljow (1370–1430) fort. Seine Ikonen sind weniger hart und dramatisch als die anderer Maler. Man hat sie als anmutig, friedlich und heiter bezeichnet. Auf jeden Fall ist er ein Meister der Farbgebung.

Ikonen: Im Leben der Ostkirche spielen die Ikonen eine außerordentlich große Rolle. Sie verbinden die Gläubigen mit dem Himmel, zeigen ihnen die Heiligen und bringen ihnen die Geheimnisse der Erlösung nahe.

Die Moskauer Ikone: Sie gehört zum Typus des Auferstehungsbildes der orthodoxen Kirche und veranschaulicht den Glauben, dass die Auferstehung Jesu für die Menschen Befreiung aus dem Reich des Todes bedeutet. Bis zu seiner Auferstehung konnten die Gerechten nicht in den Himmel gelangen, sondern mussten in einer Art Vorhölle auf ihn warten. Erst jetzt wird dieses Reich des Todes durch den Auferstandenen geöffnet.
Im Mittelfeld der Ikone hat der lichte Christus, der sich von einem grünen Lebenskreis abhebt, das Tor des Totenreiches kraftvoll aufgebrochen. Er zieht **Adam und Eva**, die hier zugleich für die Menschen überhaupt stehen, aus den geöffneten Gräbern an sich. Christus, der neue Adam, bringt jetzt dem alten Adam Rettung aus seiner Todesverfallenheit. Die Gestalten aus dem Alten Bund wie z. B. die Könige David und Salomo (links) oder Johannes der Täufer (rechts) brauchen nun auch nicht mehr auf ihre Erlösung zu warten. Christus wird von fast körperlosen Engeln umringt, die kugelförmige Schilde tragen. Auf ihnen wird gesagt, was der Auferstandene bringt: Leben, Liebe, Vernunft, Glück, Auferstehung u. a. Über dem Auferstandenen halten drei Engel das Kreuz als Siegeszeichen. Die finsteren Dämonen unten in der Hölle verkörpern Hass, Bosheit, Ungerechtigkeit und Tod. Sie werden von den Speeren der Engel durchbohrt. Zwei Engel (unten) binden den Satan. Die Gestalten in den weißen Gewändern sind Auferstehende.

Denn wie in Adam alle sterben, so werden in Christus alle lebendig gemacht werden.

1 Kor 15, 22

> 1 Suchen Sie einige Informationen über die **orthodoxe Kirche**: → M 1. Welche Bedeutung haben hier die **Ikonen**? Zur Arbeit mit dem **Bild**: → M 3. Beschreiben Sie den dreigliedrigen Aufbau: die Mittelachse und die rechte und linke Seite der Ikone. Gehen Sie auch auf die Farben ein. Worin liegt die religiöse Bedeutung der Ikone?
>
> 2 Erarbeiten Sie für sich **Röm 5, 12-21**. **Paulus** hat in seinem **Brief an die Römer** in einer schwierigen theologischen Argumentation den Blick von Jesus Christus aus zurück auf den Anfang der Welt gerichtet und einen Bogen über die ganze Weltzeit gespannt. Er vergleicht den alten ersten Adam, durch den die Sünde in die Welt gekommen ist, mit Christus, dem neuen zweiten Adam, der den Menschen Gottes Gnade gebracht hat. Durch den einen kam der Tod in die Welt, durch den anderen das Leben und das Heil. Welche christliche Lehre stützt sich auf diese Verse? Was hat der **Text** mit der **Ikone** zu tun?

Adam und Eva – Bilder des Menschen

Ikone aus der Dionissi-Werkstatt, Moskau, **Der alte und der neue Adam**, 1502–1503

4. Zum Leben erwacht

Zum Künstler und zur Geschichte des Bildes:
Michelangelo, der herausragender Repräsentant der Renaissance in Italien war und einer der bedeutendsten Künstler aller Zeiten ist, wurde von Papst Julius II. (1502–1513), dessen Grabmal (»Moses«) er auch angefertigt hat, beauftragt, die große stark gewölbte Decke der Papstkapelle zu gestalten. Nur widerstrebend stimmte Michelangelo zu, da er lieber Skulpturen als Gemälde schuf. An die 1000 Tage stand er in der Kapelle auf einem hohen Gerüst oder lag dort, um zu malen. Das gigantische Werk, das technisch sehr aufwendig war und bei dem ihn viele Helfer unterstützten, zeigt in der Mitte auf neun rechteckigen Tafeln Szenen der biblischen Schöpfungserzählung (Gen 1-9), die mit der Erschaffung der Welt und der Menschen beginnen und mit der Sintflut und einer Noachszene enden. Das vierte Bild in dieser Reihe ist die »Erschaffung des Adam«. An der Seite und in den Zwickeln der Decke finden sich weitere alttestamentliche Szenen sowie Propheten- und Sybillenfresken. Viele Gestalten Michelangelos sind nackt. Mehr Aktmalerei hat es in einer christlichen Kirche nie gegeben – ein Zeichen dafür, dass die Kirche damals nicht prüde war. Später wurden die nackten Figuren allerdings für lange Jahre übermalt. Michelangelos Freskenwelt gehört zu den größten Werken der christlichen Ikonographie. Sie ist Michelangelos Vision einer neuen Humanität. Alle Bilder wurden 1980–1994 auf Kosten einer japanischen Firma aufwendig restauriert und erstrahlen seitdem in neuem Glanz.

Zum Verständnis: Eigentlich müsste man das Bild im **Kontext** aller Bilder Michelangelos in der Sixtinischen Kapelle deuten, weil es zu einem theologisch/künstlerischen Gesamtprogramm gehört, das einen weiten Bogen von den Anfängen der Schöpfung bis zum Ende der Zeiten spannt. Bei der **Betrachtung** dieses einzelnen Bildes empfiehlt sich zunächst eine **Zweiteilung**.
(1) In einem ersten Schritt kann man die **rechte Seite, die Seite Gottes**, in den Blick nehmen. Michelangelo hat Gott hier einen Schwung, eine Dynamik, eine Kraft gegeben, wie sie bis dahin in der Kunst unbekannt waren. Der Schöpfer ist eingehüllt in ein purpurnes Tuch oder in eine Wolke, die ein biblisches Symbol der Transzendenz ist (Ps 104, 4). Er hat ein gütiges und kraftvolles Antlitz und wird von Engeln umgeben. Erstaunlicherweise umfasst er mit seiner linken Hand eine junge Frau – eine rätselhafte Gestalt, die unterschiedlich gedeutet wird. Am ehesten denkt man an die noch unerschaffene Eva. Andere sehen in ihr entweder die »göttliche Weisheit« (»Sophia«; → Weish 7, 25-8, 4) als Partnerin Gottes oder – eher in moderner Interpretation – den weiblichen Anteil Gottes.
(2) Auf der **linken Seite** des Bildes liegt der junge kraftvolle **Adam** auf einem einsamen Felsen so, als erwache er soeben aus einem tiefen Schlaf zu neuem Leben. Dumpfe Kreatürlichkeit geht in diesem Moment, in dem Gott auf ihn zukommt, in lebendige Geisterfülltheit über. Die beiden Hände, die sich nahe sind, ohne sich noch mit den Fingern zu berühren, sind oft beschrieben worden. – Bei der liebevollen Berührung springt ein Funke Gottes lebensspendend auf den Menschen über. Nicht nur die Hände, sondern auch die Blicke treffen sich. Gott schaut auf den Menschen, der Mensch schaut auf Gott. In diesem Moment lässt Gott aus einem Wesen der Natur ein Abbild seiner selbst entstehen. Adam ist ein Wesen voll Hoheit, Schönheit und Würde, ein Mensch, wie ihn die Renaissance liebte.

100 Adam und Eva – Bilder des Menschen

Michelangelo (1475–1564), **Die Erschaffung des Adam**, Vatikan, Deckengemälde der Sixtinischen Kapelle, 1502–1512

Der Mensch – mit Herrlichkeit und Würde gekrönt

Was ist der Mensch, dass du an ihn denkst,
des Menschen Kind, dass du dich seiner annimmst?
Du hast ihn nur wenig geringer gemacht als Gott,
hast ihn mit Herrlichkeit und Ehre gekrönt.   *Ps 8,5-6*

1. Informieren Sie sich über **Michelangelo**, sein künstlerisches Werk, das Bildprogramm und die einzelnen Fresken in der Sixtinischen Kapelle: → M 1. Das gesamte Bildprogramm der Sixtinischen Kapelle finden Sie im Internet.
2. Zur **Bildinterpretation**: → M 3. Gehen Sie auf die Komposition genauer ein, beschreiben Sie die dargestellten Personen und den Augenblick des Geschehens. Worin liegt der religiöse Gehalt dieses Bildes?
3. Erläutern Sie einige Leitideen der **Renaissance** und ihr neues Verständnis vom Menschen: → M 1.

5. Die Verführung

Zum Maler: **Peter Paul Rubens**, der wohl berühmteste flämische Maler der Barockzeit, hatte ausgezeichnete Künstler als Lehrer. 1598 wurde er in die Malergilde von Antwerpen aufgenommen. Auf manchen seiner großen Gemälde spürt man das Nachwirken der bedeutenden italienischen Künstler wie Raffael, Michelangelo und Caravaggio. In seinem umfangreichen Werk finden sich viele Motive aus der Bibel, aus der antiken Mythologie und der Geschichte. Eine besondere Vorliebe hatte er für üppige Frauen- und naturgetreue Tierbilder. Seine überwältigende Kunst zeugt von großer Sinnenfreude. Mit ihrer berauschenden Farbigkeit und dem unvergleichlichen Schwung der Figuren bildet sie einen deutlichen Kontrast zur weltentrückten Frömmigkeit vieler damals verbreiteter Andachtsbilder. Darum wurde er insbesondere von der damaligen katholischen Reformbewegung der Jesuiten, die gegen die Reformation Luthers und Calvins gerichtet war, sehr geschätzt. Man sieht in ihm manchmal das katholische Pendant zum protestantischen Rembrandt.

Das Bild: Das Bild, das zu den früheren Werken des Künstlers gehört, ist deutlich von einem Stich angeregt, der nach einer Vorlage von Raffael gearbeitet war. Damit zollt Rubens dem italienischen Genie seine Anerkennung. Im Vordergrund einer paradiesischen Landschaft nimmt das erste Menschenpaar den Hauptplatz ein. **Adam**, mit vollem Haar- und Bartwuchs und einem kraftvollen männlichen Körper, steht vor **Eva**, deren frauliche Sinnlichkeit im deutlichen Gegensatz zum Mann steht. Dargestellt ist der Moment der Versuchung. Eva, deren linke Hand oben rechts auf dem Baum der Erkenntnis von Gut und Böse ruht, hält in ihrer Rechten die Frucht der Verführung, die sie auf Anraten der Schlange soeben von diesem Baum gepflückt hat. Gleichzeitig vernimmt sie wohl die gefährlichen Worte der Schlange über ihr. Adam, dessen ausgestreckter Zeigefinger auffällt, neigt sich weit vorüber und versucht Eva noch zu warnen. Vielleicht deutet er mit dem Finger auch auf die Schlange, von der das Unheil kommt. Zwischen beiden Figuren öffnet sich der Blick auf eine zauberhafte Landschaft, die minutiös in flämischer Tradition gemalt ist.

Versuchung und Sündenfall

[1] Die Schlange war schlauer als alle Tiere des Feldes, die Gott, der Herr, gemacht hatte. Sie sagte zu der Frau: Hat Gott wirklich gesagt: Ihr dürft von keinem Baum des Gartens essen?
[2] Die Frau entgegnete der Schlange: Von den Früchten der Bäume im Garten dürfen wir essen;
[3] nur von den Früchten des Baumes, der in der Mitte des Gartens steht, hat Gott gesagt: Davon dürft ihr nicht essen und daran dürft ihr nicht rühren, sonst werdet ihr sterben.
[4] Darauf sagte die Schlange zur Frau: Nein, ihr werdet nicht sterben.
[5] Gott weiß vielmehr: Sobald ihr davon esst, gehen euch die Augen auf; ihr werdet wie Gott und erkennt Gut und Böse.
[6] Da sah die Frau, dass es köstlich wäre, von dem Baum zu essen, dass der Baum eine Augenweide war und dazu verlockte, klug zu werden. Sie nahm von seinen Früchten und aß; sie gab auch ihrem Mann, der bei ihr war, und auch er aß.

Gen 3, 1-6

1 Zu **Peter Paul Rubens**: → M1; zum **Bild**: → M3; zum **Text**: → M 2 und S. 76 ff.
2 Im Anschluss an die biblische Verführungsszene hat man eine Zeitlang **Eva** allein für die Verführung schuldig gemacht und daraus abgeleitet, dass die Frau ein **Prinzip des Bösen** und Gefährlichen sei. Warum ist dieser Vorwurf auch im Blick auf den Bibeltext ungerecht? Zum Verhältnis von Frau und Mann: → S. 50 ff.

Peter Paul Rubens (1577–1640), **Der Sündenfall**, vor 1600

6. Ein belastetes Verhältnis

Der Künstler: Max Beckmann war in der ersten Hälfte des 20. Jahrhunderts einer der bedeutendsten deutschen Maler. Er schuf auch vielbeachtete Buchillustrationen, Graphiken und Plastiken. Dem zeitweiligen Trend zur abstrakten Malerei hat er sich immer widersetzt. Stattdessen hat er farbenprächtige, harte, oft gewaltsame Bilder geschaffen. Neben Porträts und vielen Selbstporträts hat er mythologisch-verschlüsselte Bilder gemalt, die schwer zu deuten sind (→ S. 111). Die Schrecken des Ersten Weltkriegs haben ihn traumatisiert. Von den Nazis wurde seine Kunst als »entartet« bezeichnet, so dass er Deutschland, wo er während der Weimarer Zeit Triumphe gefeiert hatte, verließ. In Amerika ist er gestorben. Wichtige Bilder sind dem deutschen Expressionismus zuzuordnen, wiewohl Beckmann nicht auf diese eine Stilrichtung eingegrenzt werden darf.

Zum Werk: Das Bild »**Mann und Frau**«, das häufig auch »**Adam und Eva**« genannt wird, steht in einer Reihe anderer mythologischer Darstellungen, auf denen sich Beckmann Grundprobleme des Lebens zuwandte. Auf diesem zunächst rätselhaften Bild stellt er nicht zum ersten Mal eine menschliche Ursituation dar: eine Szene aus der Szenenvielfalt des Verhältnisses von Mann und Frau. Im Bildaufbau dominiert die vertikale und horizontale Position der vier Hauptthemen des Bildes: Frau, Mann und zwei »Bäume«. Sie sind jeweils deutlich voneinander geschieden und doch klar aufeinander bezogen. Der riesenhafte unbekleidete **Mann** – Adam, der nur von den Oberschenkeln an in Rückwärtsposition zu sehen ist, steht starr und unbeweglich. Ob ihn die bunten Fabelpflanzen, die neben seiner linken Hand zu sehen, aber nicht zu identifizieren sind, verlocken? Von dem Leben im Vorderteil des Bildes nimmt er nichts wahr. Er schaut in die weite Unendlichkeit des blauen Himmels. Vielleicht sucht er in der Ferne eine neue Möglichkeit zum Leben, die es in der Nähe für ihn nicht mehr gibt.

Die ebenfalls unbekleidete **Frau** – Eva liegt im Gegensatz zu Adam dem Betrachter zugewandt auf sandfarbenem Boden. Sie hat nichts von der athletischen Härte und Strenge des Mannes. Sie ist rund, füllig und voller Bewegung. In der Linken hält sie ein mit Blumen gefülltes Füllhorn – ein antikes Symbol der Schönheit und Fruchtbarkeit. Während er in voller Distanz zu aller Sinnlichkeit stehend in den fernen Horizont blickt, ohne ihn erreichen zu können, ist sie in ihrer ganzen Körperlichkeit ganz auf die nahe Erde bezogen.

Die beiden exotischen **Pflanzen** – vielleicht symbolhaft die beiden **Paradiesesbäume** der Erkenntnis des Guten/Bösen und des Lebens – zwischen dem Paar bilden einen nicht minder großen Kontrast. Das Gewächs links neben der Frau ist lebendig und fruchtbar. Es trägt Knospen und Blüten. Eine Blüte liegt noch unten auf der Linken der Frau. Der Baum hinter dem Mann ist trocken und unfruchtbar. Irgendjemand hat seine Triebe abgeschnitten. Man darf in beiden Gewächsen wohl auch Sexualsymbole des Mannes und der Frau sehen.

Beckmann hat mit diesem Bild das so oft belastete Verhältnis von Mann und Frau beschrieben, die sich fremd (geworden) sind und gegenseitig nicht verstehen können.

Die Situation der Menschen

[16] Gott, der Herr, sprach zu der Frau: Viel Mühsal bereite ich dir, sooft du schwanger wirst. Unter Schmerzen gebierst du Kinder. Du hast Verlangen nach deinem Mann; er aber wird über dich herrschen.

[17] Zu Adam sprach er: Weil du auf deine Frau gehört und von dem Baum gegessen hast, von dem zu essen ich dir verboten hatte: So ist verflucht der Ackerboden deinetwegen. Unter Mühsal wirst du von ihm essen alle Tage deines Lebens.

[18] Dornen und Disteln lässt er dir wachsen und die Pflanzen des Feldes musst du essen.

[19] Im Schweiße deines Angesichts sollst du dein Brot essen, bis du zurückkehrst zum Ackerboden; von ihm bist du ja genommen. Denn Staub bist du, zum Staub musst du zurück.

[20] Adam nannte seine Frau Eva (d. h. »Leben«), denn sie wurde die Mutter aller Lebendigen. *Gen 3, 16-20*

---

1. Zu **Max Beckmann**: → M1; zur Arbeit mit dem **Bild**: → M 3; ein anderes Bild von Beckmann: → S. 111.
2. Zum **Bibeltext**: → S. 78 f.
3. Überlegen Sie, was dieses Bild mit dem Adam und der Eva in der **Bibel** zu tun hat. Was sagt es über das **Verhältnis von Frau und Mann** und über die Eigenart beider? Wie sagt es das? Wieweit lassen sich Aussagen des Bildes verallgemeinern? Zum Verhältnis von Frau und Mann: → S. 50 ff.

Max Beckmann (1884–1950), **Mann und Frau**, 1932

7. Der Zukunft entgegen

Der Künstler: Fernand Leger ist ein französischer Maler, der sich nach impressionistischen Anfängen dem Kubismus von Picasso und Braque und dem Konstruktivismus in Paris anschloss. Er arbeitete lange mit dem jüdischen Maler Marc Chagall (→ S. 108) zusammen. Berühmt geworden ist vor allem seine »mechanische Periode«, in der er in formeller Strenge maschinelle Motive für seine Kunst bevorzugte, weil er von der Schönheit technischer Konstruktionen überwältigt war und damit seine Hoffnung auf eine glückliche Zukunft durch Entwicklung der Technik zum Ausdruck bringen konnte. Dabei entstanden keine zarten, verinnerlichten oder gar romantischen Bilder, sondern eher harte, extrovertierte, konstruierte Kompositionen, die ein tiefes Misstrauen gegenüber allem Gefühlsmäßigen aufweisen. Sie sind Dokumente eines optimistischen Fortschrittsglaubens, der die Probleme, die einem solchen Glauben entgegenstehen (Kriege, Industrialisierung, Proletariat usw.), noch nicht sah.

Zum Bild: Wir wissen nicht, warum Leger, der sonst nie ein biblisches Thema behandelte, einem seiner Hauptwerke aus der Reihe der Akrobatenbilder den Titel »Adam und Eva« gegeben hat. Vielleicht empfand er die beiden Gestalten als so ursprünglich und naiv, wie das biblische Paar in seiner Vorstellung gewesen sein musste. Vielleicht verband er mit dem Paar auch den Gedanken an eine neue bessere Zukunft. Dargestellt ist ein junges Akrobatenpaar. Der Mann im gestreiften Trikot, auf dem Arm ausdrucksstark tätowiert, hält mit kräftig geschwungenen Armen einen Stab, um den sich eine Schlange – biblisches Ursymbol – windet. Die Frau neben ihm bewegt die Arme in entgegengesetzter Richtung, so dass bei dem Paar der Eindruck einer eingeübten Figur entsteht. In ihrer Linken hält sie einen farbigen Blumenstrauß, der weitläufig an den Garten Eden erinnern kann. Der Gesichtsausdruck beider Gestalten ist nicht unsympathisch, aber kaum individuell. Er lässt an Typen der Industrialisierung im Zeitalter der Massen denken. Was mögen sich die beiden unter dem Paradies schon vorstellen? Neben dem Paar sieht man einfache geometrische Konstruktionen, die zu einer Stadt gehören könnten. Sie sind von unförmigen bauschigen Figuren umgeben, die sich auch über die Köpfe der beiden hinstrecken.

1. Zu **Leger** und seiner Kunst: → M 1; zur **Arbeit mit dem Bild**: → M 3.
2. Was hat dieses Adam und Eva-Paar mit der biblischen Darstellung gemeinsam? Was unterscheidet es davon? Wie beurteilen Sie den Optimismus, der an Fortschritt durch Technik glaubt?
3. Ein Text zum **»Homo Faber«**: → S. 114.
4. Ein vergleichbares Bild von **Lindner**: → S. 79.

106   Adam und Eva – Bilder des Menschen

Fernand Leger (1881–1955), **Adam und Eva**, 1935–1939

8. Das Paradies

Der Künstler: Marc Chagall (1887–1985) kam als Jude in der weißrussischen Stadt Witebsk zur Welt. In seinem ärmlichen Elternhaus wurde er von dem Geist der Chassidim (osteuropäische jüdische Frömmigkeitsbewegung; → S. 118) geprägt. Schon 1910 ging er nach Paris, wo er zu einem der bekanntesten und beliebtesten Maler des 20. Jahrhunderts wurde. Er schuf viele Gemälde, Mosaiken, Lithographien, Fenster und Theaterkulissen. Dabei wurde er von bekannten französischen Künstlern inspiriert. Seine farbigen Bilder schweben oft über der Wirklichkeit, erinnern an die Welt der Märchen oder der schönen Träume und beflügeln die Phantasie. Sie sind voller Heiterkeit und zugleich auch von tiefer Melancholie. Darin nehmen sie eine Sonderstellung in der Kunst der Zeit ein. Bei Chagall gibt es auf vielen Bildern symbolische Motive wie fliegende Liebespaare, alte Rabbiner mit Thorarollen, orthodoxe Juden in osteuropäischen Synagogen, den Eifelturm von Paris und das Stadtbild von Witebsk, junge Brautleute, großartige Blumensträuße, farbige Tiere und weiße Engel. Kaum ein anderer Maler der letzten Jahrhunderte hat so oft Szenen des Alten Testaments dargestellt (→ S. 14, 119, 135). Auch der gekreuzigte Jude Jesus von Nazaret findet sich immer wieder auf seinen Bildern. Er ist bei ihm nicht der christliche Messias, sondern ein leidender Jude. Chagall hat einmal von sich gesagt:

Seit meiner frühen Jugend hat mich die Bibel gefesselt. Sie erschien mir immer wieder und erscheint mir auch heute noch als die Quelle der Poesie aller Zeiten.

Zum Bild: Diese Lithographie stammt aus der zweiten großen Bibel, die Chagall 1960 herausgegeben hat. Links steht Eva, die mit ihrem jugendlich schönen Leib Adam fast ganz verdeckt. Liebevoll reicht sie ihm eine Frucht. Es ist noch nicht die verbotene Frucht. Chagall hat den Sündenfall in derselben Bibel anders gemalt. Adams Blick verrät, dass er sich an seiner Gefährtin erfreut und die Frucht gern nimmt. Im Mittelpunkt des Bildes stehen allerdings nicht die beiden. Beherrschend ist der große grüne Eselskopf. Das Tier repräsentiert mit seinem treuherzig-naiven Blick die paradiesische Unschuld der Natur. Von ihm kann nichts Böses ausgehen. Vor ihm fliegt ein Vogel, daneben ist schon eine kleine Schlange angedeutet, oben geht der Eselskopf in flammenartige Gewächse über. Gott und Mensch, Mann und Frau, Pflanzen und Tiere, Freude und Liebe leben in diesem Paradies harmonisch zusammen. Man kann sich fragen: Warum sind wir aus diesem Paradies verstoßen? Wer zeigt uns einen Weg dorthin zurück?

---

1 Zum **Leben und Werk Chagalls** und **Rose Ausländers**: → M 1. Zur **Arbeit** mit dem Bild: → M 3.

2 Was halten Sie von der Behauptung, viele Menschen sehnten sich **zurück ins Paradies**?

Adam

Tiere
zahm auch die wilden
Blumen Früchte
vom Geist erdacht
gewillt ihm zu dienen

Lebendige Luft
Vögel in Fülle

Alles

Aber
Adam
unwissend ewig
unwissend einsam
hatte noch nicht begonnen
da zu sein

bis die Gefährtin
aus seiner Rippe
sprang
um ihn zu lieben
und
sterblich zu machen

Rose Ausländer (1901–1988)

Projekt

Überlegen Sie, ob und wie sie nach der Arbeit mit diesem Kapitel ein **Projekt** planen und durchführen können. Thema: **Adam und Eva – eine alte Geschichte, die bis heute andauert.** Stichworte: Altes Testament, Neues Testament, Missverständnisse, Mythologie, Kunst, Literatur, Kultur, Judentum: → S. 119; Islam: → S. 120. Eine Anregung: Adam und Eva ermöglichen Erfahrungen vom Menschen, von Mann und Frau usw.: → M 4.

Marc Chagall (1887–1985), **Paradies**, Farblithographie aus der 2. Bibel, 1960

109

Literarische Miniaturen

1. Lilith – Eine umstrittene Frau

John Collier (1850–1934), Lilith, 1892

❖ In der großen **Literatur** der Menschheit finden sich viele Gestalten, die theologisch und philosophisch zu denken geben. An ihnen lassen sich manchmal deutlicher als an historischen Personen oder philosophischen Begriffen Facetten des Menschlichen erkennen. Sie zeigen anschaulich, welche Möglichkeiten, aber auch welche Grenzen der Mensch hat.

❖ Manche literarische Gestalten sind geradezu **Archetypen** (gr.: »Urbilder«) des Menschen, d.h. Symbole für bestimmte Typen oder Eigenarten des Menschen. Sie können **mehr als nur unterhalten**: sie machen nachdenklich, korrigieren die eigene Weltsicht, erweitern die Selbsterkenntnis, fördern Engagement, reizen zum Widerspruch und regen letzte Fragen nach Weg und Ziel des Lebens an. Sie fordern oft auch eine Auseinandersetzung mit der christlichen Auffassung vom Menschen heraus.

❖ Zu ihrem **sachlichen** Verständnis sind die Methoden der Literaturwissenschaften anzuwenden. Daneben gibt es auch einen persönlichen, **subjektiven** Umgang mit den Texten, der keinen strengen Regeln unterliegt.

---

1 Lilith kommt nur einmal in der **Bibel** vor: → Jer 34, 14. Lilith – ein Archetyp?

2 Zum Verständnis des Textes und beider Lilith-Interpretationen: → M 2; zum Thema Frau und Mann: → S. 50 ff.

3 Erzählen Sie von **Grundgestalten der Literatur**, die wichtige Züge des Menschen aufzeigen bzw. bestimmte Menschentypen repräsentieren, z.B. Ijob, Ödipus, Sisyphus, Orpheus und Eurydike, Beatrice, Hamlet, Romeo und Julia, Don Juan, Faust, Anna Karenina, Raskolnikow, die Brüder Karamasow, Woyzeck, Lulu, Franz Biberkopf, Felix Krull, Stiller, Oskar Matzerath u. v. a.

Die traditionelle Sicht

Nach einer alten jüdischen Tradition, die schon im Talmud (→ S. 118) nachweisbar ist, erschuf Gott für Adam zuerst Lilith (hebr.: d.h. »die Nächtliche«) als Frau, erst später rief er Eva aus der Rippe Adams ins Leben. Lilith schuf er zusammen mit Adam am sechsten Tag (Gen 1, 27). Bevor sie noch mit Adam in Kontakt kam, holte Gott sie zu sich und gab ihr den Auftrag, sie solle Adam untertan sein. Das aber wollte Lilith nicht. Sie stritt sich heftig mit Adam, der eine ihm in allem ergebene Frau wünschte. Als sie verbotenerweise auch noch den Gottesnamen aussprach (»JHWH«; Ex 3, 6), musste sie das Paradies verlassen. Sie kam in die Wüste, wo sie auf zahlreiche böse Geister traf. Jeden Tag verkehrte sie mit tausend Dämonen und brachte täglich tausend böse Geister zur Welt. So wurde sie selbst zu einer bösen Gestalt, die Männer verführte und Frauen verängstigt. Immer mehr fühlte sie sich auch dazu gedrängt, kleine Kinder aus ihren Wiegen zu rauben, so dass junge Eltern sie fürchteten und ihren Kindern kleine Amulette umhängten, die Lilith abwehren sollten.

Als Lilith das Paradies verlassen hatte, beklagte sich Adam bei Gott über seine Einsamkeit. Darum schuf er ihm Eva als neue Frau aus seiner Rippe. Da sie beide sündigten, wurden sie aus dem Paradies verstoßen.

Lilith aber blieb unsterblich, weil sie nie die verbotene Frucht vom »Baum der Erkenntnis« gegessen hatte. Ihre zahlreichen Kinder heißen Lilim. Diese verführen wie ihre Mutter schlafende Männer. Wer einmal von ihnen verführt wird, kann nie wieder eine andere Frau lieben.

Mit der Zeit wurde Lilith immer mehr wie ein hässlicher Dämon dargestellt.

Die jüdisch-feministische Sicht

• Jüdische Feministinnen sehen in der alten Lilith-Überlieferung eine typische Männergeschichte. Wie im wirklichen Leben kann da ein Mann nicht ertragen, dass eine Frau ihm nicht untertan ist. Also muss die Frau hart bestraft werden. Weil das Problem zwischen Frauen und Männern immer wieder auftritt, muss Lilith auch immer wieder herangezogen werden, um Männer zu verführen und die Frauen an ihre vermeintliche Pflicht zu erinnern.

• Heute versuchen jüdische Frauen, Lilith positiv zu würdigen und die alte Legende umzuschreiben. Sie sehen in Lilith die Gegenposition zu Eva, die für sie noch in der alten patriarchalischen Tradition steht. Für sie ist Lilith nun die Frau, die zu Recht nicht untertan sein will und auf Gleichberechtigung besteht.

• Manche Psychologen konstruieren noch einen anderen Gegensatz. Demnach ist Lilith der Typ einer Frau, die Selbstbewusstsein, Sinnlichkeit und Leidenschaft verkörpert, während Eva mehr den Typ der Folgsamkeit, Mütterlichkeit und Häuslichkeit darstellt. Auch der heutige Adam weiß nicht immer, ob er Lilith oder Eva bevorzugen soll.

---

110 Literarische Miniaturen

2. Odysseus – Auf abenteuerlicher Lebensfahrt

Auf dem langen Weg in die Heimat

Nach einem zehnjährigen Krieg gegen Troja begab sich Odysseus auf die **Heimreise** nach Griechenland. Unterwegs bestand er mit seinen Leuten zahlreiche Abenteuer. Dabei verlor er alle Gefährten und musste viele Schicksalsschläge erleiden.

❖ Odysseus geriet mit seinen Gefährten auf einer Insel in die Höhle des menschenfressenden einäugigen Kyklopen **Polyphem**. Als der riesenhafte Kerl ihn fragte, wie er heiße, antwortete er listig: »Niemand«. Er blendete das Ungeheuer in Notwehr und konnte ihm nur mit Müh' und Not entkommen. Wegen dieser Tat ließ der Meeresgott Poseidon, der Vater Polyphems, ihn mehrfach Schiffbruch erleiden.

❖ Bei den **Laestrygonen**, einem Volk von Riesen und Kannibalen, wurden alle seine Schiffe bis auf eines zerstört, mit dem er gerade noch entkommen konnte.

❖ Er kam nun auf die Insel der Zauberin **Kirke**, die seine Gefährten in Schweine verwandelte. Vom göttlichen Hermes erhielt er das Kraut Moly, das ihn vor ihren Verwandlungskünsten schützte. Er verliebte sich in sie und lebte ein Jahr mit ihr zusammen, bis sie ihm wertvolle Ratschläge für die weitere Heimreise gab. Von Kirke ist unser Wort »bezirzen« abgeleitet.

❖ Im Land der **Kimmerer**, in dem niemals die Sonne scheint, erschien ihm seine Mutter aus der Unterwelt, die ihm sagte, dass seine Frau Penelope und sein Sohn Telemachos noch am Leben seien. Er erfuhr auch, dass er glücklich heimkehren werde.

❖ Später kam er an der Insel der **Sirenen** – Wesen, die halb Frau und halb Fisch bzw. Vogel sind – vorbei, die alle Schiffer durch ihren verführerischen Gesang so betörten, dass sie zu ihnen auf die Insel kamen, wo sie getötet wurden. Odysseus verstopfte die Ohren seiner Gefährten mit Wachs, so dass sie nichts hören konnten. Sich selbst ließ er an den Mastbaum des Schiffes binden, um den Gesang zwar hören, aber nicht vom Weg

❖ Der griechische Dichter Homer (8. oder 7. Jh. vC) hat in der »**Ilias**« die Heldentaten des Odysseus vor Troja, in der »**Odyssee**« seine Heimreise und 10-jährige Irrfahrt beschrieben.

❖ Odysseus, der Schützling der griechischen Göttin Athene, war vor Troja berühmt für seine Klugheit und **List**. Mit seiner originellen Idee des »**Trojanischen Pferdes**« hat er maßgeblich zum Sieg der Griechen über Troja beigetragen. Auf seiner zehnjährigen Heimfahrt musste er viele Leiden ertragen. Dabei wurde er auch zum Typ des einsamen **Dulders**, der lernte, mit seinem Unglück umzugehen. Am Ende traf er seine Frau Penelope wieder, die lange auf ihn gewartet hatte.

Max Beckmann (1854–1950, → S. 104), Odysseus und Kalypso, 1943. Die Nymphe hält Odysseus auf ihrer Insel gefangen. Er liegt auf ihrem Bett, umgeben von mehreren Tieren, und denkt an seine Heimkehr.

abgebracht werden zu können. Seinen Gefährten gab er den Befehl, auf jeden Fall an der Insel vorbeizufahren, wie immer er am Mastbaum auf den Gesang reagieren werde. So geschah es.

❖ Nachdem alle noch lebenden Gefährten vom Sonnengott getötet worden waren, musste er allein weiterfahren. Er kam zu der Nymphe **Kalypso**, bei der er sieben Jahre blieb. Erst auf Geheiß der Götter zog er weiter. Zwar versprach Kalypso ihm Unsterblichkeit, wenn er bleibe, aber er wollte zu Penelope zurück.

❖ Mit Hilfe der Athene kam er endlich als Bettler verkleidet nach Hause, wo er seine Frau **Penelope** von Freiern bedrängt vorfand. Bald erkannte er, dass Penelope ihm treu geblieben war. Er tötete die Freier, gab sich zu erkennen und wurde wieder König von Ithaka.

> **1** Welchen **anthropologischen Kern** enthalten die mythischen Erzählungen um Odysseus? In welcher Hinsicht ist Odysseus ein **Archetyp** oder ein **moderner Mensch**?
> **2** Einige Kirchenväter sahen in der Odyssee wichtige **christliche Themen** vorgebildet. Überlegen Sie, ob und wieweit diese Annahme berechtigt ist.

111

3. Don Quijote – Kampf gegen Windmühlen

❖ Der Roman **»Don Quijote«** (1605–1615) des Spaniers **Miguel Cervantes** zählt zu den bedeutendsten Bestsellern der Weltliteratur. In seinem Werk gibt der Dichter damals weitverbreitete Ritterromane durch seine bissige Ironie der Lächerlichkeit preis. Der Titelheld, ein hagerer, großer Landjunker, lässt sich von irgendjemandem zum Ritter schlagen. Er will nun alles Unrecht aus der Welt schaffen und den Armen helfen. Den lebenspraktischen Sancho Pansa, einen kleinen rundlichen Bauern, wählt er sich zu seinem Knappen, einen klapprigen Gaul zu seinem Ritterross Rosinante. Das einfache Bauernmädchen Dulcinea wird die Dame seines Herzens, die er in seiner Phantasie schwärmerisch verehrt und überhöht.

❖ Alles, was Don Quijote anpackt, misslingt ihm, ohne dass er dies bemerkt und Schlüsse aus seinen Misserfolgen zieht. Er ist ein **lächerlicher,** aber sympathischer **Idealist,** der keinen Sinn für die Wirklichkeit hat. Für immer bleibt er das Bild eines ruhelosen Menschen, der stets das Gute will, aber es nie schafft. Einmal hält er ein paar **Windmühlen** für Riesen, die er besiegen muss, aber nicht besiegen kann.

Ein vergebliches Unternehmen

Indem bekamen sie dreißig oder vierzig Windmühlen zu Gesicht, wie sie in dieser Gegend sich finden; und sobald Don Quijote sie erblickte, sprach er zu seinem Knappen: »Jetzt leitet das Glück unsere Angelegenheiten besser, als wir es nur
5 immer zu wünschen vermöchten; denn dort siehst du, Freund Pansa, wie dreißig Riesen oder noch etliche mehr zum Vorschein kommen; mit denen denke ich einen Kampf zu fechten und ihnen allen das Leben zu nehmen. Mit ihrer Beute machen wir den Anfang, uns zu bereichern; denn das ist ein redlicher
10 Krieg, und es geschieht Gott ein großer Dienst damit, so böses Gezücht vom Angesicht der Erde wegzufegen.«
»Was für Riesen?«, versetzte Sancho Pansa.
»Jene, die du dort siehst«, antwortete sein Herr, »die mit den langen Armen, die bei manchen wohl an die zwei Meilen lang
15 sind.«
»Bedenkt doch, Herr Ritter«, entgegnete Sancho, »die dort sich zeigen, sind keine Riesen, sondern Windmühlen, und was Euch bei ihnen wie Arme vorkommt, das sind die Flügel, die, vom Winde umgetrieben, den Mühlstein in Bewegung setzen.«
20 »Wohl ist's ersichtlich«, versetzte Don Quijote, »dass du in Sachen der Abenteuer nicht kundig bist; es sind Riesen, und wenn du Furcht hast, mach dich fort von hier und verrichte dein Gebet, während ich zu einem grimmen und ungleichen Kampf mit ihnen schreite.«

> 1 Charakterisieren Sie die beiden **Hauptgestalten**.
> 2 Don Quijote und sein sprichwörtlich gewordener Kampf gegen Windmühlen – ein **Symbol** des Menschen?

Und dies sagend, gab er seinem Gaul Rosinante die Sporen, 25
ohne auf die Worte zu achten, die ihm sein Knappe Sancho warnend zuschrie. Vielmehr rief er mit lauter Stimme: »Fliehet nicht, feige niederträchtige Geschöpfe; denn ein Ritter allein ist es, der euch angreift.«
Indem erhob sich ein leiser Wind und die langen Flügel fingen 30
an, sich zu bewegen. Sobald Don Quijote dies sah, sprach er: »Wohl, ob ihr auch viele Arme bewegtet, ihr sollt mir's doch bezahlen.«
Und dies ausrufend und sich von ganzem Herzen seiner Herrin Dulcinea befehlend und sie bittend, ihm in so entscheidendem 35
Augenblicke beizustehen, wohl gedeckt mit seinem Schilde, mit eingelegtem Speer, sprengte er an im vollsten Galopp Rosinantes und griff die erste Mühle vor ihm an; aber als er ihr einen Lanzenstoß auf den Flügel gab, drehte der Wind diesen mit solcher Gewalt herum, dass er den Speer in Stücke brach 40
und Ross und Reiter mit sich fortriss, so dass sie gar übel zugerichtet übers Feld hinkugelten.
Sancho Pansa eilte im raschesten Trott seines Esels seinem Herrn beizustehen, und als er herzukam, fand er, dass Don Quijote sich nicht regen konnte, so gewaltig war der Stoß, mit dem 45
Rosinante ihn niedergeworfen. »So helft mir Gott!«, sprach Sancho, »hab ich's Euer Gnaden nicht gesagt, Ihr möchtet wohl bedenken, was Ihr tut, es seien nur Windmühlen, und das könne nur der verkennen, der selbst Windmühlen im Kopf habe?« 50
»Schweig, Sancho«, antwortete Don Quijote. »Denn die Dinge des Krieges, mehr als andere, sind fortwährendem Wechsel unterworfen; zumal ich meine, und gewiss verhält sich's so, dass ein böser Zauberer diese Riesen in Windmühlen verwandelt hat, um mir den Ruhm ihrer Besiegung zu entziehen. Aber am Ende werden seine bösen Künste wenig vermögen gegen die Macht meines Schwertes.«
»Gott füge das so, er vermag's«, entgegnete Sancho Pansa und half ihm, sich zu erheben; und der Ritter stieg wieder auf seinen Gaul Rosinante, der nahezu buglahm war.

*Miguel de Cervantes
Saavedra (1547–1616)*

Honoré Daumier (1808–1879), Don Quijote, um 1868

4. Faust – Ständig auf Suche nach Erfahrungen

»Wer immer strebend sich bemüht ...«

❖ In einem **Vorspiel** im Himmel, das nach dem Anfang des biblischen Buches Ijob (→ S. 15, 20) konzipiert wurde, wettet Mephistopheles mit Gott, dass es ihm gelingen werde, Faust vom rechten Weg abzubringen. Gott geht auf diese Wette gelassen ein, weil er in seinen Weltplan die Schwäche der Menschen eingeplant hat.

❖ Im **ersten Teil** beklagt sich Heinrich Faust, ein angesehener Forscher und Lehrer, darüber, dass ihm alles Studieren nicht viel Einsicht gebracht hat. Darum will er seinem Leben selbst ein Ende machen. Doch da hört er von der nahen Kirche die Glocken zum Osterfest läuten, begibt sich auf einen erfrischenden Spaziergang, verfällt aber bei der untergehenden Sonne wieder in seine Depression. Plötzlich steht Mephisto in Gestalt eines fahrenden Studenten vor ihm und stellt sich ihm vor »als Geist, der stets verneint« und »Teil von jener Kraft, die stets das Böse will und stets das Gute schafft«. Beide schließen einen Pakt, wonach Mephisto Faust auf Erden nach seinen Wünschen dienen wird, während Faust ihm dafür seine Seele versprechen muss, wenn sie sich »drüben« wiederfinden. Wenn Faust einmal zum Augenblick sagen kann »Verweile doch, du bist so schön« und alle seine Wünsche erfüllt sind, dann soll er sterben, und Mephisto wird wieder frei sein. Nun beginnt für den alten Faust ein neues Leben, in dem Mephisto ihm zuerst allerlei deftige Vergnügungen verschafft, bis er schließlich Gretchen trifft. Faust verliebt sich sofort in sie, umwirbt das unschuldige Mädchen mit stürmischen Worten und kann sie schließlich trotz allen Zögerns für sich gewinnen. Besorgt fragt sie ihn nach seiner Religion, worauf Faust mit einem pantheistischen Bekenntnis zur Natur antwortet. Als sie schwanger ist und ein Kind zur Welt bringt, verfällt sie in Wahnsinn. Bei ihrem Tod ruft Mephisto: »Sie ist gerichtet«. Doch eine Stimme aus dem Himmel sagt: »Sie ist gerettet«.

❖ Im **zweiten Teil** reiht Faust für sich mit der Hilfe Mephistos Erlebnis an Erlebnis. Ruhelos sucht er Erfahrungen, die sonst kein Sterblicher macht. Keines kann seinem Begehren genügen. Er kommt an den Hof des Kaisers, besucht berühmte Schlachtplätze und das Hochgebirge und staunt über die Zauberwelt und das Hexentreiben in der Walpurgisnacht. Er verbindet sich mit der schönen Helena aus Troja und arbeitet an der Landgewinnung für einen herrlichen Palast. Schließlich kann er zum Augenblick sagen »Verweile doch, du bist so schön«. Nun kann er sterben. Mephisto scheint die Wette gewonnen zu haben. Aber er muss von himmlischen Wesen hören: »Wer immer strebend sich bemüht, den können wir erlösen.« Am Ende wird er auf die Fürsprache Gretchens gerettet. Im Schlusschor heißt es:

Alles Vergängliche ist nur ein Gleichnis; das Unzugängliche, hier wird's Ereignis. Das Unbeschreibliche, hier ist's getan. Das Ewig-Weibliche zieht uns hinan.

> 1 Zu **Goethe** und seiner Tragödie »**Faust**«: → M 1.
> 2 Welche **theologischen Motive** hat Goethe in sein Werk einbezogen?
> 3 Faust – das **Symbol eines Menschentyps**?

❖ Die Erzählungen von einem Doktor Faust (ca. 1480–1540) waren in der europäischen Literatur weit verbreitet, bevor **Johann Wolfgang Goethe** (1749–1832) eines seiner Hauptwerke »**Faust**« benannte. Neben einem »Urfaust« hat er eine große Tragödie in zwei Teilen verfasst, die zu den wichtigsten Werken des Dichters zählt. Seine Hauptfigur trägt nicht nur Züge des deutschen Magiers, Astrologen und Wahrsagers Faust, sondern auch des griechischen Prometheus, der sich gegen die Götter auflehnt, und des spanisch/italienischen Don Juan, der ein überheblicher Frauenheld war.

❖ Goethes Faust will »erkennen, was die Welt im Innersten zusammenhält« und immer neue Erfahrungen machen. Dafür ist Faust bereit, einen Pakt mit dem Teufel (»**Mephisto**«) einzugehen und seine Seele zu verkaufen. Goethe verbindet das Streben seines Helden kunstvoll mit der Tragödie um **Gretchen**, einem unschuldigen Mädchen, das Faust liebt, von ihm schwanger wird und daran zugrunde geht, ihn aber schließlich für ewig rettet.

Rembrandt (1606–1669), Faust, um 1652

5. Homo Faber – Die Weltsicht des Ingenieurs

Die Hauptgestalt in dem Roman »**Homo Faber**« (lat.: »Der Mensch – ein Schmied«) von **Max Frisch** (erschienen 1957) ist Walter Faber, ein Ingenieur, der sich und die Welt ausschließlich rationalistisch zu verstehen sucht. Er hält nichts von der Religion und glaubt nicht an Fügung oder Schicksal. Die Wahrscheinlichkeitsrechnung und mathematisch-physikalisch konstruierte Technik liefert ihm das Modell seines Welt- und Menschenverständnisses. Aber er muss an sich selbst erleben, wie er in existentielle Konflikte gerät, die er nicht mehr rational begreifen kann. Auf einer Schiffsreise nach Europa begegnet er Sabeth, einem jungen Mädchen, das ihn so fasziniert, dass er ihr einen Heiratsantrag macht. Sie erinnert ihn an seine frühere jüdische Geliebte Hanna, von der er sich 1936 wenig ehrenvoll getrennt hatte, als sie ein Kind von ihm erwartete. Faber hatte angenommen, die Mutter habe das Kind nicht ausgetragen, wozu er selbst seine Zustimmung bekundet hatte. Nach einiger Zeit, als Sabeth schon seine Geliebte geworden war, erkennt er, dass sie seine Tochter ist.

Der Mensch – ein Roboter
Der Textauszug spielt auf dem Schiff, auf dem sich Walter Faber und Sabeth getroffen haben.

Sabeth wusste nichts von Kybernetik und wie immer, wenn man mit Laien darüber redet, galt es, allerlei kindische Vorstellungen vom Roboter zu widerlegen, das menschliche Ressentiment gegen die Maschine, das mich ärgert, weil es borniert ist, – ihr abgedroschenes Argument: der Mensch sei keine Maschine. Ich erklärte, was die heutige Kybernetik als *Information* bezeichnet: unsere Handlungen als Antworten auf sogenannte Informationen, beziehungsweise Impulse, und zwar sind es automatische Antworten, größtenteils unserem Willen entzogen, Reflexe, die eine Maschine ebenso gut erledigen kann wie ein Mensch, wenn nicht sogar besser. Sabeth rümpfte ihre Brauen (wie stets bei Späßen, die ihr eigentlich missfallen) und lachte. Ich verwies sie auf Norbert Wiener: *Cybernetics or Control and Communication in the Animal and the Machine, M. I. T. 1948*. Natürlich meinte ich nicht die Roboter, wie sie die Illustrierten sich ausmalen, sondern die Höchstgeschwindigkeitsrechenmaschine, auch Elektronen-Hirn genannt, weil Steuerung durch Vakuum-Elektronenröhren, eine Maschine, die heute schon jedes Menschenhirn übertrifft. In einer Minute 2000000 Additionen oder Subtraktionen! In ebensolchem Tempo erledigt sie eine Infinitesimal-Rechnung, Logarithmen ermittelt sie schneller, als wir das Ergebnis ablesen können, und eine Aufgabe, die bisher das ganze Leben eines Mathematikers erfordert hätte, wird in Stunden gelöst und zuverlässiger gelöst, weil sie, die Maschine, nichts vergessen kann, weil sie alle eintreffenden Informationen, mehr als ein menschliches Hirn erfassen kann, in ihre Wahrscheinlichkeitsansätze einbezieht. Vor allem aber: die Maschine erlebt nichts, sie hat keine Angst und keine Hoffnung, die nur stören, keine Wünsche in bezug auf das Ergebnis, sie arbeitet nach der reinen Logik der Wahrscheinlichkeit, darum behaupte ich: Der Roboter erkennt genauer als der Mensch, er weiß mehr von der Zukunft als wir, denn er errechnet sie, er spekuliert nicht und träumt nicht, sondern wird von seinen eigenen Ergebnissen gesteuert (feed back) und kann sich nicht irren; der Roboter braucht keine Ahnungen –

Sabeth fand mich komisch.

Max Frisch (1911–1991)

Großrechner GOLEM I (→ S. 119), und Ingenieure, 2007

1. Zu **Max Frisch** und seinem Buch »**Homo Faber**«: → M 1; zum **Text**: → M 3.
2. Wo sind die technischen Details, die im Text genannt werden, **überholt**? Diskutieren Sie, ob auch die Intentionen des Textes überholt sind.
3. Wie geht Faber das Problem der **Willensfreiheit** an? (→ S. 58 ff)
4. Warum findet Sabeth die Auffassung von Walter Faber komisch?
5. Homo Faber – ein **Typus des Zeitgeistes**?

114 Literarische Miniaturen

6. Tomas und Teresa – Ist selbst die Liebe Zufall?

Der tschechische Schriftsteller **Milan Kundera** erzählt in seinem Roman »**Die unerträgliche Leichtigkeit des Seins**« (1984) die schwierige **Liebesgeschichte** zwischen Tomas, einem Arzt, und Teresa, einer Kellnerin, zur Zeit der kommunistischen Herrschaft in der Tschechoslowakei. Beide interpretieren den Beginn ihrer Liebe und den **Zufall**, der dabei eine besondere Rolle spielte, unterschiedlich.

Die Sicht des Tomas

Er wälzte sich neben der schlafenden Teresa hin und her und dachte daran, was sie ihm vor langer Zeit in einem belanglosen Gespräch gesagt hatte. Sie sprachen über seinen Freund Z., und sie verkündete: »Wenn ich dich nicht getroffen hätte,
5 hätte ich mich bestimmt in ihn verliebt.«
Schon damals hatten diese Worte Tomas in eine sonderbare Melancholie versetzt. Plötzlich wurde ihm nämlich klar, dass es nur Zufall war, dass Teresa ihn liebte und nicht seinen Freund Z. Dass es neben ihrer Liebe zu Tomas, die sich ver-
10 wirklicht hatte, im Reich der Möglichkeiten unendlich viele nicht verwirklichte Lieben zu anderen Männern gab.
Wir alle halten es für undenkbar, dass die Liebe unseres Lebens etwas Leichtes, etwas Gewichtloses sein könnte; wir stellen uns vor, dass unsere Liebe ist, was sie sein muss, dass
15 ohne sie unser Leben nicht unser Leben wäre …
Vor sieben Jahren trat zufällig im Krankenhaus der Stadt, wo Teresa wohnte, ein komplizierter Fall einer Gehirnkrankheit auf, und Tomas' Chefarzt wurde zu einer dringenden Konsultation gebeten. Zufällig hatte dieser Chefarzt Ischias, konnte
20 sich nicht bewegen und schickte Tomas zur Vertretung in das Provinzkrankenhaus. In der Stadt gab es fünf Hotels, doch Tomas stieg zufällig dort ab, wo Teresa arbeitete. Zufällig hatte er vor der Abfahrt des Zuges noch etwas Zeit, und er setzte sich ins Restaurant. Teresa hatte zufällig Dienst und
25 bediente zufällig an seinem Tisch. Es waren also sechs Zufälle nötig, um Tomas auf Teresa hinzustoßen, als hätte er selbst gar nicht zu ihr gewollt.
Er war ihretwegen nach Prag zurückgekehrt. Dieser schicksalsschwere Entschluss gründete auf einer so zufälligen
30 Liebe, die gar nicht existierte, wenn sein Chef nicht vor sieben Jahren Ischias bekommen hätte. Und diese Frau, die Verkörperung des absoluten Zufalls, lag nun neben ihm und atmete tief im Schlaf.

Die Sicht der Teresa

Tomas' Auftauchen im Lokal war für Teresa eine Offenbarung
35 des absoluten Zufalls. Er saß an seinem Tisch vor einem offenen Buch. Er hob die Augen zu Teresa auf und lächelte: »Einen Cognac!«
In diesem Moment erklang Musik aus dem Radio. Teresa ging zur Theke, um den Cognac zu holen, und drehte am Knopf des Apparates, um ihn noch lauter zu stellen. Sie hatte
40 Beethoven wiedererkannt. Sie kannte ihn, seit ein Prager Quartett in ihrer Stadt ein Gastspiel gegeben hatte. Teresa (die, wie wir wissen, von »etwas Höherem« träumte) war in das Konzert gegangen. Der Saal war leer. Außer ihr war nur der Apotheker mit seiner Frau gekommen. Auf dem Podium
45 saß also ein Quartett von Musikanten und im Saal ein Trio von Zuhörern, aber die Musiker waren so freundlich, das Konzert nicht abzusagen und einen Abend lang nur für sie Beethovens drei letzte Quartette zu spielen.
Anschließend hatte der Apotheker die Musiker zum Essen
50 eingeladen und die unbekannte Zuhörerin gebeten, sich ihnen anzuschließen. Seitdem war Beethoven für sie das Bild der Welt »auf der anderen Seite«, das Bild jener Welt, von der sie träumte. Während sie den Cognac von der Theke zu Tomas' Tisch trug, bemühte sie sich, in diesem Zufall zu
55 lesen: Wie war es möglich, dass sie gerade jetzt, wo sie dabei war, diesem Unbekannten, der ihr gefiel, einen Cognac zu servieren, Beethoven hörte?
Nicht die Notwendigkeit, sondern der Zufall ist voller Zauber. Soll die Liebe unvergesslich sein, so müssen sich vom ersten
60 Augenblick an Zufälle auf ihr niederlassen wie die Vögel auf den Schultern des Franz von Assisi.

Milan Kundera (geb. 1929)

---

1 Zu **Milan Kundera** und seinem Roman: → M 1, zur Textinterpretation: → M 2.
2 Wie unterscheiden sich die **Auffassungen von Tomas und Teresa** über den Beginn ihrer Liebe?
3 Ein Text von **Monod** über Zufall und Notwendigkeit: → S. 33.

115

Im Blick anderer Religionen

1. Antike Mythen – Geheimnisvolle Anfänge

❖ Schon immer haben die Menschen danach gefragt, woher die Welt und die Menschen kommen und wohin sie gehen. Die ältesten Zeugnisse dieses Fragens nennt man »**Mythen**« (Sg. »Mythos«, von gr.: »Wort«). Manche sind ca. 4000 Jahre alt. Sie erzählen, woher die Erde, Berge, Flüsse und Bäume kommen, wozu Sonne, Mond und Sterne da sind, was es mit den Tieren, Menschen und Göttern auf sich hat. Mythen waren eine Hilfe, das geheimnisvolle Leben besser zu verstehen.

❖ **Mythen** sind nicht Sachtexte oder Reportagen, sondern **Sinngeschichten**, die in **Bildern und Symbolen** von ungewöhnlichen Geschehnissen erzählen, die sich in **Urzeiten** zugetragen haben. Sie stellen in den Vorstellungen ihrer Zeit anschaulich dar, woher das Leben und der Tod, die Liebe und das Leiden, das Gute und das Böse kommen. Was von der Vergangenheit erzählt wird, gilt für die Gegenwart und Zukunft.

❖ Der Wissensstand und das Weltbild der Mythen sind überholt. Aber auch heute sind sie als Zeugnisse ernsten **Suchens**, tiefer **Weisheit**, schöpferischer **Phantasie** und elementarer **Religiosität** wertvoll. In der **Bibel** finden wir auch Spuren von Mythen.

❖ Viele Mythen erzählen auch bildhaft, was sie vom **Menschen** halten und wie sie ihn deuten. Darum sind sie auch heute aktuell.

Auf der Suche nach Leben

Das **Gilgamesch-Epos**, das um 2000 vC in Babylon entstanden ist und damit zur ältesten Literatur der Menschheit gehört, erzählt von Gilgamesch, dem König von Uruk. Als sein Freund Enkidu starb, wurde ihm auch seine eigene Sterblichkeit schmerzlich bewusst. Er fragte sich, ob er ihr entgehen könne und machte sich auf die Suche nach Unsterblichkeit. Schließlich stieß er auf Ziusudra (anderer Name: Utnapischtim), der allein mit seiner Frau eine Sintflut überstanden hatte. Dieser sagte:

»Gilgamesch, es gibt in der Tiefe des Meeres ein Gewächs, das ist dem Stechdorn ähnlich. Wenn du dieses Gewächs heraufholst, wirst du das Leben finden.«

Kaum hatte Gilgamesch dies vernommen, band er schwere Steine an seine Füße, warf sich in das Wasser und fand auf dem Grund das Gewächs. Er riss es aus und schnitt die Steine von seinen Füßen. So warf ihn die Flut an Land. Hier erwartete ihn der Schiffer mit seinem Boot, der ihn über das weite Meer ruderte. An einer Küste legten sie an und zogen nun durch eine flache Steppe mit Gräsern, Tieren und Brunnen. Menschen trafen sie nicht. Gilgamesch betrachtete immer wieder das Stechkraut, durch das er das Leben finden sollte. Welches Leben? Immer jung bleiben, immer wieder jung werden? Er dachte an die alten Menschen in Uruk, denen er von diesem Kraut zu essen geben wollte. Reichte das Gewächs für alle? Er konnte nicht mehr nur an sein eigenes ewig junges Leben denken. Er dachte daran, dass er nun für immer die Angst vor dem Tod vertreiben konnte und ewige Jugend allen Menschen beschieden sei. Aber er wurde bei diesem Gedanken nicht froh.

Als sie am Abend an einem Brunnen rasteten, verlockte ihn die Kühle des Wassers, in ihm zu baden. Er legte das Stechkraut auf den Brunnenrand und stieg in den Brunnen. Dabei vergaß er das Kraut. Aber als er aus dem Brunnen stieg, sah er, dass eine Schlange das Lebenskraut mit dem Maul ergriffen hatte und es gerade verschlang. Gilgamesch stürzte sich auf sie und gerade, als er sie ergreifen wollte, schlüpfte die Schlange verjüngt und glänzend aus ihrer Haut und verschwand. Gilgamesch stand wie versteinert in seinem Schmerz.

Da vernahm er eine Stimme in seinem Herzen: »Gilgamesch, das Leben, das du suchst, wirst du nicht finden!« Und er begriff. Welches Leben hatte er gesucht? Die ewige Jugend hatte er gesucht, das Unveränderliche, Bleibende. Welch einen Weg war er dafür gegangen? Wie viele Wandlungen hatte er durchgemacht? Plötzlich erkannte er, dass er mehr war als die Schlange, dass die Verwandlung, die sich an ihm vollzogen hatte, nicht die äußere Hülle, sondern ihn selbst betraf, sein Wesen, das verwandelt doch er selbst blieb, und dass dies das eigentliche Leben war. Es war ihm nicht mehr erstrebenswert, immer gleich in ewiger Jugend dahinzuleben. Er begriff, dass er durch den Tod gehen würde, verwandelt und doch er selbst in einer neuen Daseinsform. Er fürchtete den Tod nicht mehr.

aus dem Gilgamesch-Epos, Tafel XI

Tontafel mit Keilschrift aus Mesopotamien mit Auszügen aus dem Gilgamesch-Epos

116 Im Blick anderer Religionen

Aus dem Blut der Götter

Das etwa im 19./17. Jahrhundert vC entstandene Epos, das von den Babyloniern nach seinen Anfangsworten »Enuma Elisch« (= »Als droben« … der Himmel noch nicht war) genannt wurde, verherrlicht den babylonischen Stadtgott Marduk, der durch seinen Sieg über die Gottheiten Tiamat und Xingu, Sinnbilder des Chaos, im Uranfang die Ordnung des Kosmos herstellen konnte. Er hat auch die Menschen geschaffen.

Am Anfang der Zeiten gab es nur das **Chaos**. Alles war wüst und leer. Irgendwann teilte sich das Chaos in ein Oben, den männlichen Himmel, und in ein Unten, die weibliche Erde. Alles war nun schöpferisch. Der Himmel befruchtete die Erde
5 mit dem Regen, so dass sie das Grün der Pflanzen gebären konnte. Die Erde schuf die Ströme, die Ströme die Bäche, die Bäche den Schlamm und der Schlamm die Würmer. Auch die Götter sind irgendwann entstanden. Ihre Eltern waren gewaltige Paare. Das erste Paar bestand aus **Tiamat**, der Göttin des
10 unendlichen Salzmeers, das Himmel und Unterwelt voneinander trennt, und **Apsu**, dem Gott des Süßwasserozeans. Sie zeugten zusammen viele Götter, die sich alsbald gegen ihre Eltern auflehnten. So kam es zu einem furchtbaren Götter-Kampf zwischen Tiamat und **Marduk**, einem ihrer Söhne.
15 Ihm gelang es, Tiamat zu töten, weil sie ihre eigenen Nachkommen vernichten wollte. Aus ihren Augen machte er die beiden großen Ströme Euphrat und Tigris, aus ihren Brüsten das Gebirge, aus dem Blut Tiamats und Xingus die Menschen.

*aus Enuma Elisch,
Tafel VI*

*Kolossalfigur
aus Khorsabad,
der Hauptstadt
Sargons II.
Sie stellt vermutlich
Gilgamesch dar,
der einen Löwen auf
dem Arm trägt.*

Erschaffung von Tieren und Menschen

Der griechische Philosoph **Platon** *(→ S. 27) berichtet in seinem Dialog »Protagoras« von einem Mythos über die Entstehung des Menschen, der von* **Protagoras** *(→ S. 26), einem der einflussreichsten Sophisten in Athen, stammen soll. Protagoras hat hier schon genau auf die Sonderstellung des Menschen im Bereich des Lebens geachtet.*

Als die Götter da waren, aber noch keine sterblichen Wesen, kam die vom Schicksal festgelegte Zeit für ihre Entstehung. Die Götter gestalteten sie im Inneren der Erde aus Erde und Feuer und aus all dem, was sich mit diesen Elementen mischt. Als die Götter sie dann zum Tageslicht emporführten, 5 befahlen sie **Prometheus** und **Epimetheus**, alle Wesen zu schmücken und die Fähigkeiten unter ihnen zu verteilen, wie es für einen jeden günstig war. Epimetheus erbat sich von Prometheus, die Verteilung allein vornehmen zu dürfen. Der Unbedachtsame verteilte alles unter den Tieren: Kraft, 10 Schnelligkeit, die Fähigkeit zu fliegen und im Wasser zu leben usw. Er gab ihnen Häute, Hufe, Krallen, Hörner, Flossen und Federn, so dass sie leben und sich ernähren konnten. Für den Menschen ließ er nichts übrig, so dass dieser völlig unbeschützt und nackt dastand. So konnte der vor- 15 sorgende Prometheus nicht umhin, das Feuer, technische Fähigkeiten und andere Künste von den Göttern und Göttinnen zu stehlen und dem Menschengeschlecht zu schenken. Seitdem kann der Mensch leben, Prometheus aber – obwohl Epimetheus der Schuldige war – wurde für seinen 20 Diebstahl von den Göttern schwer bestraft.

Protagoras (490–411)

---

1 Zum **Gilgamesch-Epos**, zu **Enuma Elisch** und **Protagoras**: → M 1; zur Interpretation der Texte: → M 2. Andere Mythen: Platons Seelenwagen: → S. 27; Lilith: → S. 110.

2 Begleiten Sie **Gilgamesch** auf seiner Reise und schildern Sie seine äußere und innere Entwicklung.

3 Was bedeutet es für die Menschen, wenn sie in »**Enuma Elisch**« aus dem Blut böser Götter geschaffen wurden?

4 Wie denkt **Protagoras** über die Stellung des Menschen im Bereich des Lebendigen? Vergleichen Sie den Text mit den Überlegungen von Arnold Gehlen: → S. 32.

5 Vergleichen Sie die Texte mit den **biblischen Erzählungen** von der Erschaffung der Menschen, vor allem mit Gen 2, 4–3, 24. Gehen Sie dabei auf die bildhafte Bedeutung von Erde, Lebenskraut, Baum des Lebens, Verhältnis zu den Tieren, Tod und Unsterblichkeit, Schlange usw. ein. Wo liegen Gemeinsamkeiten, wo Unterschiede?

2. Judentum – Im Ebenbild geschaffen

❖ Das Grundverständnis des Menschen wird in der **Hebräischen Bibel** schon in der **Thora** (→ S. 8 f) formuliert. Demnach ist der Mensch **Geschöpf Gottes und Ebenbild Gottes** (→ S. 74 ff). Er ist frei und für seine Taten verantwortlich. Richtschnur seines Handelns soll die Thora (»das Gesetz«) sein. Die Treue zum Gesetz ist für sein Leben notwendig und sinnvoll.

❖ Dieses **ganzheitliche** Verständnis des Menschen unterlag im Lauf der Geschichte manchen Wandlungen. So herrscht im **talmudischen** Judentum die vom Hellenismus übernommene **dualistische** (→ S. 28) Lehre von der Zweiteilung des Menschen in Leib und Seele und von der Unsterblichkeit der Seele vor.

❖ Das moderne religiöse Judentum richtet sich wieder stärker nach der Bibel aus. Im Übrigen werden im **heutigen Judentum** die Ergebnisse der **Humanwissenschaften** weithin akzeptiert.

Was ist der Mensch?

Der Talmud, entstanden zwischen 500 vC und 500 nC, ist das wichtigste religiöse Buch der Juden. Bis heute bestimmt er mehr noch als die Thora die jüdische Lebenspraxis. Hier finden sich viele Ausführungen der Rabbinen über den Menschen.

❖ **Rabbi Akiba** (50/55–135) sagt: Geliebt ist der Mensch, denn er ist im Ebenbild geschaffen; aus überreicher Liebe wurde ihm bewusst gemacht, dass er im Ebenbild erschaffen ist, denn es heißt: »Im Ebenbild Gottes machte er den Menschen« (Gen 9, 6).

❖ **Rabbi Levitas**, ein Mann aus Jabne, sagt: Sehr demütigen Sinnes sollst du sein, denn eines Menschen Erwartung ist – Made.

❖ **Rabbi Elieser** sagte: Wir sind geboren, um zu sterben, sterben, um belebt zu werden, und werden belebt, um gerichtet zu werden, zu erkennen, zu bekennen und bekanntzugeben, dass er Gott ist, er, der Bildner, er, der Schöpfer, er, der Verstehende, er, der Richter, er, der Zeuge, er, der Kläger und er, der zukünftig richtet – gelobt sei er; vor dem es kein Unrecht gibt und kein Vergessen, denn alles ist sein. Und wisse, dass alles in Rechnung kommt. Und du solltest dich von deiner Leidenschaft nicht sicher machen lassen, dass die Totenstätte ein Ort der Zuflucht für dich sei. Ohne dein Zutun nämlich wurdest du gebildet und ohne dein Zutun wurdest du geboren, ohne dein Zutun lebst du, ohne dein Zutun stirbst du und ohne dein Zutun wirst du zukünftig Rechenschaft geben vor dem König über die Könige, dem Heiligen, gelobt sei er.

❖ Ein **anderer Rabbi** sagte: Derjenige, der ein Menschenleben zerstört, zerstört eine ganze Welt, und derjenige, der ein Menschenleben rettet, rettet eine ganze Welt.

aus dem Babylonischen Talmud

Der Golem

Die Erzählungen der Chassidim (d. h. der »Frommen«), die seit dem 18. Jahrhundert in Osteuropa entstanden, sind knapp, humorvoll und melancholisch zugleich, voll praktischer Frömmigkeit und tiefer Menschlichkeit. Sie kommen aus langen Erfahrungen mit den blutigen Verfolgungen, die die osteuropäischen Juden zu ertragen hatten.

Es gab einmal einen Toren, den man »Golem« (d. h. »formlose Masse«) nannte, so töricht war er. Am Morgen beim Aufstehen fiel es ihm immer so schwer, seine Kleider zusammenzusuchen, dass er am Abend, daran denkend, oft Scheu trug, schlafen zu gehen. Eines Abends fasste er sich schließlich ein Herz, nahm Zettel und Stift zur Hand und verzeichnete beim Auskleiden, wo er jedes Stück hinlegte. Am Morgen zog er wohlgemut den Zettel hervor und las: »Die Mütze«, hier war sie, er setzte sie auf, »Die Hosen«, da lagen sie, er fuhr hinein und so fort, bis er alles anhatte. »Ja, aber wo bin ich denn?«, fragte er sich nun ganz bange, »wo bin ich geblieben?!« Umsonst suchte und suchte er, er konnte sich nicht finden. – So geht es uns, sagte der Rabbi.

nach einer alten Prager Legende

Mikolas Ales (1852–1913), Rabbi Loew erschafft den Golem, 1899

Im Blick anderer Religionen

Adam – ein Meisterwerk

Elie Wiesel, Überlebender des Holocaust, Friedensnobelpreisträger 1986, Verfasser vieler Bücher u. a. zum Holocaust, hat sich intensiv mit dem Talmud beschäftigt und über die Lehren und Lehrer des Talmuds weithin beachtete Bücher geschrieben.

Ein Philosoph sagte zu Rabban Gamliel (ca. 80 nC; Lehrer in Jabne): Euer Gott ist ein großer Künstler, sein Adam ist ein Meisterwerk; aber ihr müsst zugeben, dass ihm auch ausgezeichnete Zugaben zur Verfügung standen. Welche, fragte der Weise. Der Philosoph zählte einige Grundstoffe auf: das Feuer, den Wind, den Staub – und nannte weiter das Chaos, den Abgrund und die Finsternis, ohne die kein Werk denkbar ist. – Alle diese Elemente sind in der Tat in Adam vorhanden, der vielseitigsten und farbenreichsten Figur der jüdischen Tradition.

Elie Wiesel (geb. 1928)

Eva – ein Meisterwerk

Ein König traf Rabban Gamliel und sagte zu ihm: »Ich weiß nicht, wie ich es sagen soll, aber … euer Gott … ist doch nur ein Dieb. Als Adam den echten Schlaf des Gerechten schlief, ließ Gott eine Rippe aus seinem Körper verschwinden …«. Es war des Weisen Tochter, die dem Herrscher Folgendes antwortete: »Wissen Sie, Majestät, was mir letzte Nacht zugestoßen ist! Eine fürchterliche Geschichte. Diebe drangen in mein Haus ein. Sie stahlen mein ganzes Silber und ließen mir stattdessen Gold zurück.« »Könnte ich doch jede Nacht ein Opfer solcher Diebe sein«, meinte der König. »Sehen Sie, genau das ist Adam widerfahren«, sagte die Tochter des Rabban Gamliel, »zugegeben, Gott hat ihm eine Rippe genommen, aber dafür hat er ihm eine schöne Frau gegeben, damit sie ihm helfe, diene und auf ihn höre.«

Elie Wiesel (geb. 1928)

Nicht Ikone Gottes, sondern in seiner Spur

Emmanuel Levinas, jüdischer Philosoph und Talmudkenner, zeigt sich in seinen tiefgründigen Schriften davon überzeugt, dass derjenige, der sich Gott nähern will, auf den Anderen zugehen muss. So kann Levinas zugleich die Transzendenz Gottes bewahren und Gottes Weisungen gegenüber dem Anderen begründen und ernst nehmen.

Nach dem Bilde Gottes sein heißt nicht, Ikone Gottes sein, sondern sich in seiner Spur befinden. Der geoffenbarte Gott unserer jüdisch-christlichen Spiritualität bewahrt die ganze Unendlichkeit seiner Abwesenheit, die in der personalen Ordnung selbst ist. Er zeigt sich nur in seiner Spur, wie in Kapitel 33 des Exodus.

Zu ihm hingehen heißt nicht, dieser Spur, die kein Zeichen ist, folgen, sondern auf die Anderen zugehen, die sich in der Spur halten.

Emmanuel Levinas (1906–1995)

---

1. Informieren Sie sich über den **Talmud, die Chassidim und Levinas**: → M 1; zu den Texten: → M 2.
2. Wiederholen Sie Ihr Grundwissen über die Hebräische Bibel und über wichtige **biblische Stellen zur jüdischen Anthropologie**: → S. 6ff, 74 ff.
3. Lesen Sie in der Hebräischen Bibel einige Szenen über **jüdische Frauen.** Sara: → Gen 21, 1-8; Rebekka: → Gen 24; 27; Rahel: → Gen 29, 9-30; 35,16-20
   Was erzählen die alten Überlieferungen von Rut, Ester und Judit (→ S. 14ff), was von Lilith (→ S. 110)?
5. Wo finden Sie Gemeinsamkeiten und Unterschiede der **jüdischen mit der christlichen Anthropologie**?

Marc Chagall (1887–1985), Das Hohelied, 1960, → S. 15, 109, 135

3. Islam – Adam im Koran

❖ Für den **Muslim** kann die Antwort auf die Frage **»Was ist der Mensch?«** nur von Gott kommen. Er findet sie im **Koran**. Dort ist das Grundverständnis der islamischen Anthropologie formuliert.

❖ Vor allem an der Gestalt des **Adam** (Sure 2,28-35; 20, 115-127; 15,26-42; 49, 13 u. ö.) lässt sich ablesen, wie der Islam den Menschen versteht. Der Koran sieht in **Adam** und seiner namentlich nicht genannten Frau Wesen, die von Gott »aus trockenem Lehm, aus geformtem Schlamm« (15, 26) geschaffen wurden. Sie sind im Wesen gleichwertig (4, 1), ganz auf Gott bezogen und nur von Gott her zu verstehen. Der Mensch ist vernunftbegabt und kann aufgrund seines freien Willens verantwortlich handeln. Ständig schwankt er zwischen Gut und Böse (12, 53) und ist ein Wesen der Krise. Ein verharmlosendes Menschenbild kennt der Islam nicht.

❖ Der Koran lehnt den Gedanken, der Mensch sei **»Bild Gottes«** (4, 29; → S. 74 f) ab, da nichts auf der Welt Gott ähnlich ist. Gottes Transzendenz lässt eine solche Vorstellung nicht zu. Aber da der Mensch **im Koran zugleich Statthalter (2, 28)** und **Diener Gotte**s ist – höchstes und schönstes Geschöpf –, ist der Unterschied zum christlich-jüdischen Verständnis vom Menschen als Bild Gottes nicht groß. Für die drei Religionen gilt, dass der Mensch wichtige Aufgaben auf der Erde hat (→ S. 74).

---

1 Zum **Islam** und **Koran**: → M 1.
2 Die Anthropologien des **Islam** und des **Christentums** haben ihr Fundament in den Schöpfungstexten der Bibel und des Koran. Arbeiten Sie an Gen 2, 4 a-3,1 ff. sowie Sure 2, 28-35; 7, 10-14 und 20, 118 f. die Ähnlichkeiten und Unterschiede heraus.
3 Welche Bedeutung hat Ihr **Befund** für das christliche und islamische Verständnis vom Menschen?

Gott – Adam – Frau – Engel – Teufel

Der Koran erzählt in drei Suren von der Schöpfung des Menschen, von den Engeln, vom Teufel (»Iblis«) und der Verführung, vom Fall und von Gottes Verzeihen:

[28] Und als dein Herr (Gott) zu den Engeln sprach: »Siehe, ich will auf der Erde einen einsetzen an meiner Statt (als Statthalter Gottes)«, da sprachen sie: »Willst du auf ihr einen einsetzen, der auf ihr Verderben anstiftet und Blut vergießt? Und wir verkünden dein Lob und heiligen dich.« Er sprach: »Siehe, ich weiß, was ihr nicht wisset.«

[29] Und er lehrte Adam aller Dinge Namen; dann zeigte er sie den Engeln und sprach: »Verkündet mir die Namen dieser Dinge, so ihr wahrhaftig seid.«

[30] Sie sprachen: »Preis dir, wir haben nur Wissen von dem, was du uns lehrtest; siehe, du bist der Wissende, der Weise.«

[31] Er sprach: »Adam, verkünde ihnen ihre (der Dinge) Namen.« Und als er (Adam) ihnen ihre Namen verkündet hatte, sprach er (Gott): »Sprach ich nicht zu euch: Ich weiß das Verborgene der Himmel und der Erde und ich weiß, was ihr offen kund tut und was ihr verberget!«

[32] Und als wir (Gott) zu den Engeln sprachen: »Werfet euch nieder vor Adam«, da warfen sie sich nieder bis auf Iblis (der Teufel), der sich in Hochmut weigerte und einer der Ungläubigen ward.

[33] Und wir sprachen: »Adam, bewohne du und dein Weib den Garten (Eden) und esset von ihm in Hülle und Fülle, wo immer ihr wollt; aber nahet nicht jenem Baume, sonst seid ihr Ungerechte.«

[34] Aber der Satan ließ sie aus ihm straucheln und vertrieb sie aus der Stätte, in der sie weilten. Und wir (Gott) sprachen: »Hinfort mit euch! Der eine sei des anderen Feind; und auf der Erde sei euch eine Wohnung und ein Unterhalt für eine Zeit.«

[35] Und Adam empfing von seinem Herrn Worte (des Gebets) und er (Gott) kehrte sich wieder zu ihm, denn siehe, er (Gott) ist der Vergeber, der Barmherzige.

Sure 2, 28-35

[10] Und wahrlich, wir (Gott) erschufen euch; alsdann bildeten wir euch; alsdann sprachen wir zu den Engeln: »Werfet euch nieder vor Adam!« Und sie warfen sich nieder, außer Iblis; er gehörte nicht zu denen, die sich niederwarfen.

[11] Er (Gott) sprach: »Warum hast du dich nicht niedergeworfen, als ich es befahl?« Er (Iblis) sprach: »Ich bin besser als er (Adam). Du hast mich aus Feuer geschaffen, ihn aber erschufst du aus Ton.«

[12] Er (Gott) sprach: »Hinab mit dir aus dem Paradies. Es ist dir nicht erlaubt, hochmütig gegenüber ihm zu sein. Darum hinaus mit dir, siehe du bist einer der Gedemütigten.«

[13] Er (Iblis) sprach: »Gib mir eine Frist bis zum Tag der Auferweckung.«

[14] Er (Gott) sprach: »Siehe, diese Frist wird dir gegeben.«

Sure 7, 10-14

[118] Und es flüsterte der Teufel Adam zu und sprach: »Adam, soll ich dich zum Baum der Ewigkeit und zu einem Reich führen, das nicht vergeht?«

[119] Und sie (Adam und die Frau) aßen von ihm, und es wurde ihnen ihre Nacktheit bewusst, und sie begannen über sich Blätter des Gartens zu nähen, und Adam wurde ungehorsam gegen seinen Herrn (Gott) und ging in die Irre.

Sure 20, 118 f.

120 Im Blick anderer Religionen

Eine Deutung der Koranstellen

❖ Der Koran betont an vielen Stellen die **Einzigartigkeit des Menschen** in der Schöpfung, vor allem da, wo er von Adam spricht. Manche muslimische Deuter nehmen an, dass »Adam« für die ganze Menschheit steht und die ganze Erzählung eine Parabel ist.

❖ Die **Engel**, noch vor Adam geschaffen, wollen Gott davon abhalten, den Menschen zu schaffen, weil sie seine schlimmen Taten voraussehen. Aber sie müssen erkennen, dass er ihnen überlegen ist. Er ist der Höchste in Gottes Schöpfung

❖ Adams Überlegenheit gegenüber den Engeln zeigt sich darin, dass er den **Tieren** Namen geben kann – eine Fähigkeit, die so gedeutet wird, dass er die Dinge erkennt, einen Begriff von ihnen bilden und zwischen ihnen wählen kann. So wird Adam hier mit den beiden grundlegenden menschlichen Fähigkeiten ausgestattet: **Vernunft und Wille**.

❖ Alle Engel werfen sich in einer berühmten nichtbiblischen Szene vor Adam nieder, bis auf **Iblis**, der Teufel, der hochmütig und ungläubig ist.

❖ Manchmal wird im Koran auch vom **Weib des Adam**, das keinen eigenen Namen hat, gesprochen. Beide dürfen den Garten Gottes bewohnen, aber von einem Baum nicht essen. Von einer Verführung des Adam durch die Frau ist nirgends die Rede.

❖ Aber der **Teufel verführt beide**, so dass sie aus dem Garten **vertrieben** werden. **Gott** zeigt sich aber auch nach diesem Sündenfall **gnädig und barmherzig**. Von einer **Erbsünde** (→ S. 78) ist nirgends die Rede. Darum ist dem Islam auch der Gedanke der **Erlösung** fremd.

Adam und seine Frau müssen das Paradies verlassen, Istanbul, um 1610.

4. Hinduismus – Karma: Lohn der Taten

Der Hinduismus, die Religion Indiens, ist neben dem Judentum die älteste noch lebendige Religion der Menschheit. Er zerfällt in viele Richtungen und ist die am wenigsten einheitliche Religion. Darum ist es kaum möglich, seine Anthropologie kurz und zugleich sachgemäß zu beschreiben. Immerhin lassen sich einige Grundzüge aufzeigen.

❖ Für den Hinduismus besteht die **Welt** von Ewigkeit her. Sie hat keinen Anfang und kein Ende. Vor allem ist sie nicht einmalig. Unendlich oft ist sie neu entstanden und unendlich oft ist sie auch wieder vergangen. Sie wird immer wieder entstehen und immer wieder vergehen. Die Zeiten wiederholen sich. In einem **ewigen Zyklus (»Samsara«)** dreht sich die Welt. Selbst die Götter unterliegen diesem Kreislauf.

❖ Die Lehre vom **Menschen** ist eng mit dieser Lehre verwandt. Der anthropologische Grundbegriff ist das **»Karma«** (d. h. »Tat«, »Handlung«). »Karma« ist das, was aus dem Tun des Menschen resultiert wie die Früchte, die aus dem Samen kommen. Es ist die Folge und der **Lohn der Taten**. Was ein Mensch jetzt ist und tut, hat seinen Grund in früheren Taten und bleibt nicht ohne Folgen für seine Zukunft. Das Karma ist eine Art psychischer Substanz, die der Mensch schon mit der Geburt übernimmt, im Leben umformt und beim Tod weitergibt. Sein Leib und seine Seele, auch die Lebensumstände, die er bei der Geburt vorfindet, sind Folge aus einem früheren Leben und Lohn früherer Taten. Jeder ist für sein Karma und damit auch für sein konkretes Leben verantwortlich. Darum sind Karma und Willensfreiheit miteinander vereinbar.

❖ Dieser durchgängige Zusammenhang reicht beim Menschen von dem Leben vor dem jetzigen Leben (»Präexistenz«) bis in das Leben nach dem jetzigen Leben (»Postexistenz«). Darum gehört zur Samsara- und Karma-Lehre auch der Gedanke der **Wiedergeburt** (»Reinkarnation«). Der Handlungszusammenhang drängt zu immer neuen Existenzen.

Die Gegenwart der Vergangenheit

Wer den guten oder schlechten Samen
in die Schicksalserde hat gestreut,
wird auch gute oder schlechte Früchte
wieder ernten in der Reifezeit.

...

Nicht fügt uns zu ein andrer Lust und Leid,
dass es ein andrer zufügt, ist ein Wahn.
Ein jeglicher genießt zu seiner Zeit,
was er beging in der Vergangenheit.
Selbst büße ab, o Leib, was du getan.

Indisches Gedicht

Der ewige Kreislauf

Der Text ist der »Bhagavadgita« (»Gesang Gottes«), dem Klassiker indischer Religiosität, entnommen. Sie ist wahrscheinlich im 3. oder 2. Jh. vC entstanden. Die »Gita« war das Lieblingsbuch Gandhis. In diesem Epos trägt der göttliche Krishna die Grundwahrheiten von Gott und Mensch, Welt und Erlösung, Leben, Tod und Wiedergeburt, Handeln und Liebe vor.
Wie ein Mensch zerschlissene Kleider ablegt
und neue andere anlegt,
so legt die verkörperte Seele zerschlissene Körper ab,
verbindet sich mit anderen, neuen.

...

Denn allem, was geboren wurde, ist ja der Tod sicher
und sicher ist Geburt für den, der tot ist.

Bhagavadgita II 22.26

Karma und Wiedergeburt

Im 4. Jh. nC entstand ein Gesetzbuch, das im Einzelnen beschreibt, wie sich die Taten eines Menschen bei der Wiedergeburt auswirken. Hier finden sich manche Vergröberungen der Lehre, die sehr volkstümlich wurden. Das Buch wird Yajnavalkya, einem der berühmten Weisheitslehrer Indiens, zugeschrieben.
134 Wer auf die Güter anderer sinnt, wer auf schlechte Taten denkt, und wer der Unwahrheit nachhängt, der wird von einer Mutter der niedrigsten Kaste geboren.
137 Wer den Geist kennt, rein und maßvoll ist, Buße übt, die Sinne zügelt, Tugend ausübt, die Kenntnis der heiligen Schriften besitzt, dieser mit der Qualität der Wahrheit Begabte wird als **Gott** geboren.
138 Wer an nicht guter Tätigkeit Freude hat, unbeständig ist, vieles beginnt, an den sinnlichen Gegenständen hängt, dieser mit der Qualität der Leidenschaften Begabte wird, wenn er gestorben ist, als **Mensch** wiedergeboren.
139 Der schläfrige, grausam handelnde, gierige, Gott leugnende, bettelnde, unbesonnene, verbotenem Lebenswandel Ergebene, dieser mit der Qualität der Finsternis Begabte wird als **Tier** wiedergeboren.

Aus dem alten Gesetzbuch des Yajnavalkya

Wiedergeburt und Vereinigung mit Gott

Swami B. H. Bon Maharaj war ein indischer Religionswissenschaftler, Guru und Philosoph.

Wenn das Individuum stirbt, löst sein stofflicher, physischer Leib sich auf, und die fünf Elemente (Erde, Wasser, Feuer, Luft und Äther) trennen sich. Die nicht aufgebrauchte individuelle Seele verlässt den physischen Leib mit seiner feinen Vernunft, seiner Intelligenz und mit dem ganzen geistigen Quantum und geht durch Geburt
5 in einen anderen physischen Leib ein. Es gibt keine Unsterblichkeit oder Dauer desselben Leibes und seiner Elemente, der am Tag des Gerichts auferstehen könnte. Diese Theorie wird vom Hinduismus vollständig verworfen. Da die individuelle Seele immerwährend ist, fährt sie fort, durch unendliche Male von Geburt zu Tod zu existieren, bis die unvermischte Seele, befreit von den Banden des stofflichen
10 Leibes und der feinen Vernunft, sich mit dem höchsten Herrn vereinigt, unpersönlich oder persönlich.

Swami B. H. Bon Maharaj (1901–1982)

1. Informationen zum **Hinduismus**: → M 1.
2. Was bedeutet es, wenn im Mittelpunkt der Hindu-Anthropologie der Begriff »**Karma**« steht?
3. Welchen Stellenwert hat die Lehre von der **Wiedergeburt** für die indische Anthropologie? Warum kennt das Christentum keine Wiedergeburt im indischen Sinn?

❖ **Heute** hat die Vorstellung von der **Wiedergeburt** hohe Konjunktur. Oft liegt diesem Glauben der Wunsch zugrunde, in einem späteren Leben das verwirklichen zu können, was im jetzigen Leben unverwirklicht geblieben ist. Kritiker sprechen dabei von »Hedonismus über den Tod hinaus« und »Recycling des Lebens«. Welche Motive kennen Sie für den Glauben an die Wiedergeburt bei uns? In welchem Verhältnis steht die europäische Vorstellung zur indischen, die die zwanghafte Wiedergeburt oft als Wiederholung des Leidens deutet, dem nur eine endgültige Erlösung (»Moksha«) aus dem ewigen Kreislauf ein Ende bereitet?

Shiva im kosmischen Tanz, Bronze, 9–12. Jh. nC
Unter den vielen Göttern des Hinduismus nimmt Shiva eine herausragende Stellung ein. Er ist ein Gott, der helle und dunkle Seiten aufweist. Zahlreiche Hindus verehren ihn als den Schöpfer, Erhalter und Zerstörer der Welt. Mit der Zerstörung schafft er in dem immerwährenden Kreislauf der Welten jeweils die Voraussetzung für eine neue Schöpfung.
Hinweise zum Bild: Hier wird Shiva als göttlicher Tänzer in einem Flammenbogen dargestellt, der zeigt, dass sich die Welt wie in einem Rad dauernd dreht, dass sie unaufhörlich ins Dasein tritt und immer wieder von Flammen zerstört wird.
Shiva hat vier Arme und Hände – Zeichen seiner göttlichen Macht. Mit dem Klang der Trommel (oben links) erschafft er die Welt, mit dem Feuer (oben rechts) zerstört er sie wieder. Die beiden vorderen Hände zeigen die Haltung des Bewahrens und Schützens. Mit dem rechten Fuß tritt er den bösen Zwerg Muyakala nieder, der ein Symbol der Unwissenheit und Selbstsucht ist. Der linke Fuß ist vom Tanz bewegt. Im Kreislauf der Welten bewegt sich auch der Mensch.

5. Buddhismus – Die Überwindung des Leidens

❖ Der **Buddhismus**, der wichtige Vorstellungen des Hinduismus übernommen hat, ist in seiner ursprünglichen Form die Lehre des indischen Weisen Gautama Siddhartha (450–370 vC), der nach seiner Erleuchtung der »**Buddha**« genannt wurde. Er zeigte einen Weg aus dem leidvollen Prozess ewiger Wiederkehr bis zum Erreichen des Nirwana, das dauerhaftes Erlöschen bedeutet. Seine Lehre ist an ein Verständnis des Menschen gebunden, das in den späteren buddhistischen Richtungen und Schulen unterschiedlich interpretiert wird.

❖ Eine Analyse des Daseins ergibt, dass alles menschliche Leben, so lustvoll es auch im Einzelnen sein mag, **Leiden** ist, da es mit Alter, Krankheit, Unwissenheit und Tod unauflösbar verbunden ist. Im Blick auf die ewige Wiederkehr (Samsara; → S. 122) bedeutet dies unendliches Leiden.

❖ Es gibt einen **Weg** aus dieser leidvollen Situation, der **in der Mitte** zwischen lustvollem Genuss und harter Entsagung (»Askese«) liegt. Es ist der achtteilige Pfad, der von der rechten Ansicht bis zur endgültigen Meditation (Versenkung) führt, die das Nirwana eröffnet, d. h. die Erlösung von der ewigen Wiederkehr.

❖ Voraussetzung für das Erreichen des Nirwana ist, dass **der Mensch keine unsterbliche Seele** hat. Ein ewiges, unsterbliches Prinzip würde nicht aufhören können.

❖ Darum hat der Mensch für den Buddha **kein festes, bleibendes, dauerhaftes Ich**. Er ist nicht »Person«, sondern besteht aus fünf Gruppen wechselnder **Daseinsfaktoren**, die vom Karma bestimmt werden:
(1) Körper
(2) Empfindung/Gefühl
(3) Wahrnehmung
(4) Willens- und Geistesregungen
(5) Bewusstsein/Erkenntnis

Weg in der Mitte – Vier edle Wahrheiten – Achtteiliger Pfad

*Die **erste große Rede** hielt der Buddha nach seiner Erleuchtung im Gazellenhain Isipatana in Benares. Darin legte er das Fundament seiner Lehre auch vom Menschen. Der Buddha zeigt den Weg, der in der Mitte zwischen Lust und Askese liegt. Bei der Verkündigung der **vier edlen Wahrheiten** geht er wie ein Arzt vor, der (1) die **Symptome** beschreibt und dann (2) eine **Diagnose** versucht, die auf die Ursache der Krankheit eingeht. Es folgt schließlich (3) eine **Therapie**, die (4) zeigt, was zur Beseitigung der Krankheit getan werden muss und (4) welche **Medikamente** Heilung versprechen.*

Zwei gegensätzliche Verhaltensweisen gibt es, ihr Mönche, nach denen sich ein Asket, der der Welt entsagte, nicht richten soll. Welche zwei?

1. Die eine, die bei den Begierden sich der **Lust** und der Freude hingibt, die niedrige, von hässlicher Art, die dem gewöhnlichen Menschen angemessen, unedel, zu keinem Ziel führt. ₅

2. Und es ist jene, die sich der **Selbstpeinigung** hingibt, die leidvolle, unedle, die keinen Zweck hat.

Diese beiden Gegensätze vermeidend führt der durch den Vollendeten (Buddha) offenbar gewordene mittlere Pfad, der Schau und Erkenntnis bewirkt, zur Ruhe, zum Wissen, zur Erleuchtung, zum Verlöschen (zum Nirwana). ₁₀

1. Wahrlich, ihr Mönche, das ist die edle **Wahrheit vom Leiden**: Geburt ist leidvoll, Krankheit ist leidvoll, der Tod ist leidvoll, mit Unlieben vereint, von Lieben getrennt sein ist leidvoll, nicht erlangen, was man begehrt, ist leidvoll, kurz alle Daseinsfaktoren, die das Hängen an der Welt verursachen, sind leidvoll.

2. Dies, ihr Mönche, ist die edle **Wahrheit vom Entstehen des Leidens**: Es ist der ₁₅ Lebensdrang, welcher zur Wiedergeburt führt, der vereint mit Freude und Begehren sich hier und dort an diesem ergötzt, der Lebensdrang nach dem Werden, nach Vernichtung.

3. Dies, ihr Mönche, ist die edle **Wahrheit von der Aufhebung des Leides**: Jene Aufhebung durch das restlose Aufgeben der Leidenschaft; die Entsagung, das Verlassen, das Freiwerden, das sich Abwenden von dem Lebensdrang. ₂₀

4. Dies, ihr Mönche, ist die edle **Wahrheit vom Wege, der zur Vernichtung des Leides führt**: Es ist der achtteilige Pfad, der da heißt: rechte Ansicht, rechtes Wollen, rechte Rede, rechtes Handeln, rechtes Leben, rechte Anstrengung, rechte Achtsamkeit, rechte Meditation. ₂₅

Aus dem 1. Korb des Pali-Kanon: Mahavagga I, 6,17 ff.

Es gibt keine Person – Das Gleichnis vom Karren

*Der folgende Auszug stammt aus dem alten buddhistischen Text »**Milindapanha**«, der ein Gespräch des buddhistischen Mönchs **Nagasena** mit dem griechischen König **Milinda** (1. Jh. nC) wiedergibt. Er ist ein frühes Zeugnis für die Begegnung zwischen den so verschiedenen Anthropologien des Buddhismus und Europas.*

Der Weise Nagasena sagte zum Griechenkönig Milinda, als dieser ihn fragte, wer er sei: »Ich bin als Nagasena bekannt. Das ist aber nur ein Name, eine Benennung, eine landläufige Bezeichnung, denn eine Person wird dadurch nicht erfasst.«

Darauf sagte der König: »Wenn es keine Person gibt, wer ist dann dieser Nagasena? Sind es seine Haare, sein Fleisch, sein Herz, sein Eingeweide, sein Blut, seine Galle, ₅ sein Gehirn?« – »Nein, o König!«

124 Im Blick anderer Religionen

***Buddha Amida**, Bronze, Kamakura (Japan), 1252*
Das 12,75 m hohe Werk wurde von Ono Goroemon gegossen. Auf dem 2,33 m hohen Gesicht des Buddha liegt trotz seiner monumentalen Größe überirdische Ruhe. Typische Kennzeichen sind:
- *Das schwungvoll fallende einfache **Gewand** ist das eines Mönchs.*
- *Der runde **Kopfauswuchs** (der »Ushnida«) erinnert an die Erleuchtung des Buddha.*
- *Die **Haarlocken** zeigen an, dass sich der Buddha die Haare abschneiden ließ, als er seine Heimat verließ und Asket wurde.*
- *Der **Punkt auf der Stirn** (die »Urna«) ist der Ort, von dem aus das Licht seiner Weisheit in die Welt strahlt.*
- *Die überlangen **Ohrläppchen** kommen daher, dass der Buddha in seiner Jugend schweren Schmuck an den Ohren trug.*
- *Die **Haltung der Hände** (die »Mudra«), die entspannt auf den Beinen ruhen, zeigt den Buddha in der Haltung der Meditation.*
- *Der **Sitz auf beiden Beinen** heißt »Lotossitz«. Er erinnert an das buddhistische Symbol der Lotosblume.*

Der Buddha von Kamakura ist der »Amida«, d. h. »Unendliches Leben« oder »Unermessliches Licht«. Amida ist besonders gütig. Er schenkt seine Gnade ohne menschliche Vorleistung. Wer an ihn glaubt und ihn anruft, wird im »Reinen Land der Seligkeit« wiedergeboren. Er selbst geleitet seine Verehrer ins Paradies. Dort werden auch Säufer, Diebe, Huren und Mörder gerettet. Täglich kommen zahlreiche Gläubige nach Kamakura, um dem Buddha Blumen oder Früchte zu bringen und um zu ihm zu beten. In dem runden Gefäß vor der Figur zünden sie Weihrauchstäbchen an.

»Ist es seine Empfindung oder seine Wahrnehmung oder seine Willensregung oder sein Bewusstsein?« – »Nein, o König!«
»Dann bilden wohl Körper, Empfindung, Wahrnehmung, Willensregung und Bewusstsein zusammen den Nagasena?« – »Nein, o König!«
»Soll Nagasena etwa außerhalb dieser Faktoren existieren?« – »Nein, o König!«
»Soll denn das Wort ›Nagasena‹ schon Nagasena selber sein?« – »Nein, o König!«
»Dann existiert Nagasena also gar nicht?«
Da fragte Nagasena den König: »Bist du zu Fuß oder mit dem Wagen gekommen?« – »Mit dem Wagen.«
»Dann erkläre mir, was ein Wagen ist. Seine Deichsel? Oder die Achse? Oder die Räder? Oder der Wagenkasten?«
Als der König alles verneint hatte, fragte Nagasena: »Soll etwa der Wagen außerhalb dieser Dinge existieren oder der Name ›Wagen‹ der Wagen selbst sein?« – »Nicht doch, o Herr!«
»Nun, was ist denn dieser Wagen? Du sprichst die Unwahrheit. Der Wagen existiert ja gar nicht.«
Da sprach der König zum ehrwürdigen Nagasena: »Ich lüge nicht. In Abhängigkeit von Deichsel, Achsel, Rädern usw. entsteht der Name, die Bezeichnung, das Wort ›Wagen‹.«
»Ganz richtig, o König. Gerade so entsteht in Abhängigkeit von Körper, Empfindung, Wahrnehmung, Willensregungen und Bewusstsein der Begriff und das Wort ›Nagasena‹. Eine Wesenheit/Person ist da aber nicht vorzufinden.«

Milindapanha 25

1. Zu **Gautama Siddhartha**, dem **Buddha**, und zum **Buddhismus**: → M 1
2. Zeigen Sie, dass der Buddha die beiden **extremen Wege** in seinem Leben selbst gegangen ist, bevor er den **mittleren Weg** entdeckte, der für ihn zur Erlösung führt.
3. Warum geht der Buddha bei seiner **Lehre vom Leiden** wie ein Arzt vor? Woher kommt für ihn das Leid? Was sagt das Christentum zu diesem Thema?
4. Zeigen Sie auf, was die eine oder andere Station des **achtteiligen Pfades** konkret bedeutet.
5. Warum betont das europäische Denken im Unterschied zum Buddhismus so stark, dass der Mensch »**Person**« ist? (→ S. 43). Warum kann der Buddhismus trotzdem die Idee der Menschenwürde und der Menschenrechte bejahen?

Aktuelle Probleme

1. Menschenzüchtung

Schon lange gibt es in der Menschheit den Wunsch, Menschen auf künstliche Weise zu verändern oder herzustellen.

❖ So beschreibt der Arzt, Alchemist und Mystiker **Paracelsus** (1493–1551) Verfahren, wie man aus einem männlichen Samen in feuchter Umgebung Menschen hervorbringen könne.

❖ In der **NS-Zeit** wurde versucht, durch **eugenische Maßnahmen** (»Rassehygiene«) Menschen zu züchten, die der damals herrschenden Rassenideologie entsprechen und für die Interessen der Nazi-Machthaber eingesetzt werden sollten. Vorgesehene Mittel: Frühe Verbindung gesunder Frauen und Männer; Förderung einer hohen Kinderzahl aus diesen Paarungen; Sterilisation und Fortpflanzungsverbote für Menschen mit Erbkrankheiten oder (angeblich) minderwertigen Rassenmerkmalen usw.

❖ In der Neuzeit treten an die Stelle alchemistischer oder politischer Konzepte eher **naturwissenschaftliche Überlegungen**. Von den jeweils vorherrschenden Trends – Mechanik, Elektromagnetismus, Genetik – wurden und werden Wege zur Erfüllung dieses Traums erhofft.

❖ Die Homunculus-Thematik (»**homunculus**«; lat.: »Menschlein«) kommt auch in der **Dichtung** vor. So kennt die griechische Mythologie die **Erzählung** von **Pygmalion**, einem einsamen Bildhauer, der sich in eine seiner schönen Elfenbeinstatuen so verliebt, dass sie schließlich mit Hilfe der Liebesgöttin Venus lebendig wird und seine Frau werden kann. In Prag entstand die Erzählung vom »**Golem**« (→ S. 119), der Rabbi Loew dienstbar war. In Goethes »**Faust**« (→ S. 113) bringt Wagner, der Famulus des Faust, einen künstlichen Menschen in der Retorte hervor.

Regeln für einen Menschenpark

Der deutsche Philosoph **Peter Sloterdijk** hat 1999 in Schloss Elmau einen Vortrag unter der Überschrift »**Regeln für einen Menschenpark**« gehalten, der intensiv diskutiert und heftig kritisiert wurde. Er geht davon aus, dass es in der Vergangenheit weder der Pädagogik noch der Politik und Religion gelungen ist, durch Erziehung die bestialischen, enthemmten Kräfte des Menschen zu begrenzen bzw. wirkungslos zu machen. Darum stellt er sich die Frage, wie weit wir heute mit unseren naturwissenschaftlichen Möglichkeiten einen »Menschenpark« errichten dürfen, in dem wir zukunftstaugliche Menschen heranbilden. Er meint beobachtet zu haben, dass Menschen schon immer mit den ihnen zur Verfügung stehenden Mitteln (z. B. Brot, Spiele, Amphitheater, Buch, Schul- und Wehrpflicht) Züchtungsprojekte betrieben haben, durch die sie unterschiedliche Menschenklassen hervorbrachten, z. B. Lesende/Schreibende und Analphabeten, Gebildete und Ungebildete, Gezähmte und Bestialisierte, wenige nachdenkliche Weise und eine auf brutale Spiele hingeordnete Masse. So habe sich das barbarische Potential der Zivilisation entwickelt. Heute müssten wir auf die brutalisierenden »Medien der enthemmenden Unterhaltung« verzichten, zumal in Zukunft wichtige Entscheidungen für die Menschheit anstehen. Es werde zu einem gigantischen Kampf zwischen den zähmenden und brutalisierenden Impulsen kommen. Dabei werde sich zeigen, ob es gelingt, »Regeln für einen Menschenpark«, d. h. wirkungsvolle Verfahren der Selbstzähmung auf den Weg zu bringen.
Weil die Mittel der Aufklärung allein wirkungslos geblieben sind, plädiert Sloterdijk für eine gentechnische Revision der Menschheit. Er schlägt u. a. eine »pränatale Selektion« (d. h. eine vorgeburtliche Auslese) vor. Eine positive Eugenik (Geburtenregelung) ist gefordert, die darauf abzielt, mittels der modernen Genetik Begabungen zu züchten, die auf eine Zähmung und Entwilderung des Menschen hinwirken.

nach Peter Sloterdijk (geb. 1947)

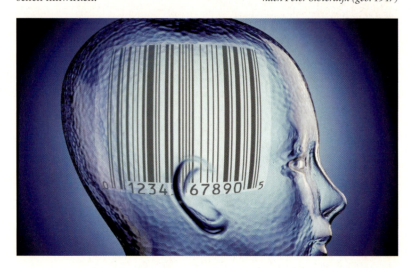

Menschenkopf mit Strichcode, Computeranimation.

Keine zielgenaue Planung

Wolf Singer (→ S. 62), ein bekannter Hirnforscher, hat zu den Thesen Sloterdijks aus der Sicht der Genetik Stellung bezogen. Er hält zwar genetische Eingriffe für möglich. Aber in dem komplizierten System der Evolution lässt sich das Ergebnis nicht zielgenau planen, so dass die Ideen Sloterdijks nicht realisierbar sind, selbst wenn man sie realisieren wollte.

Die Frage verdient unsere Aufmerksamkeit, ob genetische Manipulationen geeignet sind, um Verhalten und Triebstruktur des Menschen gezielt beeinflussen zu können. Auch hierzu gibt es Fakten …

Die lineare Beziehung »ein Gen – ein Merkmal« stellt die seltene Ausnahme dar.
5 In der aktuellen Diskussion geht es nun aber nicht um einfach zu definierende Eigenschaften wie Augenfarbe oder bestimmte Enzymdefekte, sondern um Persönlichkeitsmerkmale, die von der individuellen Ausprägung bestimmter Hirnstrukturen bestimmt werden. Deren Entwicklung aber hängt nicht nur vom Genom, sondern auch von der Umwelt ab, die erhebliche Modifikationen der gene-
10 tisch vorgegebenen Vernetzung von Nervenzellen bewirken kann. Welchen Anteil diese beiden Faktoren bei der Ausbildung von Charaktereigenschaften haben, ist außerordentlich schwer zu bestimmen. Weil aber die spezifische Ausformung des Gehirns von dem Zusammenwirken einer riesigen Zahl ganz unterschiedlicher Gene und zusätzlich auch noch von Umwelteinflüssen bestimmt wird, erscheint
15 es ausgeschlossen, dass sich monokausale Beziehungen zwischen bestimmten Genen und Verhaltensdispositionen oder Charaktereigenschaften finden werden. Der Sorge, Eingriffe in das menschliche Genom könnten eingesetzt werden, um Menschen mit ganz bestimmten Charaktereigenschaften zu erzeugen, kann also mit Argumenten aus der Wissenschaft selbst am überzeugendsten begegnet wer-
20 den. Gentechnik taugt nicht zur Realisierung von Visionen.

Wolf Singer (geb. 1943)

❖ Wo man Menschen schon nicht züchten kann, obwohl man es gern täte, versucht man ständig, ihn möglichst durch Propaganda, Werbung, psychischen und physischen Druck, Terror, Manipulation und auch Chemikalien so zu **verändern**, dass er »funktioniert«, wie man ihn haben will.

---

1 Zu **Sloterdijk**: → M 1; zu den **Texten**: → M 2; zur **Genetik**: → S. 34; zum **Gehirn**: → S. 58 ff.

2 Warum geht der »**Züchtungs-Humanismus**« Sloterdijks von einem angsterzeugenden Szenario aus? Wer könnte dafür zuständig sein, Regeln für den Menschenpark aufzustellen? Welche Regeln sollen für die Züchtung gelten? Welche Gefahren sind damit verbunden? Von der Gentechnik zur Biopolitik – ein Weg zum Totalitarismus und Gott-Spielen?

3 Wie steht es um die **Freiheit**, die **Verantwortung**, die **Menschenwürde** von gentechnisch hervorgebrachten Menschen?

4 Wie begründet **Wolf Singer** seine Ablehnung der Sloterdijk-These?

5 Welche Einwände erhebt der **christliche Glaube** gegen Sloterdijk?

6 Welche Wege zur **Veränderung/Manipulation der Menschen** kennt die moderne Welt? Nennen Sie Beispiele und bewerten Sie diese Wege.

Das Bild zeigt die Erzeugung des Homunculus durch Wagner in Goethes Faust (→ S. 113)
(Darstellung aus dem 19. Jahrhundert)

2. Second Life

❖ **Second Life (SL)** ist ein weltweit verbreitetes Computerspiel, das zwischen 1999 und 2003 von **Philip Rosedale** (geb. 1968) und seiner Firma Linden-Lab in San Francisco entwickelt wurde. Ziel ist es, eine virtuelle Welt mit Landschaften, Inseln und Häusern zu erschaffen, in die Menschen gegen Bezahlung eintreten, in ihr ein neues Leben führen und die Welt nach ihren Vorstellungen weiter entwickeln können.

❖ Bei der Anmeldung stehen die Teilnehmer vor der Frage: **Wer will ich sein?** Ein Cowboy, Eskimo, Superheld, eine Afrikanerin, Diva, Nutte oder was? Dementsprechend schaffen sie sich ihren Doppelgänger, den **Avatar**, eine Bezeichnung, die im Hinduismus (→ S. 122 f) die Herabkunft einer Gottheit in der Welt oder auch deren Wiedergeburt bedeutet. Beim Eintritt in SL gibt man sich einen neuen Namen, verschafft sich ein wunschgemäßes Aussehen, kleidet sich auffällig-originell und stattet sich mit Traummaßen, einer verrückten Frisur und einer sexy Figur aus usw. So **erfinden sich die Menschen neu**. Zuhause vor ihrem Computer führen sie ein grenzenloses Leben, ohne einen realen Schritt zu tun.

❖ Die **Avatare** können miteinander Kontakt aufnehmen, spielen, arbeiten, feiern, sich einladen, konsumieren, kaufen, verkaufen, kämpfen, sprechen, eine Disco besuchen, heiraten und Sex haben. Sie können laufen, fliegen oder sich in alle möglichen Regionen der anderen Welt transportieren lassen und dort Immobilien erwerben.

Oben: Titelseite Spiegel 8/2007
Mitte: Avatar-Versammlung in SL.
Unten: Straßenszene aus SL.

1. Suchen Sie die **anthropologischen und religiösen Hinweise** aus dem Spiegel-Interview heraus und analysieren Sie ihre Verwendung.
2. Warum ist für die User von SL **eine Welt allein nicht genug**? Was erscheint ihnen an der ersten Welt so unvollkommen, dass sie eine zweite suchen? Wird es ein »Third Life« geben?
3. SL – **das perfekte, coole Leben**? Was halten Sie von den Werbeslogans: »Erfinde dich neu«, »Sei endlich frei«?
4. Welche **Gefahren** können mit SL verbunden sein? Wie unterscheiden sich reale **Erfahrungen** von denen in SL?
5. Welche **anderen Möglichkeiten** neben SL gibt es heute, die wirkliche Welt zu verlassen und eine virtuelle Welt aufzusuchen?

Das neue Leben vor dem Tod

Peter Weibel, 62, Künstler und Medientheoretiker, sprach in einem Spiegel-Interview über Internet-Spiele als eingelöste Heilserwartungen.

SPIEGEL: Unternehmer, nicht Künstler haben dieses Spiel initiiert. Verstehen Sie es trotzdem als eine Art Kunstprojekt?

Weibel: Ja, ganz bestimmt. Denn es handelt sich – und das ist das Entscheidende – um eine komplett von Menschen erfundene Welt. Wer teilnimmt, entwirft an
5 dieser Welt mit.

SPIEGEL: ... Sind wir, die realen Menschen, endgültig in der von Jean Baudrillard (französischer Philosoph) kritisierten Zeit angekommen, in der nichts mehr echt, alles bloß simuliert ist?

Weibel: Wir sind weiter. Baudrillard bezog seine Simulationsphantasien immer
10 auf Bilder und Gegenstände, nun sind wir aber bei den Handlungen angelangt. Und das ist das, was die Medien, gerade auch die Medienkünstler, immer schon wollten, aber nie ganz erreicht haben: die Simulation von biologischem und sozialem Leben. »Second Life« ist eine neue Plattform. Die erste Plattform der Menschengeschichte war die biblische Arche Noah. »Second Life« ist etwas Ähnliches.
15 **SPIEGEL:** Wie lässt sich das vergleichen?

Weibel: Nach der Sintflut bot die Arche Noah die Chance auf ein »zweites Leben«. Doch wurde noch die strengste Auswahl vorgenommen. Nur ein Paar von jeder Tierart fand Aufnahme. Nun wird erneut ein Zufluchtsort geboten, die Plattform aber ausgedehnt, jeder darf mitspielen, sich hierher flüchten. Schon der Begriff
20 »Second Life«, der auf ein zweites Leben verweist, wirkt quasireligiös.

SPIEGEL: Inwiefern?

Weibel: Das zweite Leben erwartet uns den christlichen Vorstellungen gemäß nach dem Tod. Nun können wir uns während des Lebens in ein Paralleluniversum begeben. Die Hoffnung auf ein zweites, neues Leben ist die wichtigste Heilser-
25 wartung der Christen. Sie wird nun, zugespitzt gesagt, technologisch eingelöst ...

SPIEGEL: Die Technik als Religionsersatz.

Peter Weibel (geb. 1945)

❖ Die **Motive** für die Teilnahme an SL sind verschieden: Freude am Spiel, Chancen zur Originalität, Abenteuerlust usw., aber auch Langeweile, Einsamkeit, Ärger im wirklichen Leben, mangelnde Anerkennung, fehlender Erfolg, Realitätsflucht usw. Vordergründig suchen die meisten Avatare in SL **Unterhaltung** sowie **Liebe, Anerkennung und Freundschaft**, hintergründig träumen sie wohl vom **Paradies** und von **ewigem Leben**. Allerdings gibt es auch in SL Enttäuschung, Übersehenwerden und Frust, wenn die anderen einen nicht mögen oder verachten. Wir finden dort auch brutale Gewalt, Verbrechen und Kinderpornographie – alles wie im richtigen Leben.

❖ Man kann als Avatar **Geld** ausgeben und verdienen. Währung ist der Linden-Dollar (L$). Für einen US-Dollar bekommt man 270 L$. Ein Rücktausch in US-Dollar ist möglich, so dass man mit SL Geld verdienen, aber auch verlieren kann. Mit den L$ kann man Grundstücke und Häuser kaufen und verkaufen, spekulieren. – Da sich inzwischen viele Millionen Menschen aus aller Welt in der 3D-Welt bewegen, haben große **Firmen** SL auch als **Werbeträger** entdeckt. Banken, Autohersteller, Politiker usw. haben sich längst in SL niedergelassen, wo man ihre Produkte kennen lernen, kaufen und verkaufen kann.

❖ **Anthropologisch** betritt SL Neuland. Sein Mensch ist ein Wesen, das sich selbst und auch seine künstliche Welt nach eigenen Vorstellungen erschafft. Die wichtigsten Eigenschaften des Menschen in dieser irrealen Utopie: perfekt, vollkommen, begehrend und begehrt, lustvoll, ewig jung und sexy, unendlich vernetzt – aber immer nur **virtuell**.

❖ **Was SL eigentlich ist**, wird unterschiedlich gesehen: eine eigene Welt, ein Metaversum, ein Spiel, eine Insel, ein Gegen- oder Abbild zum Realen, ...

❖ Ob SL eine **große Zukunft** haben wird oder eine rasch vergehende **Modeerscheinung** ist, wird zur Zeit kontrovers beurteilt.

Gespaltene Persönlichkeit: Eine Medienberaterin führt ihre Kunden als Avatar Nixande Teazle durch SL.

3. Die Gefahr der Vorurteile

❖ Alltäglich und weit verbreitet sind **Vorurteile**, d.h. wenig durchdachte Meinungen negativer Art über Personen, Familien, Berufe, Völker, Religionen, aber auch über Sachverhalte, ohne dass diese Meinung realitätsgerecht ist. Sie beziehen sich einseitig auf Eigenschaften, die vorkommen (können), ohne andere relevante Eigenschaften in das Urteil einzubeziehen oder zuzulassen. Vorurteile sind diskriminierend und motivieren zu gefährlichen Handlungen. Sie **verursachen** im Alltag Beleidigungen, Lieblosigkeiten, Aggressionen, Hass und Polemik. Darüber hinaus führen sie in der Gesellschaft zu Ausgrenzung, Fremdenfeindlichkeit, Antisemitismus, Krieg, Terrorismus und Völkermord.

❖ Ihre **Ursachen** liegen z. B.

• im Gefühl (**emotionale** U.): sie entstehen aus Angst, Frust, unzureichenden Eindrücken usw., z. B. Vorurteile gegen Bartträger, Dicke, schmutzig Gekleidete oder Behinderte usw.

• in der Gesellschaft (**soziale** U.), die eine Gruppe gegenüber einer anderen Gruppe hat, z. B. Vorurteile gegenüber Intellektuellen, Politikern, Sonderschülern, Türken, Juden, Muslimen, Katholiken usw.

• in unzureichender Erkenntnis (**kognitive** U.), die man von Personen oder Sachverhalten hat, z. B. Asiaten haben Schlitzaugen, Spinat ist ungesund usw.

❖ Da sich in unsere Urteile, so weit sie verallgemeinernd sind, fast immer subjektive Perspektiven einschleichen, sind **in den meisten Urteilen** mehr oder weniger viele vorurteilshafte Inhalte zu finden.

Prominente über Vorurteile

❖ Ein Vorurteil ist schwerer zu zertrümmern als ein Atom.

Albert Einstein (1879–1955)

❖ Die Dänen sind geiziger als die Italiener. Alle Letten stehlen. Alle Bulgaren riechen schlecht. Rumänen sind tapferer als Franzosen. Russen unterschlagen Geld. – Das alles ist nicht wahr, wird aber im nächsten Kriege gedruckt zu lesen sein.

Kurt Tucholsky (1890–1935)

❖ Keinem Menschen fällt es ein, Vorurteile in die Welt zu setzen, die sich sofort widerlegen lassen. So würde niemand behaupten, alle Deutschen seien Zwerge. Und die Nazis kamen nicht auf den Gedanken, den Juden kalte Augen nachzusagen. Kein vernünftiger Mensch hätte eine solche Behauptung geglaubt, weil er ja schon an der nächsten Straßenecke Juden mit freundlichen Gesichtern begegnet wäre. Die Nazipropaganda arbeitete subtiler, indem sie behauptete, die Juden seien geizig, raffgierig und verschlagen. Auf diese Weise konnten sie das reine Ressentiment produzieren. Schlichte oder angstvolle Gemüter gingen nun davon aus, dass ein Jude, der einem freundlich begegnete, besonders verschlagen war und sich gut verstellen konnte. Gegen die perfiden Vorurteile der Nazis hatten die Angeklagten keine Chance.

Peter Ustinov (1921–2004)

Sich kein Bild vom Menschen machen

Du sollst dir kein Bildnis machen, heißt es, von Gott. Es dürfte auch in diesem Sinne gelten: Gott als das Lebendige in jedem Menschen, das, was nicht erfassbar ist. Es ist eine Versündigung, die wir, so wie sie an uns begangen wird, fast ohne Unterlass wieder begehen –
ausgenommen wenn wir lieben.

Max Frisch (1911–1991)

DUSOLLSTDIRKEIN

---

1. Worauf kann das **Fototableau Klaukes** aufmerksam machen?

2. **Sammeln Sie Bilder** von einem Richter, Priester, Polizisten, Soldaten, Schwachsinnigen usw. – wenn möglich in Passbildformat – und stellen sie diese der Fotomontage Klaukes gegenüber. Was fällt Ihnen dabei auf?

3. Wo haben Vorurteile in der **Vergangenheit schlimme Auswirkungen** im Alltag und in der Gesellschaft gehabt? Wo sehen Sie **heute** gefährliche Vorurteile in unserer Gesellschaft? Wer ist dafür verantwortlich? Was lässt sich dagegen tun?

4. Welche Vorurteile in Bild und Wort sind an Ihrer **Schule** und in Ihrer **Umgebung** verbreitet? Was könnten Sie dagegen tun?

5. Warum ist es Pflicht der **Christen**, gegen Vorurteile bei sich und bei anderen anzugehen? Lesen Sie dazu Gal 3, 28 und Kol 3, 9.12: → S. 86 f.

130 Aktuelle Probleme

BILDMACHEN

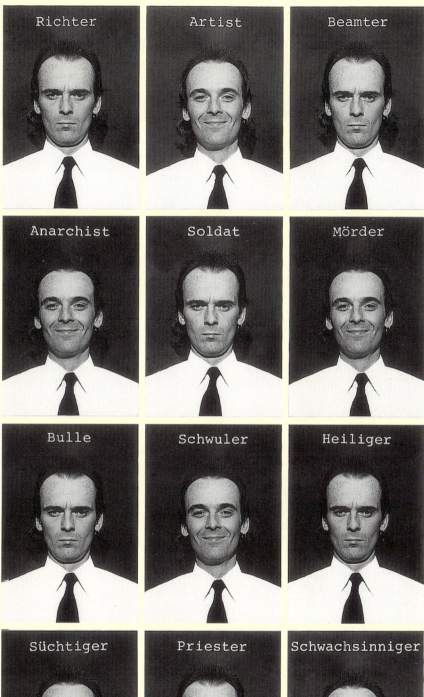

Jürgen Klauke, Das menschliche Antlitz im Spiegel soziologisch nervöser Prozesse, 1976/77

Die ironische Inszenierung des menschlichen Gesichts, die Klauke hier nach Art von 12 Passfotos geschaffen hat, soll nicht nur auf den ersten Blick verwirren. Die Komposition provoziert geradezu die Frage, mit welchen Brillen wir Menschen sehen und wie der Mensch ist, von dem wir uns ein Bild machen.

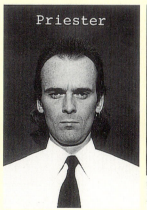
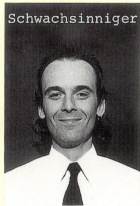

4. Widersprüchliche Erfahrungen

> ❖ Unübersehbar sind die vielen von Menschen verursachten Sachverhalte, die **ambivalent** sind, d. h. zugleich Chancen und Gefahren mit sich bringen und deshalb positive und negative Bewertungen herausfordern. Sie sind größer als alle, die es in der Geschichte der Menschheit gab.
> ❖ Angesichts dieser unterschiedlichen und gegensätzlichen Erfahrungen wird sich der **Mensch selbst zum Problem**.

Der Mensch ist sich problematisch geworden
Zu **Max Scheler:** → S. 21, 44.
Wir sind in der ungefähr zehntausendjährigen Geschichte das erste Zeitalter, in dem sich der Mensch völlig und restlos »problematisch« geworden ist; in dem er nicht mehr weiß, was er ist; zugleich aber auch *weiß, dass* er es nicht weiß.

Max Scheler (1874–1928)

Medizin
❖ **Einerseits** hat die Medizin in den letzten Jahren und Jahrzehnten bahnbrechende Erkenntnisse gewonnen, so dass die Ärzte heute viele Krankheiten besiegen können, die vorher als unheilbar oder schwer heilbar galten. Bedrohliche Epidemien breiten sich mit Ausnahme von AIDS hierzulande kaum mehr aus. Diese Fortschritte kommen zahllosen Menschen zugute. Millionen Leben wurden durch den Fortschritt von Medizin, Ernährungswissenschaften und Hygiene gerettet, darunter sehr viele Kinder. So kann die durchschnittliche Lebenserwartung bei uns stetig steigen. Es ist zu erwarten, dass die bessere Kenntnis der menschlichen Gene (→ S. 34 f) zu weiteren erheblichen Verbesserungen der Medizin führen wird. Schon spricht man davon, dass die Menschen in manchen Teilen der Welt ein Durchschnittsalter von 100 Jahren und mehr erreichen können.

❖ **Andererseits** führen die Möglichkeiten der hochtechnisierten Apparatemedizin dazu, das menschliche Leben auch dann zu verlängern, wenn der Mensch unheilbar krank ist, keine Hoffnung auf Genesung besteht und sein weiteres Leben nur noch qualvolles Leiden ist. Eine andere Folge der erfolgreichen Medizin ist das gewaltige Wachstum der Weltbevölkerung. Sie verdoppelt sich gegenwärtig in 60 Jahren, wenn das jetzige Wachstum konstant bleibt. Eine natürliche Grenze dieses Wachstums ist nicht in Sicht. Aber wie können wir die Menschen ernähren, die unsere Medizin am Leben hält? Und welche Migrationsbewegungen, Kriege, ökologische und politische Krisen werden die Folge sein?

> Die Technik ist auf dem Weg zu solcher Perfektion, dass der Mensch bald ohne sich selbst auskommt.
> *Stanislaw Jerzy Lec (1909–1966), polnischer Aphoristiker*

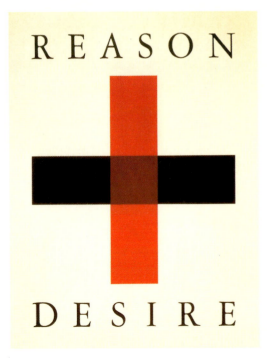

Urs Lüthi (geb. 1968), Reason – Desire; Hope – Despair; 1989

---

1. Wie erklären Sie sich, dass die meisten Errungenschaften unserer Zeit so **ambivalent** sind und gerade dann, wenn sie gut funktionieren, so großes Schadenspotential entwickeln?
2. **Konkretisieren** Sie eines der angeführten Beispiele.
3. Zeigen Sie ähnliche Ambivalenzprobleme an Erscheinungen in Bereichen wie **Globalisierung, Politik, Wissenschaft, Technik** usw.
4. Beschreiben Sie, welches **Menschenbild** (→ S. 106, 114) oft hinter Wissenschaft und Technik steht. Wie müsste sich dieses Menschenbild **ändern**, um die negativen Folgen, die daraus resultieren, zu reduzieren oder zu überwinden?

Verkehr

❖ **Einerseits** verschafft uns der moderne Verkehr wichtige Vorteile. Züge, Autos, Schiffe und Flugzeuge bringen uns in kurzer Zeit an die Orte, an die wir gelangen wollen. Davon konnten frühere Generationen nur träumen. Reisen erleben wir als konkrete Freiheit. Sie erweitern unseren Horizont. Der durch den Verkehr ermöglichte weltweite Transport versorgt uns mit frischen Nahrungsmitteln und mit Gütern, die unser Leben sicherer und angenehmer machen.

❖ **Andererseits** schlagen die Vorteile ins Gegenteil um, je erfolgreicher die Entwicklung des Verkehrs ist und je mehr die Verkehrsdichte wächst. Wegen der vielen Autos stehen wir oft im Stau und verlieren viel Zeit, die wir durch das Fahrzeug zu gewinnen hofften. Der Lärm, den der Verkehr erzeugt, geht uns auf die Nerven und schädigt unsere Gesundheit. Erst recht sind die unzählig vielen Toten und Verletzten auf unseren Straßen und bei Flugzeugabstürzen zu beklagen. Der Schadstoffausstoß der Flugzeuge, Autos und Schiffe bewirkt eine Erhöhung der Welttemperatur und kann für die Welt zu noch nicht absehbaren Katastrophen wie Überschwemmungen, Dürreperioden, Missernten, Migrationen usw. führen.

Die Wirtschaft

❖ **Einerseits** werden durch die moderne Wirtschaft Arbeitsplätze für viele Menschen geschaffen. Wir sehen in manchen Ländern einen früher nicht für möglich gehaltenen breiten Wohlstand. Die Wirtschaft produziert zahlreiche Güter, die es früher nicht gab. Sie stellt Lampen, Kühlschränke, Heizungen, Elektrosysteme, Foto- und Filmapparate, Autos, Fabrikanlagen, Hochhäuser, Computer, EDV-Anlagen u. v. a. her – Gegenstände, die unser Leben leichter, sicherer und schöner machen sollen.

❖ **Andererseits** sind die negativen Folgen unseres Wirtschaftssystems nicht zu übersehen. Der Mensch entfernt sich immer weiter von der Natur und macht die Dinge dieser Welt zu Sachen/Objekten, die er beherrscht und vergewaltigt. Er entzieht der Erde übermäßig viele und letztlich knappe Ressourcen wie Luft, Wasser, Bodenschätze usw. und wird so zum Zerstörer der Natur und damit seiner eigenen Existenzgrundlage und der seiner Kinder. Viele überflüssige oder sogar gefährliche Waren werden hergestellt, die nur durch eine raffinierte Werbung verkauft werden können. Die Menschen werden mehr und mehr zu Konsumenten gemacht. In der Wirtschaft tobt permanent ein Konkurrenzkampf um die Gunst der Verbraucher. Je größer die Verkaufserfolge sind, umso mehr sammelt sich das Kapital in den Unternehmen. Unzählige Menschen, die am Wirtschaftsleben nicht teilhaben, leben in Arbeitslosigkeit und schrecklicher Armut. So sind weltweit Kluften zwischen Reich und Arm entstanden, die höchst ungerecht sind und zu größten sozialen Spannungen führen können.

Computer

❖ **Einerseits** sind wir auf den Computer angewiesen. In früher unvorstellbarem Maß erleichtert er viele Arbeiten. Hier suchen wir Unterhaltung bei Spiel, Sport, Musik und Film, beim Surfen und Chatten. Im **Internet** können wir rascher als jede Generation vor uns unzählig viele Kontakte herstellen und Informationen erreichen. Kein Lexikon kann immer so auf dem neuesten Stand sein. Täglich sind uns die aktuellen News frei zugänglich. Per **Mail** können wir rasch Kontakt mit Menschen in aller Welt aufnehmen und umgehend ihre Antwort erwarten.

❖ **Andererseits** wird der Computer gefährlich, wenn das Klicken auf die Maustaste das Klicken im Kopf ersetzt. Ein persönliches Gespräch, ein gründlich gelesenes Buch, die genaue Betrachtung eines Bildes oder Gedichtes, ein per Hand geschriebener Brief, das Spielen eines Instruments – all das hat eine andere Qualität als ständige Computeraktivitäten. Erst recht wird das Klicken gefährlich, wenn es zur Sucht wird oder dazu dient, Gewaltspiele und Pornofilme auf den Bildschirm zu bringen. Ein Bild: → S. 47.

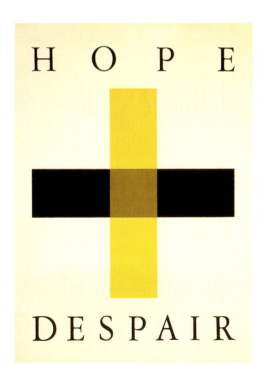

5. Trotz allem – Hoffnung

❖ Wenn wir heute in die **Zukunft** blicken, gibt es nicht nur Anlass zu vielen Sorgen. Man kann auch – ohne realitätsblind zu sein – **Zeichen der Hoffnung** sehen, die aus Entwicklungen der letzten Zeit resultieren.

❖ **Christen** sind davon überzeugt, dass sie mit ihrem Glauben und vor allem mit ihrem Verständnis vom Menschen ein Programm für die Zukunft haben, in dem **Gerechtigkeit, Frieden, Bewahrung der Schöpfung, Liebe und die Anerkennung Gottes** eine bessere Welt als unsere jetzige möglich machen.

Marc Chagall (1887–1985), Das Leben, 1964

Das Bild zeigt als Symbol des Lebens ein junges Paar unter einem für die jüdische Tradition typischen Hochzeitsbaldachin und viele andere Zeichen der Hoffnung.

1. **Vergleichen** Sie den Text von Zink mit der vorigen Doppelseite: → S. 132.
2. Der Blick auf die heutigen Naturwissenschaften zeigt, dass der Mensch **biologisch offen** (→ S. 32), der Blick auf die Philosophie, dass der Mensch **frei und verantwortlich** (→ S. 64 f) ist. Was ergibt sich aus dieser anthropologischen Analyse für die Zukunft der Menschen?
3. **Christliche Anthropologie** ist voller **Realismus** und zugleich voller **Hoffnung**. Zeigen Sie das an aktuellen Beispielen und versuchen Sie beides, das doch gegensätzlich zu sein scheint, miteinander zu vereinbaren.
4. Welche Bedeutung kommt dem **christlichen Glauben** und seiner **Anthropologie** für die **Zukunft** zu?

Die Zuversicht der Christen

Jörg Zink, einer der bekanntesten evangelischen Theologen der Gegenwart. hat viele Bücher zu Fragen des Glaubens und der Bibel geschrieben. In seinem Buch »Ruf in die Freiheit« (2007) entwirft er eine christliche Ethik für die Zukunft.

Verbesserungen in den letzten Jahrzehnten

Dass unsere Menschenwelt durchaus nicht nur bedroht ist, dass sie verändert werden kann, dass sie verbesserlich ist, das zeigt sich an der Entwicklung der letzten einhundertfünfzig Jahre, der letzten fünfzig und der letzten zwanzig. Vor einhundert Jahren gab es keine Verfassung auf diesem Globus, in der zu lesen war, die Würde des Menschen sei unantastbar. Das Rote Kreuz, eine Erfindung des 19. Jahrhunderts, war noch ein einsamer Vorläufer der heute weltweit arbeitenden Hilfsorganisationen, die sich um die Leiden der Menschen in den Kriegsgebieten bemühen. Albert Schweitzer war ein Einzelgänger mit seinem Urwaldkrankenhaus. Heute wirken große Verbände von Ärzten, wo immer Elend, Hunger und Krankheit herrschen. Vor siebzig Jahren noch waren die Kriege unkontrollierbar. Sie waren das Normale. Sie waren der vorherrschende Inhalt der Geschichtsbücher, und der Kriegsheld war das umschwärmte Ideal des Mannes. In Krisengebieten stehen seit 1960 zum ersten Mal neutrale, von den Vereinten Nationen ausgesandte Truppen, die Blauhelme, um den Frieden zu sichern und die Einhaltung von Regeln zu überwachen. Dag Hammarskjöld war ihr Erfinder. Das ungeheure Verbrechen des Vietnamkriegs wurde weltweit das zum ersten Mal voll ins Bewusstsein der Menschen dringende Fanal gegen den Krieg. Beim Tsunami im Indischen Meer stand zu aller Überraschung fast die ganze Menschheit zusammen, um zu helfen. Nichtregierungsorganisationen – wann hätte es derlei jemals gegeben? – wie amnesty international, die Friedensbewegung, Greenpeace, Attac, die Bewegung gegen die Atomkraft und viele andere demonstrieren weltweit, was getan werden muss. Demonstrationen sind noch vor einhundertfünfzig Jahren zusammengeschossen worden. Heute sind sie in weiten Teilen der Völkergemeinschaft fast schon selbstverständliches Recht. Die Rechte der Frauen setzen sich durch. Das Völkerrecht beginnt die Willkür von Staaten und Regierungen zu steuern. Zum ersten Mal gibt es seit wenigen Jahren Internationale Gerichtshöfe. Kaum noch eine Macht oder Behörde kann sich dem Druck einer öffentlichen Meinung entziehen.

Immer selbstverständlicher wird uns, dass Informationen auch aus den dunklen Winkeln des Geschehens in Stunden rund um die Welt gehen, dass in früher unkontrollierbare Machenschaften Licht fällt, dass ein Geheimdienst sich für rechtswidrige Maßnahmen verantworten muss. Dass jeder Bürger das Recht und die technische Möglichkeit hat, über das Internet seine Beobachtungen, seine Klagen und Vorschläge weltweit zur Diskussion zu stellen. Und viel, sehr viel anderes kommt hinzu. Es ist durchaus nicht so, dass der Pessimismus allein die Realität auf seiner Seite hätte. Es bewegt sich etwas. Und vieles bewegt sich erstaunlich schnell. Was sind schon einhundert Jahre?

Veränderung der Wahrnehmungen und Haltungen

Was sich zum Zweiten rasch verändert, das ist die Art, wie sich von vorgestern über gestern bis heute die Weise verändert, in der die Menschen die Wirklichkeit ihrer Welt wahrnehmen. Der Horizont wird, allein schon durch die Massenmedien, weiter, er beginnt die Menschenwelt zu umfassen. Neue Strömungen wer-

134 Aktuelle Probleme

den sichtbar. Neue Bewegungen tauchen auf, teils mit ethischen Vorschlägen, teils ohne sie. Statische Ordnungen oder Hierarchien verlieren ihre Glaubwürdigkeit. Entscheidungen bilden sich durch den Konsens vieler. Minderheiten werden zunehmend gewürdigt und integriert. Jeder muss zum Dialog bereit sein. Der soziale Ausgleich wird zur ethischen Forderung. Man beginnt, den Frieden konkret zu suchen und ihn auch in kleinen Gemeinschaften einzuüben und auszuleben. Das menschliche Handeln lässt sich weniger und weniger von ideologischen Vorgaben leiten. Spiritualität im nicht-religiösen wie im religiösen Sinn sucht sich ihre eigenen Wege. Eine Vielfalt von Meinungen und Überzeugungen darf miteinander koexistieren. Der multikulturelle Kontext, der Schutz von Menschenrechten und Menschenwürde, die Kritik an der konfessionellen Spaltung der Kirchen, die Befreiungstheologie, der Feminismus schaffen Wertvorstellungen, die neu sind und auf Weiterentwicklung drängen, auf stärkere Wahrnehmung von Wirklichkeiten und auf wachere Sensibilität des Einzelnen.

Das Eintreten für Gerechtigkeit gewinnt globale Dimensionen und wird mehr und mehr zur allgemeinen Menschenpflicht. Frieden wird als die Überlebensfrage der Menschheit erkannt. Schonsamkeit mit dem Klima, vor vierzig Jahren ein Anlass zu allgemeinem Kopfschütteln, Eintreten für den Schutz von Pflanzen- und Tierarten, sparsamerer Umgang mit Ressourcen, all das wird außer einem lebenbewahrenden Programm zu ethischen Kategorien. Es will so scheinen, als gingen der Menschheit in erstaunlich kurzer Zeit an vielen Stellen die Augen auf und als bahne sich eine rasche und unumkehrbare Entwicklung an, die vielleicht – nämlich, wenn sie fortgeht – rettend wirken kann. Sehen wir das aber in seinem großen Zusammenhang, so wird uns rasch klar, dass mit dieser Öffnung des wahrnehmenden Bewusstseins sich auch eine Öffnung, eine grundlegende Wandlung des ethischen Nachdenkens, auch des christlichen, vollziehen muss.

Die Dynamik Gottes

All dies in das einzelne Bewusstsein einzulassen, erfordert sehr viel Mut. Und dieser Mut wird noch lange gegen die Kräfte der Beharrung und der Resignation ankämpfen. Aber es gibt keine Alternative, es sei denn, wir wollten die Katastrophe. Wollen wir denn mit unserer ganzen abendländischen Kultur und der ganzen übrigen Menschheit umkommen vor unseren überfüllten Vorratslagern und Kühlhäusern, an Überfüllung und Unterkühlung? Depressiv vor lauter positivem Denken, überinformiert und ahnungslos, sprachunfähig und geschwätzig? Eingeklemmt zwischen Lebensversicherung und Todesangst? Frei und haltlos? Hochintelligent und borniert zugleich. Festgenagelt auf ein paar primitive Auskünfte, wozu wir denn leben sollten?

Und was soll anders unser Christentum? Soll es abmagern auf eine politische Moral, links oder rechts festgebunden? Soll es in kurzatmigen Revolutionen verrauschen oder im Interesse bürgerlicher Sicherheit erstarren? Soll es verkümmern zur Seelen erwärmenden Innenschau oder zur gedankentrockenen Existenzdeutung? Wenn wir nicht erkennen, dass es eine das ganze Dasein mitreißende Kraft ist, wenn uns kein Ziel vor Augen steht, auf das es hindrängt, sind wir, sagt Paulus, die Betrogensten unter allen Menschen. Das setzen wir doch voraus: Dass diese ganze Entwicklung nicht durch Zufall läuft, wie sie läuft, und nicht aus einem Naturzwang, sondern weil Gott etwas mit ihr vorhat. Da ist doch eine Dynamik, die die Dynamik Gottes ist! Da ist eine Linie in der kosmischen Geschichte, die die Linie Gottes ist. Ziele, die die Ziele Gottes sind.

Jörg Zink (geb. 1922)

Kleines Lexikon anthropologischer Fachbegriffe

Askese: freiwilliger Verzicht auf erreichbare Güter;
❖ *innerweltliche* A kann geübt werden, um die Erde nicht auszubeuten oder um gesund zu bleiben;
❖ *christliche* A kann begründet werden als Nachfolge Jesu, als Dienst am Reich Gottes

Bewusstsein: Die den höheren Lebewesen (Tiere) eigentümliche Fähigkeit, die einzelnen Sinnenreize, Wahrnehmungen und eigenen Reaktionen und Aktionen zu bemerken, zu erleben und in einem einheitlichen Erlebniszentrum gegenwärtig zu haben. Das spezifisch menschliche B ist die Fähigkeit, die bewussten Vorgänge sich nochmals eigens klar zu machen (»Ichbewusstsein«, »Selbstbewusstsein«, »B von B«).

Charisma: auffällige → Gnadengabe Gottes, Einwirkung des Geistes Gottes auf den Einzelnen, z.B. besondere Einsicht, persönliche Autorität in der Führung eines Amtes, ungewöhnliche Redebegabung, Faszination auf andere usw.

Determinismus: Lehre, dass der Mensch keinen freien Willen hat, sondern in all seinem Handeln durch innere oder äußere Ursachen nach dem Muster der klassischen Physik oder durch den Druck der eigenen Veranlagung und der Gesellschaft festgelegt (= determiniert) ist. Gegensatz → Indeterminismus

Dreifaltigkeit: Für den christlichen Glauben ist Gott Einer, der in drei Personen existiert: Vater-Sohn-Heiliger Geist. Sie sind in ihrem Wesen eins. Durch den Glauben haben die Menschen Anteil an diesem Geheimnis der göttlichen Liebe. Der Glaube an die D ist und bleibt Monotheismus.

Dualismus: philosophische Lehre, nach der der Mensch aus zwei verschiedenen, voneinander unabhängigen Bestandteilen zusammengesetzt ist, z.B. aus Materie und Geist (Platon), Leib und Seele oder aus einem guten und einem bösen Prinzip (Gnosis). Gegensatz → Monismus

Emanzipation: Befreiung des Menschen aus Abhängigkeiten; individuelle und gesellschaftliche Emanzipationsbestrebungen können berechtigt und nützlich, aber auch unberechtigt und gefährlich sein.
❖ *juristische* E: Gleichstellung vor dem Gesetz
❖ *politische, soziale* E: Gleichrangigkeit und gleicher Einfluss im Gesellschaftsgefüge

❖ *pädagogische* E: Selbstbestimmung und Unabhängigkeit der Heranwachsenden von Beschränkungen durch die Erwachsenenwelt
❖ *feministische* E: Gleichberechtigung der Frau auf allen relevanten Gebieten
❖ *totale* E: Freiheit von allen Pflichten gegenüber Gott und den Menschen; widerspricht dem Grundverständnis des christlichen Glaubens

Empirismus: Lehre, die nur die aus der Sinneswahrnehmung (»Empirie«) gewonnenen Erkenntnisse gelten lässt. Gegensatz: → Rationalismus

Erbsünde: Schuld- und Unheilssituation, in die jeder Mensch ohne eigene Verantwortlichkeit hineingeboren wird. Sie ist nach dem christlichen Glauben verursacht durch die Schuld der ersten Menschen und bewirkt in allen Menschen eine Gottferne, die in der Taufe aufgehoben wird. → Erlösung, Sünde

Erlösung: Befreiung des Menschen aus dem Zustand des Unheils, der Gottferne (→ Erbsünde; Sünde), des Todes durch Jesus Christus. → Gnade

Evolutionstheorie: wissenschaftliche Lehre, nach der sich die heutigen Lebewesen in einer langen Entwicklung durch natürliche Ursachen (Selektion, Mutation u.a.) herausgebildet haben. Danach stammt auch der Mensch als Naturwesen aus dem Tierreich. Begründer: Darwin. → Kreationismus

Existenzphilosophie: philosophische Richtung des 20. Jahrhunderts vor allem in Deutschland und Frankreich, die das besondere Sein des Menschen, das »Existenz« genannt wird, in den Mittelpunkt ihres Denkens stellt. Sie lehnt ein gleichbleibendes Wesen des Menschen ab, weil sich der Mensch im Lauf der Geschichte und im Wechsel der Kulturen wandelt (»Geschichtlichkeit«). Sie betont vor allem die Freiheit, Einmaligkeit, Verantwortung, Krisen- und Todesverfallenheit des Menschen. Vertreter: Heidegger, Jaspers, Sartre, Camus, Marcel

Freiheit: Möglichkeit zur Wahl und Selbstbestimmung
❖ *Wahlfreiheit:* die Möglichkeit des Menschen, in bestimmten Situationen zu handeln oder nicht zu handeln bzw. so oder anders zu handeln, d.h. ohne oder auch mit inneren und äußeren Zwang wählen zu können. → Determinismus, Indeterminismus

❖ *Handlungsfreiheit*: die tatsächliche Möglichkeit innerhalb der realen Verhältnisse von der F Gebrauch zu machen; → Emanzipation.

❖ *religiöse* F, *Religionsfreiheit*: in der Würde des Menschen und im Wesen der Religion begründetes Recht auf persönliche religiöse Entscheidungen und Verhaltensweisen. Im Zweiten Vatikanischen Konzil (1962–1965) ausdrücklich von der Kirche anerkannt und gefordert.

❖ *existentielle* F: durch die freien Entscheidungen bestimmt der Mensch sich selbst in seiner für ihn typischen Eigenart. Er macht sich selbst zu dem, der er ist (»Selbstbestimmung«).

Geist: Seinsweise, die nicht mit der räumlich ausgedehnten und in der Zeit sich verändernden → Materie zusammenfällt, sondern eigenen Ursprungs und unzerstörbar ist.

❖ Fähigkeiten des *subjektiven* (menschlichen) G sind Selbstbewusstsein (→ Bewusstsein), abstraktes Denken, Werten; Religiosität; → Freiheit des Willens.

❖ Zeugnisse des *objektiven* G sind Literatur, Kunst, Wissenschaften, Technik, Philosophie u. a.

Gnade: Selbstmitteilung Gottes an den Menschen; die ungeschuldete und unverdiente Liebe und Hilfe Gottes, die den Menschen befähigt, das Böse zu lassen, das Gute zu tun und das Heil zu erlangen. Sie wird dem Menschen durch die Erlösungstat Jesu Christi und das Wirken des Heiligen Geistes zuteil. Durch die G wird der Mensch eine neue Schöpfung, ein neues Wesen (»Kind Gottes«). Auch die Auswirkungen dieses Geschenkes Gottes werden G genannt, z. B. Glaube, Hoffnung, Liebe, Friedensfähigkeit, Gerechtigkeit; → Charisma

Humanismus: vieldeutiger Begriff, der eine Position anzeigt, in der es um den Menschen geht. Man unterscheidet den

❖ *klassischen* H: ist am Ideal der antiken Literatur und Kunst orientiert und macht diese zur Grundlage auch heutiger Bildung (Wilhelm von Humboldt); Ziel ist die Entfaltung der Person.

❖ *marxistischen* H: will die durch ökonomische und gesellschaftliche Verhältnisse (z. B. Natur, Arbeit, Wirtschaft, Kapital) verursachte Entfremdung des Menschen aufheben (Marx)

❖ *christlichen* H: in dessen Mittelpunkt steht der Mensch als Geschöpf Gottes und als neue Schöpfung durch Jesus Christus

❖ *atheistischen* H: sieht die Würde des Menschen in seiner Befreiung von allen Bindungen an Gott (Feuerbach, Nietzsche, Sartre) → Emanzipation

Idealismus: philosophische Lehre, die der Idee, dem → Geist den Vorrang im Ganzen des Seins und damit auch im Verständnis des Menschen gibt (Platon, Kant, Fichte, Hegel). Gegensatz → Materialismus

Identität:

❖ *allgemein*: die Übereinstimmung eines Dinges mit sich selbst und in Abgrenzung von allem anderen

❖ im *menschlichen* Bereich: das Gleichbleiben der Person, des Ich-Bewusstseins trotz aller Veränderungen und Fremdeinflüsse, meistens verbunden mit einem gleichbleibenden → Bewusstsein vom Wert und Sinn der eigenen → Person

Indeterminismus: Gegensatz zu → Determinismus

Inkarnation: Menschwerdung Gottes in Jesus Christus. Durch die I ist jeder Mensch zur Gemeinschaft mit Gott berufen. Christliche Anthropologie beruht auf dem Geheimnis der I.

Jansenismus: eine nach dem Bischof Cornelius Jansen (1585–1638) benannte Lehre, nach der der Mensch (weitgehend) ohne eigenes Zutun (fast) nur kraft der → Gnade Gottes seine Vollkommenheit und sein Heil in Gott findet (gegen → Pelagianismus).

Kreationismus:

❖ *allgemein*: Lehre, nach der Welt und Mensch von Gott geschaffen wurden, ohne auf das Wie einzugehen, das Sache der empirischen Forschung ist; Grundlage des christlichen Glaubens

❖ *aktuell*: die umstrittene (fundamentalistische) Lehre, dass der Mensch so, wie es die Bibel Gen 1–3 erzählt, auch in seiner Leiblichkeit unmittelbar von Gott geschaffen wurde und sich nicht aus dem Tierreich entwickelt hat. Heute vor allem in den USA von christlichen Gruppierungen vehement vertreten. Gegensatz → Evolutionstheorie

Leib-Seele-Problem: philosophisch-religiöse Fragestellung, ob der Mensch aus Leib und → Seele als zwei selbstständigen Wesensbestandteilen gebildet ist oder ob er nur → Geist oder nur Leib oder ein rein materielles Wesen ist; → Dualismus, Monismus

Materialismus: philosophische Lehre, die der Materie bei der Erklärung der Welt und des Menschen die zentrale Bedeutung zuschreibt:

❖ *gewöhnlicher* M: alles Dasein und damit auch der Mensch ist nur von seiner räumlich/zeitlichen Stofflichkeit, d. h. von den (naturwissenschaftlich beschreibba-

137

ren) Gesetzen der Materie, bestimmt und nur von daher erklärbar (d'Holbach, Vogt, Büchner, Haeckel, Monod)

❖ *dialektischer* M (Abk.: Diamat): die Selbstbewegung der Materie führt nicht nur zu quantitativen, sondern zu qualitativen Unterschieden. Das Bewusstsein und die Ideen der Menschen sind demnach zwar materiell zu erklären, aber sie sind doch nicht dasselbe wie physikalische Prozesse (Engels, Lenin, Stalin)

❖ *historischer* M (Abk.: Histomat): erklärt die Geschichte allein von den ökonomischen Produktivkräften und Produktionsverhältnissen her, die zu Klassenkämpfen und am Ende zu einer klassenlosen Gesellschaft führen (Marx, Kommunismus)

Metaphysik: philosophische Lehre von den letzten und allgemeinen Gründen, Strukturen und Zusammenhängen des Seins, die sich der empirischen Feststellung entziehen; → Empirismus

Monismus: Lehre, nach der alles Dasein und somit auch der Mensch aus einem einzigen Prinzip besteht und von daher zu erklären ist, z.B. allein aus der Materie (→ Materialismus) oder allein aus dem → Geist, wie in einigen Formen des → Idealismus. Gegensatz → Dualismus

Pelagianismus: eine nach dem britischen Mönch Pelagius († nach 418) benannte Lehre, nach der der Mensch ohne die → Gnade Gottes kraft seiner → Freiheit das Gute tun kann. Der P. betont die Verantwortung des Menschen und leugnet sowohl die → Erbsünde als auch die Notwendigkeit der Gnade für den Menschen (→ Jansenismus).

Person: anthropologischer Grundbegriff, der nicht auf Dinge und nicht-menschliche Lebewesen anwendbar ist; er besagt, dass jeder Mensch ein geistbegabtes, seiner selbst bewusstes und freies (→ Geist, Bewusstsein, Freiheit) einmaliges Einzelwesen ist. Auch Gott ist nach christlichem Verständnis in analoger Weise Person; → Dreifaltigkeit

Positivismus: philosophische Einstellung, die nur das gelten lässt, was empirisch (→ Empirismus) nachweisbar und logisch eindeutig ist. Die Religion und große Teile der Philosophie, z.B. die → Metaphysik, werden damit als sinnlos erklärt. Der Mensch wird in dieser Auffassung als ein Gegenstand vielfältiger einzelwissenschaftlicher Untersuchungen gesehen (Comte, J. St. Mill). Der moderne Neopositivismus vermeidet solche dogmatische Einseitigkeit und behandelt die Frage nach den nichtempirischen Bereichen offener (»Wiener Kreis«, Carnap, Wittgenstein u.a.).

Rationalismus: philosophische Lehre besonders im 17./18. Jh, die nur solche Erkenntnisse für zulässig und wahr hält, die sich dem Verstand (abstraktes, logisches, auch intuitiv zwingendes Denkvermögen) erschließen (Descartes, Spinoza, Leibniz). Gegensatz: → Empirismus

Rechtfertigung: Heilstat Gottes, in der er den Menschen durch Jesus Christus aus dem Zustand der Gottferne und → Sünde in die Gemeinschaft mit ihm führt und ihn so »gerecht« macht. → Erlösung, Gnade

Seele: Lebensprinzip des Menschen;

❖ *psychologisch*: Inbegriff aller Regungen des → Bewusstseins eines Lebewesens

❖ *philosophisch*: Träger aller bewussten, aber auch aller körperlichen Lebensregungen eines Lebewesens; dadurch zugleich Garant der → Identität. Die menschliche S wird im platonischen, idealistischen (→ Idealismus) als → Geist angesehen und ist hier unsterblich.

❖ *christlich*: Der Transzendenzbezug des Menschen, der darin gründet, dass er Geschöpf und Bild Gottes ist.

Selbstverwirklichung: Das Bemühen des Menschen, sich gemäß seinen Vorstellungen und Wünschen zu entwickeln und zu entfalten: → Freiheit, Identität, Emanzipation

Soteriologie: Lehre von der → Erlösung, der → Rechtfertigung und dem endgültigen Heil des Menschen durch Gott und seinen Sohn Jesus Christus. Die S ist ein wesentlicher Teil der theologischen Anthropologie.

Sünde: Widerspruch gegen das von Gott gebotene Gute in Gesinnung, Tun oder Unterlassung; nicht nur eine zwischenmenschliche Verfehlung, sondern ein Unrecht gegen Gott. Bei einer Verfehlung gegen ein schwerwiegendes Gut, die voll bewusst und frei gewollt ist, tritt der Zustand der Gottferne, des Unheils (des »Todes«) ein: → Erlösung, Rechtfertigung, Erbsünde.

Wesen des Menschen: Das, was den Menschen zum Menschen macht und daher das Gleichbleibende und Gemeinsame an ihm ist. In diesem Sinn spricht man auch von der »*Natur*« des Menschen.

Das Lexikon enthält einige **Grundbegriffe** zum Thema »Mensch«, die im Laufe der Jahrhunderte von der **empirischen**, **philosophischen und theologischen Anthropologie** entwickelt wurden. Ergänzen Sie dieses Lexikon mit den vielen grün unterlegten Lexikonartikeln dieses Arbeitsbuches, z.B.: Abstammungslehre, Bild Gottes und Menschenrechte.

Wege des Lernens – Methoden

M 1 Ein Referat vorbereiten und halten

A Vorbereitung Manchmal sollen Sie zu Hause oder im Kurs selbständig ein **Referat** anfertigen und dazu Material suchen (»**recherchieren**«), z. B. Texte, Bilder, Statistiken usw. Dazu können Sie – in Auswahl – in **Schulbüchern** stöbern, **sachkundige Leute** befragen, Berichte aus **Zeitungen** und **Zeitschriften** sammeln, in einer **Bibliothek** nach Sachbüchern, Bildbänden oder einzelnen Artikeln suchen, **Nachschlagewerke** und **Lexika** befragen, zum Thema passende **Filme, CD's, DVD's oder Folien** in der Diözesan- oder Stadtbildstelle besorgen, im **Internet** (Suchmaschinen: Google, Wikipedia u. a.) surfen usw

B Vortrag Wenn Sie das Referat halten, sollten Sie sich in die Rolle Ihrer Mitschüler/innen versetzen, die sich mit dem Thema noch nicht so ausführlich befasst haben wie Sie, auf die zu erwartenden Verständnisschwierigkeiten eingehen und Neugierde und Interesse zu erwecken versuchen. Die Kursteilnehmer/innen werden dankbar sein, wenn Sie eine kleine **thesenförmige Zusammenfassung** Ihres Referats mit Gliederung und Quellenangaben austeilen.

Beim Vortrag des Referats sollten Sie auf Folgendes achten: Klare Gliederung – Einbettung des Themas in das Kursprogramm – Erklärung unbekannter Begriffe – sachliche Richtigkeit – Beachtung nicht aller, aber der für das Thema wichtigen Gesichtspunkte – keine überflüssigen Abstraktionen – Auflockerung durch Beispiele oder Sprachbilder – Unterscheidung von Informationen und Kommentar – ansprechender, nach Möglichkeit frei gesprochener Vortrag – richtige Betonung – gelegentliche kleine Pausen – Zeitökonomie – nicht zu hastiges Sprechen – Unterstützung des Vortrags durch Power-Point Präsentation, CD's, DVD's usw.

M 2 Einen (biblischen) Text verstehen

A Zu einem systematischen (sachlichen) Verständnis eines Textes sind – ähnlich wie im Literatur-, Philosophie-, oder Geschichtsunterricht – die folgenden Fragen in Auswahl und auch in anderer Reihenfolge möglich.

1 Wer ist der **Verfasser**? Wer ist der **Adressat**? Was weiß man von ihnen und ihrer **Zeit**?

2 Welche **Textsorte** liegt vor?

3 Welche **Wörter, Begriffe und Sätze** fallen auf? Welche müssen geklärt werden?

4 **Wann** spielt der Inhalt des Textes?

5 **Wo** spielt der Text? Wo ist sein »Sitz im Leben«?

6 Wer ist die **Hauptperson**? Welche **anderen Personen** werden erwähnt? Was tun sie? Was sagen sie? **Was passiert** im Text?

7 Was ist der **zentrale Gedanke** des Textes? Welche **anderen Erwägungen** kommen vor? Wie werden sie **begründet**?

8 Lässt sich der Text **gliedern**? Welche **Überschriften** passen zu den einzelnen Abschnitten?

9 Wie lässt sich mit wenigen Worten **zusammenfassen**, worauf es **besonders ankommt**?

10 **Wie wirkt der Text**? Wie kann man sich selbst darin wiederfinden? Warum kann man ihm (teilweise) zustimmen? Wo erhebt sich Widerspruch gegen seine Aussage(n)?

Wie in den anderen Schulfächern soll man im Religionsunterricht nicht nur bestimmte Dinge lernen und spezifische Fertigkeiten erwerben. Man soll auch **das Lernen lernen.** Das heißt, dass man verstehen soll, **auf welchen Wegen** man im Religionsunterricht zu Erkenntnissen, Kompetenzen und Fertigkeiten kommt. Man nennt die Wege des Lernens »**Methoden**« (gr. »einen Weg gehen«). Nur wer Methoden kennt, kann selbständig arbeiten. In einem abwechslungsreichen Religionsunterricht ist Raum für unterschiedliche Methoden.

❖ **Texte** berichten von Erfahrungen, zeigen Stimmungen, vertreten Interessen, geben Wertungen, enthalten Informationen, manchmal auch Lügen und Irrtümer. Ihre Verfasser sind Schriftsteller, Dichter, Wissenschaftler, Jugendliche, Reporter, Augenzeugen von Vorfällen, Erzähler, Philosophen, Theologen usw. Jeder, der schreiben und lesen gelernt hat, kann Texte schreiben. Texte ebnen uns den Zugang zu anderen Menschen, Zeiten, Ländern, Welten. Sie vermitteln (oder verhindern) **Erkenntnisse**, machen mit **Erfahrungen** bekannt und lösen **Emotionen** aus. Sie haben positive und negative Auswirkungen auf unser Leben.

❖ Es gibt verschiedene **Textsorten**, z. B.: Augenzeugenbericht, Legende, Naturbeobachtung, Werbung, Märchen, Sachtext, Erzählung, historische Quelle, politische Polemik, philosophische Reflexion, Roman, Witz, Anekdote, Gedicht, Song …

❖ Auch die **Bibel** besteht aus unterschiedlichen Texten und Textsorten, die alle auch außerhalb der Bibel vorkommen, z. B.: Glaubenszeugnis, Erzählung, Chronik, Brief, Gesetz/Gebot, Gleichnis, Gebet, Prophezeiung, Weisheit usw. Sie stammt aus verschiedenen religiösen Schulen/Gruppen und hat verschiedene Verfasser, von denen wir manche kennen und viele nicht kennen.

❖ Um ein richtiges Verständnis eines (biblischen) Textes zu gewinnen, ist es notwendig, auf die **Textsorte** zu achten. Ein historischer Text ist anders zu verstehen als ein Glaubenszeugnis, ein Sachtext anders als ein Gleichnis, ein Gebet anders als eine Legende.

❖ Mit den Regeln, die zum Verständnis eines Textes nötig und nützlich sind, befasst sich die »**Hermeneutik**« (gr. Lehre von »Deutung«, »Auslegung«, »Verstehen«). Sie lehrt uns, dass fast jeder Text mehrere Interpretationen zulässt und das gewonnene Verständnis offen und unabgeschlossen bleibt, weil der Text mehr Sinn-Ebenen hat, als auf den ersten Blick erkennbar wird.

B Bei der schriftlichen oder mündlichen Textinterpretation sind folgende Schritte in Auswahl und je nach Text möglich:

1 **Inhaltsangabe**, bei der es nicht auf alle Details, sondern auf den Verlauf der Erzählung oder des Gedankengangs (»roter Faden«) ankommt.

2 **Formale Analyse**, bei der Wortwahl, Satzbau, Metaphorik, Sprache, Stilmittel, Gedankenverknüpfung beobachtet werden.

3 **Interpretation**, die das Selbstverständnis des Textes beschreibt. Zitate sollten die Interpretationsthese stützen.

4 **Kritische Auseinandersetzung**, in der die partielle oder völlige Zustimmung oder Ablehnung des Textes begründet wird.

5 **Schluss**, der die Interpretation kurz zusammenfasst.

Dabei sollte man auf → M1 B achten.

6 Es gibt auch die **paraphrasierende Form** des Interpretierens. Sie hält sich eng an den Text und erklärt ihn schrittweise, z. B. Abschnitt für Abschnitt oder bei einem Gedicht Strophe um Strophe.

C Wenn Sie einen mehr spontanen (persönlichen) Zugang zu einem (biblischen) Text suchen, können Sie folgenden Anregungen nachgehen:

1. Um die Schwerpunkte eines Textes zu verstehen, können Sie **Personen, Orte, Zeiten, Handlungen, Grundbegriffe, Worte** usw. gesondert heraussuchen oder beschreiben.

2. Manchmal dient es dem Textverständnis, wenn Sie den Text auf einer Kopie **mit unterschiedlichen Farben unterstreichen** z. B: Sätze, denen Sie zustimmen, mit Grün, die Sie ablehnen, mit Rot, die Sie nicht verstehen, mit Blau.

3. Manche Texte lassen sich sinnvoll **verändern und verfremden**, z. B. wenn Sie sie auf die Gegenwart oder die eigene Person beziehen oder wenn Sie einen Gegentext schreiben.

4. Einzelne Szenen lassen sich **malen, zeichnen, in Comics mit Sprechblasen umformen, in Rollenspiele verwandeln** oder fotografieren.

5. Über manche Texte kann man auch still **meditieren**: → M 5.

M 3 Ein Bild betrachten

A Wege zum Bild Um einem anspruchsvollen Bild gerecht zu werden, ist es notwendig, es zunächst **in Ruhe zu betrachten** und auf sich wirken zu lassen. Danach können Sie sich einige **Fragen stellen**, wie man es auch im Kunstunterricht lernt. Dabei brauchen Sie die vorgeschlagene Reihenfolge nicht einzuhalten. Auch sind nicht alle vorgeschlagenen Fragen bei jedem Bild möglich oder sinnvoll.

1 Die Frage nach dem Künstler und seiner Zeit:

»**Wer** hat das Bild gemalt?« »**Wann** ist es entstanden?« »Wer hat das Bild in **Auftrag** gegeben?« Es sind die Fragen nach der Eigenart des Künstlers und der künstlerischen Epoche: die Absichten des Künstlers, seine Originalität, seine Einstellung zur Religion, die Bedeutung des Bildes im Gesamtwerk des Künstlers, Stilrichtung, die Zeitumstände, Anregungen durch andere Künstler usw.

2 Die Frage nach der Form:

»**Wie** ist das Bild gemalt?«

Es sind die Fragen nach Aufbau, Größenverhältnissen, Maßen, Vorder- und Hintergrund, Farbgebung, Licht und Schatten, Schwerpunkten und Randerscheinungen, Entsprechungen und Gegensätzen, Dynamik, Verfremdung

140 Wege des Lernens – Methoden

und Verformung usw. Letztlich geht es bei all diesen Fragen um die Frage nach der **Originalität**.

3 Die Frage nach dem Inhalt:

»**Was** ist dargestellt?«, »Welche Einzelheiten sehe ich?«, »Was ist fremd und sollte erklärt werden?«

Es sind Fragen nach den Personen, Tieren, Gegenständen, der Landschaft, nach Erde und Himmel, Architektur, abstrakten Formen usw.

4 Die Frage nach der Bedeutung des Bildes:

»**Warum** hat der Künstler das Bild geschaffen?«, »Warum stellt er die Szene so dar?«, »Wo kommt das Thema vor?«, »Wie hat er es verstanden und abgewandelt?«

Manchmal haben die dargestellten Themen einen **symbolischen Sinn**, z. B. ein Lächeln, ein Kuss, eine Handbewegung, eine Aura, die Sonne, die Lotosblume oder ein siebenarmiger Leuchter. Auch die Farben haben oft eine bestimmte Bedeutung.

5 Die Frage nach der Wirkung:

»**Welche Reaktion löst** das Bild beim Betrachter aus?«, »Wie gefällt das Bild?«, »Erkennt man sich selbst in dem Bild?«, »Stimmt es mit Vorstellungen und Bildern des Betrachters überein?«, »Was zeigt es von seinem Leben und für sein Leben?«

Es sind die Fragen nach der **persönlichen Beziehung** zum Bild: Zustimmung, Ablehnung, Verunsicherung, Befremden, Gleichgültigkeit, Neugierde, Wut, Freude, Ergriffenheit.

Die Punkte 1–4 sind weitgehend vom subjektiven Standpunkt des Betrachters unabhängig, der Punkt 5 hat viel damit zu tun. Er entscheidet darüber, ob einem ein Bild **gefällt** oder etwas bedeutet.

Ob ein Bild ein **Kunstwerk** ist oder nicht, ist im Einzelfall schwer zu sagen. Darüber gibt es oft Meinungsverschiedenheiten. Ausschlaggebend für die Antwort sind nicht die Punkte 1, 3, 4 oder 5, sondern allein Punkt 2, weil dieser etwas über die Fähigkeiten dessen sagt, der das Bild angefertigt hat. Ein gut gemeintes Bild ist noch lange kein gut gemachtes Bild. Das Bild einer Landschaft oder eines Engels kann Kitsch, das Bild einer Kartoffel oder eines Stuhls kann ein Kunstwerk sein.

B Für einen mehr spontanen (persönlichen) Zugang zu einem Bild können manche Anregungen zum Verständnis eines Textes sinnvoll abgewandelt werden: → M 2.

Außerdem sind folgende Wege gangbar:

1 Das Bild im Ganzen oder in Details, evtl. mit einer Kopiervorlage, **selbst malen/zeichnen**.

2 Das Bild in einen **neuen Zusammenhang** stellen und es kreativ **verfremden und veränder**n

3 Ein **Interview** mit dem Bild führen oder **einzelne Personen des Bildes sprechen lassen**.

4 Das Bild zur Vorlage einer **Meditation** nehmen: → M 5.

Bilder nehmen im Religionsunterricht einen wichtigen Platz ein. Sie wollen meist mehr als nur illustrieren und suchen einen anderen Zugang zum Thema zu schaffen, als es Texte können.

Es gibt unterschiedliche **Bildsorten**.

❖ **Abbilder** sind Bilder von dem, was wir mit unseren Augen sehen können, z. B. Fotos, Porträts, Landkarten. Sie machen den jeweiligen Gegenstand, eine Person oder einen Prozess anschaulich.

❖ **Zeichen** sind meistens von Menschen gemacht oder festgelegt, um auf praktische Weise auf etwas hinzuweisen, z. B. die Olympischen Ringe, die Marken- oder die Verkehrszeichen.

❖ **Symbole** sind anschauliche Dinge aus unserer Welt, die auf etwas hinweisen, das man nicht sehen kann, z. B. die Sonne, ein Regenbogen, ein Kreuz oder ein Herz.

❖ **Kunstwerke** sind freie Schöpfungen innerer Bilder, die etwas zeigen, das sich meist nur schwer oder gar nicht in Worte fassen lässt.

Man kann mit Bildern **unterschiedlich umgehen**. Man kann sie unmittelbar auf sich wirken lassen, man kann sie kenntnisreich analysieren und kompetent bewerten, man kann sie verehren oder ablehnen.

Die **Bildhermeneutik** beschreibt die Regeln, die zum Verständnis eines Bildes führen (können). Bildinterpretationen sind meistens nicht endgültig und abgeschlossen, sondern für andere Deutungen offen. Das heißt nicht, dass jede Bilddeutung richtig ist. Sie hat dann ihre Berechtigung, wenn sie sich an dem Bild selbst ausweisen kann.

Es gibt manche Themen und Aufgaben des Religionsunterrichts, die man nicht in einer einzelnen Schulstunde oder Unterrichtsreihe und auch nicht allein zuhause lösen kann. In ihnen treffen sich zu viele Probleme, die in anderen Fächern oder an anderen Orten behandelt werden müssen. Um solch übergreifende Themen anzugehen, ist eine Projektarbeit nützlich. Ein **Projekt** ist eine größere Arbeit, an der alle Schüler/innen beteiligt sind, aber nicht jeder die gleiche Aufgabe zu lösen hat. Oft kann man mit anderen Schulfächer zusammenarbeiten (**»fächerverbindend«**). Am Ende soll ein **Produkt** stehen, das aus den Arbeiten aller Schüler/innen erwachsen ist.

M 4 An einem Projekt arbeiten

Für den Erfolg eines Projekts ist ein **Plan** wichtig, für den Sie aus den folgenden Anregungen einige auswählen können:

1 Vorbereitung

❖ Was ist das **Ziel** des Projekts? Was soll am Schluss erreicht werden? Welche **Schritte** sind dazu nötig oder hilfreich? Wer hat gute **Ideen**?

❖ Welche **Leute** sollte man um Hilfe bitten? Infrage kommen Eltern, Lehrer/in, Pfarrer, Pastoralreferentin, Journalist, Bibliothekarin, Arzt, Nonne, Politiker o. Ä. Wer stellt Kontakt zu ihnen her?

❖ Welche **Hilfsmittel** (»Medien«) muss man suchen? Infrage kommen z. B. Bilder, Bücher, Werkzeug, Internet, Dias, Filme, CD's, DVD's, usw.

❖ Welche **Gruppen** sollen sich für die Arbeit bilden?

❖ Welche **Zeit** steht zur Verfügung?

2 Durchführung

❖ Die Kontakte mit wichtigen **Leuten** herstellen.

❖ Die **Medien** besorgen und auswerten.

❖ Das **Produkt** herstellen und vorstellen. Es kann ein Buch, eine Bildmappe, eine Ausstellung, ein Gottesdienst, ein Besuch in einem Kloster oder Museum, ein Workshop, ein Spiel, eine Feier, eine Fahrt o. Ä. sein.

3 Auswertung

❖ **Ergebnisse** diskutieren, Fehler besprechen. Verbesserungsvorschläge machen.

❖ Den Personen, die geholfen haben, **danken**.

Im Religionsunterricht soll nicht nur gesprochen und gearbeitet werden, so wichtig das auch ist. Es darf auch **Räume und Zeiten der Stille** geben, in denen wir uns besinnen und schweigen. Gerade in der Ruhe kann etwas in uns wachsen, was sonst nicht so leicht entstehen kann. Dazu sollten Sie gelegentlich eine **Meditation** versuchen. Beim Meditieren können Sie neue Erfahrungen machen, die im Alltag nicht so leicht vorkommen. Das lateinische Wort **Meditation** bedeutet »zur Mitte finden«. Das geschieht durch »Besinnung« oder »Betrachtung«.

M 5 Sich in eine Meditation einüben

Mögliche Schritte der Meditation

1. **Voraussetzung** für jede Meditation ist es, dass alle Schülerinnen und Schüler ruhig werden und sich eine Zeit lang in einem Raum der inneren und äußeren **Stille** bewegen. Der Raum sollte so sein, dass Sie sich darin wohl fühlen können. Alle störenden Geräusche von außen (Radio, Handy usw.) sollten ausgeschaltet und alle Vorstellungen, Gedanken, Überlegungen im Inneren zurückgestellt werden. Nur so kann man sich auf sich selbst und die Meditation konzentrieren.

2. Sich einen **Gegenstand zur Meditation wählen**. Meditieren kann man über eine Blume, das Wasser oder das Feuer, die Sonne, das Weltall, ein Spiel, ein Rad, ein Auto oder einen Computer, ein Bild, einen Klang, eine Melodie, ein Gedicht, einen Menschen, eine Situation aus dem eigenen Leben, über sich selbst, sein Atmen und Fühlen, seinen Kopf und sein Herz, ein Wort von einem bedeutenden Menschen oder einen Bibeltext.

3. Man kann sich nun langsam **fragen**: Was geht in mir vor, wenn ich still werde? Was fühle, sehe und höre ich? Warum ist der Gegenstand der Meditation so, wie er ist? Worin unterscheidet er sich von anderem? Was bleibt und ändert sich? Was ist daran wichtig? Was bedeutet er für sich, was für andere, was für mich? In welchen Zusammenhängen steht er? Was hat er mit Gott zu tun?

142 Wege des Lernens – Methoden

Textverzeichnis

Die namentlich nicht gekennzeichneten Texte stammen vom Herausgeber. Die anderen Texte wurden zur besseren Verständlichkeit und Lesbarkeit manchmal leicht gekürzt, schwierige Fachbegriffe wurden übersetzt, Dubletten gelöscht, ohne dass dies jeweils angemerkt wurde.

3   Barnett Newman, zit. n. Wieland Schmied (Hg.), Zeichen des Glaubens. Geist der Avantgarde, Stuttgart 1980, S. 274, © Mondadori Electa, Milano.

6   Erich Zenger u.a.; Einleitung in das Alte Testament, W. Kohlhammer Verlag, Stuttgart/Berlin/Köln 1995, S. 12 (m.K.).

10–11   Israel Finkenstein und Neil Asher Silberman. »Keine Posaunen vor Jericho«, dtv Verlag, München 2006, S. 19–21.
Alfons Deissler, Dann wirst du Gott erkennen. Die Grundbotschaft der Propheten; Herder Verlag, Freiburg 1987, S. 11.

15   Erich Zenger, Einleitung in das Alte Testament, W. Kohlhammer Verlag, Stuttgart–Berlin–Köln 1995, S. 224f (m. K.).

21   Max Scheler, Die Stellung des Menschen im Kosmos, Nymphenburger Verlagsbuchhandlung, München 1949, S. 11ff.

22   Gottfried Benn, aus: Gesammelte Werke in 8 Bd., hg. v. Dieter Wellershoff, Klett Verlag, Stuttgart.
Bertolt Brecht, aus: Gesammelte Werke 8, Werkausgabe, Gedichte 1, Suhrkamp Verlag, Frankfurt/Main 1967, S. 205.

23   Paul Celan, Eingedunkelt, Suhrkamp Verlag, Frankfurt/Main, S. 41.
Erich Fried, Warngedichte, Hanser Verlag, München 1964.
Günter Kunert, Stilleben, Carl Hanser Verlag, München 1983, S. 53.
Wolf Biermann, Nimm nur die Berge, die abträgt der Regen, © beim Autor.
Robert Gernhardt, Später Spagat, S. Fischer Verlag, Frankfurt/Main 2006, S. 25.
Hilde Domin, Nur eine Rose als Stütze, Fischer Tabu 12207, S. Fischer Verlag, Frankfurt/Main, S. 66.
Hilde Domin, Gesammelte Gedichte, S. Fischer Verlag, Frankfurt 12/1987.

27   Platon, Phaidros oder vom Schönen, übersetzt von A. Hübscher, Piper Verlag, München 1960, S. 33 ff (Stephanusausgabe 483–484).
Stoa und Stoiker, übertragen von Max Pohlenz, Artemis Verlag, Zürich 1950, S. 139.

28   Thomas von Aquin, hg. und übers. von Josef Pieper, Fischer Tabu 130, S. Fischer Verlag, Frankfurt/Main, S. 59ff.

29   Blaise Pascal, Gedanken, Übertragung von W. Rüttenauer, Dietrich, Wiesbaden o.J.

30   Fritz Georg Voight, 29 Thesen des Materialismus, nach d'Holbachs »System der Natur«, Reclam 8785 Leipzig 1960, S. 3, 8, 9, 18.
Immanuel Kant, Grundlegung zur Metaphysik der Sitten, Akademieausgabe IV. Berlin 1968, S. 428.
Ludwig Feuerbach, Das Wesen der Religion, hg. v. Albert Esser, Hegener-Bücherei, Köln 1967, S. 213f.

31   Karl Marx, Frühschriften, Die 6. These zu Feuerbach, hg. v. Siegfried Landshut, Kröner Verlag, Stuttgart 1968, S. 340, 235.
Friedrich Nietzsche »Also sprach Zarathustra«, Vorrede 3, zit. n. ders., Werke, hg. v. K. Schlechta, Bd. 1, Salzburg 1952, S. 305f.

32   Arnold Gehlen, Anthropologische Forschung, Rowohlt Verlag, Reinbek bei Hamburg, 1961.
Helmuth Plessner, Philosophische Anthropologie, Suhrkamp Verlag, Frankfurt/Main 1970, S. 36.

33   Jacques Monod, Zufall und Notwendigkeit, Piper Verlag, München 1977, S. 58, 129, 151, 157.
Erich Fromm, Haben oder Sein, dtv Verlag, München 1979, S. 146.
Karl Jaspers, Kleine Schule philosophischen Denkens, Piper Verlag, München 1965, S. 51f, 57 f.

34–35   Detlev Ganten, Naturwissenschaft, dtv 34237, München 2006, S. 351–353, S. 40f.

35   Erich Fried, Unverwundenes, Liebe, Trauer, Widersprüche, Klaus Wagenbach Verlag, Berlin 1988, S. 24.

36–37   Gerd Theißen, Evolution, in: Im Anfang war (k)ein Gott, Patmos Verlag, Düsseldorf 2004, S. 147f.

38   Detlev Ganten, Naturwissenschaft, dtv 34237, München 2006, S. 39.
Botschaft von Papst Johannes Paul II. an die Mitglieder der Päpstlichen Akademie der Wissenschaften anlässlich ihrer Vollversammlung am 22. Oktober 1996, Nr. 4 und 5.

38–39   Ulrich Lüke, Das Säugetier von Gottes Gnaden, Herder Verlag, Freiburg 2006, S. 140f.

40–41   Aus: Ulrich Lüke, Das Säugetier von Gottes Gnaden, Herder Verlag, Freiburg 2006, S. 135–137, S. 142f.

43   Peter von Matt, aus: Generalanzeiger Bonn, vom 26./27. Mai 2007, S. 24.

44   Max Scheler, Die Stellung des Menschen im Kosmos, Nymphenburger Verlagsbuchhandlung, München 1949, S. 37–40, S. 48.

45   Reiner Kunze, Die wunderbaren Jahre, Fischer Tabu 2074, Frankfurt/Main 1978, S. 80.

47   Marianne Antwerpen, Bonner Generalanzeiger 2003, © bei der Autorin.

48   Viktor Frankl, Der Mensch vor der Frage nach dem Sinn, Piper Verlag, München 1979, S. 46f, 100f.

50   Johann Heinrich Campe, zit. n. Sigrid Lange (Hg.), Ob die Weiber Menschen sind.
Geschlechterdifferenzen um 1800, Reclam Verlag, Leipzig 1992.

51   Catharina J. M. Halkes, Das Antlitz der Erde erneuern. Mensch – Kultur – Schöpfung, aus dem Niederländischen von Andrea Blome, Gütersloher Verlagshaus Gerd Mohn, Gütersloh 1990, zit. n. Publik-Forum v. 23.10.1992, S. 48 f.
Kurt Tucholsky, Gesammelte Werke, Bd. III, Rowohlt Verlag, Reinbek bei Hamburg 1960, S. 602.

56   Blaise Pascal. Über die Religion und einige andere Gegenstände. Übertragen und hg. v. Ewald Wasmuth, Lambert Schneider Verlag, Heidelberg 1979, S. 113.
Martin Heidegger, Sein und Zeit, Max Niemeyer Verlag, Tübingen 1953, S. 258f (m. K.).
Epikur, Von der Überwindung der Furcht, übertr. u. eingel. v. Olaf Gigon, Artemis Verlag, Zürich 1949, S. 3.

57   Marie Luise Kaschnitz, Gedichte, Classen-Verlag, Hamburg 1947.
Ulla Hahn, Freudenfeuer, dva, Stuttgart 1985, S. 82.

60   Benjamin Libet, in: Christian Geyer (Hg.), Hirnforschung – Willensfreiheit, Zur Deutung der neuesten Experimente, Suhrkamp Verlag, Frankfurt/Main 2004, S. 28.

62   Wolf Singer, in: Christian Geyer (Hg.) Hirnforschung und Willensfreiheit, a. a. O., S. 36.
Gerhard Roth, Aus Sicht des Gehirns, Suhrkamp Verlag, Frankfurt/Main 2003, S. 180.

63   Christian Geyer, Hirnforschung und Willensfreiheit, a.a.O., S. 90f.

65   Peter Bieri, Das Handwerk der Freiheit. Über die Entdeckung des eigenen Willens.
S. Fischer Verlag, Frankfurt 6/2006, S. 383. © Hanser Verlag, München.
Sören Kierkegaard. Die Tagebücher, dt. von Theodor Haecker, Wegner Bücherei im Kösel Verlag, München 1949, S. 4.

66   Immanuel Kant, Grundlegung der Metaphysik der Sitten, Akademieausgabe VI, Berlin 1968, S. 446f.

67   Justus Streller, Zur Freiheit verurteilt, Ein Grundriss der Philosophie Jean-Paul Sartres, Felix Meiner Verlag, Hamburg 1952.
Otfried Höffe, Lebenskunst und Moral, C.H. Beck Verlag, München 2007.
Arthur Schopenhauer, Ein Lesebuch, hg. v. Arthur und Angelika Hübscher, Brockhaus Verlag, Wiesbaden 1980, S. 123f.
Friedrich Nietzsche, Jenseits von Gut und Böse, 1. Hauptstück 21.

70   Sophokles, Antigone, Verse 482ff.
Immanuel Kant, Grundlegung der Metaphysik der Sitten, Leipzig 1947, S. 52.

70–71   Aus: Paul Kirchhof, Die Bedeutung der Religion für die Freiheitsfähigkeit des modernen Menschen. Manuskript.

72   Pius IX, aus: Syllabus, in: Denzinger-Hünermann (Hg.), Enchiridion Symbolorum, Freiburg 1991, S. 1864.

72–73   Johannes XXIII., Pacem in terris, Nr. 11–13.

73   Arnold Angenendt, Toleranz und Gewalt, Aschendorff Verlag, Münster 2006.
2. Vatikanisches Konzil, Dignitatis humanae, Erklärung über die Religionsfreiheit, Nr. 2.

75   Jürgen Habermas, zit. n.: Debatte, Themen der Katholischen Akademie in Bayern, 2004, S. 4.

108   Rose Ausländer, Mutterland, Einverständnis, Fischer Tabu 5775, Frankfurt/Main 1982, S. 21.

112   Miguel de Cervantes Saavedra, Der sinnreiche Junker, Don Quichote von der Mancha, (dt. von Ludwig Braunfels), Winkler Verlag, München o. J., S. 67f.

114   Max Frisch, Homo Faber. Ein Bericht, Suhrkamp Verlag, Frankfurt/Main 1957, S. 90–92.

115   Milan Kundera, Die unerträgliche Leichtigkeit des Seins, Hanser Verlag, München/Wien 1982, S. 36f.

116   Zit. aus: Dietrich Steinwede/Dietmar Först, Die Schöpfungsmythen der Menschheit, Patmos Verlag, Düsseldorf 2004, S. 20.

117   Als die Götter noch mit den Menschen sprachen, Gilgamesch und Enkidu, Herder Verlag, Freiburg i. Br. 1981, S. 142–144 (i. A.), eigene Nacherzählung.
Protagoras, zit. n. Wilhelm Capelle, Die Vorsokratiker, Alfred Kröner Verlag, Stuttgart 1953, S. 336ff – freie Wiedergabe.

118   Nach einer alten Prager Legende, zit. aus Martin Buber, Werke, Dritter Band, Schriften zum Chassidismus, Kösel/Lambert Schneider Verlag, München/Heidelberg 1963, S. 707.

119   Elie Wiesel, Adam oder das Geheimnis des Anfangs, Herder Verlag, Freiburg i. Br. 1980, S. 14 und 25f.
Emmanuel Levinas, Die Spur des Anderen, hg. und eingeleitet von W. N. Krewani, Karl Albert Verlag, Freiburg 1983, S. 235.
Aus: Wolfgang Günter Lerch, Denker des Propheten, Patmos Verlag, Düsseldorf 2000, S. 61f.

120   Der Koran. Aus dem Arabischen übertragen von Max Henning. Einleitung und Anmerkungen von Annemarie Schimmel, Reclam Verlag, Stuttgart 1973.

122   Otto von Glasenapp, Indisches Gedicht, in: Helmuth von Glasenapp, Indische Geisteswelt, Wiesbaden o. J., S. 155.
Peter Schreiner, Bhagavadgita, Benziger Verlag, Zürich 1991, S. 60f.
Vajnavalkya, zit. n. Helmuth von Glasenapp, Indische Geisteswelt, a.a.o., S. 156.

123 Zit. n.: G. Szczesny, Die Antwort der Religionen, Rowohlt Verlag, Reinbek bei Hamburg 1971, S. 99.

124 Aus dem 1. Korb des Pali-Kanon: Mahavagga I, 6,17ff, zit. mit kleinen Abweichungen aus: I. L. Gunsser, Reden des Buddha, aus dem Palikanon übersetzt, Reclam Verlag, Stuttgart 1971, S. 36.

124–125 Milindapanha 25, mit Abweichungen und Kürzungen entnommen: K. Meisig, Klang der Stille, Herder Verlag, Freiburg/Basel/Wien 1995, S. 120ff.

126 Nach Peter Sloterdijk, Regeln für den Menschenpark, Suhrkamp Verlag, Frankfurt/Main 1999.

127 Wolf Singer, Ironische Züge im Gesicht der Wissenschaft, in: FAZ vom 06.10.1999, S. 53.

129 Peter Weibel, Der Spiegel, Nr. 8/2007, S. 156.

130 Peter Ustinov, Achtung Vorurteile, Hoffmann und Campe Verlag, Hamburg, o. S.
Max Frisch, Ausgewählte Prosa, hg. v. Joachim Kaiser, Edition Suhrkamp 36, Frankfurt/Main 1968, S. 66.
Kurt Tucholsky, Gesammelte Werke 1–10, 1907–1932, Rowohlt Verlag, Reinbek b. Hamburg 1975, Bd. 3, S. 512.

132 Max Scheler, Philosophische Weltanschauung 5. Abhandlungen, Francke Verlag, München 1954, S. 62.

134–135 Jörg Zink, Ruf in die Freiheit, Gütersloher Verlagshaus/Random House, München 2007, S. 38–41.

Abbildungsverzeichnis

Umschlag, 3 Barnett Newman, Eve, 1950. © VG Bild-Kunst, Bonn 2008.

5 Rudolf Hausner, Adam ist das Maß, 1978. Acryl, Harzölfarbe, Format 32,7 x 46 cm, Werknummer 88. Mit freundlicher Genehmigung der Edition und Galerie Volker Huber, Offenbach am Main.

6 Fotograf unbekannt.

7 Marc Chagall, Rabbiner, nicht datiert. © VG Bild-Kunst, Bonn 2008.

11 Larry Rivers, Die Geschichte der Juden I, 1982-1984. © VG Bild-Kunst, Bonn 2008.

13 Aus: Luc H. Grollenberg, Atlas de la bible, Paris-Brüssel 1955.

14 (o.) Marc Chagall, Der Prophet Jeremia, 1960. © VG Bild-Kunst, Bonn 2008.

(u.) Marc Chagall, Ester, 1960. © VG Bild-Kunst, Bonn 2008.

16 Rune Mields, Der Turm zu Babel, 1982. © VG Bild-Kunst, Bonn 2008.

19 Georges Rouault, Wer zeigt sein wahres Gesicht? 1927. © VG Bild-Kunst, Bonn 2008.

26 Jannis Kounellis, Ohne Titel, 2000/2001. © Kewenig Galerie, Köln.

35 Foto: J. Craig Venter Institute.

36 Darstellung nach: Detlev Ganten, Naturwissenschaft, München 2006.

37 (r.) Ullsteinbild – Roger Violett.

39 © Max-Planck-Institut, Leipzig.

40 Foto: Gregory Colbert, Ashes & Snow, New York.

41 CALVIN AND HOBBES © 1988 Bill Watterson. Dist. By UNIVERSAL PRESS SYNDICATE. Reprint with permission. All rights reserved.

42 Michel Tcherevkoff, © gettyimages.

45 René Magritte, Reproduktion verboten, 1937. © VG Bild-Kunst, Bonn 2008.

46 Fotograf unbekannt.

47 Dana Schutz, Google, 2006. © Courtesy: Zach Feuer Gallery, New York.

49 Edward Hopper, Automat, 1927. © The Art Institute of Chicago.

50 Grant Wood, American Gothic, 1930. © The Art Institute of Chicago.

51 Edvard Munch, Der Tanz des Lebens, 1899/1900. © The Munch Museum / The Munch Ellingsen Group / VG Bild-Kunst, Bonn 2008.

52 Edward Hopper, Sommerabend, 1927. © The Art Institute of Chicago.

54 (o.) Klaus Staeck, Mona Lisa (Plakat). © VG Bild-Kunst, Bonn 2008.

(u.) Edvard Munch, Melancholie III, 1902. © The Munch Museum / The Munch Ellingsen Group / VG Bild-Kunst, Bonn 2008.

55 (o.) Edvard Munch, Eifersucht, 1896. © The Munch Museum / The Munch Ellingsen Group / VG Bild-Kunst, Bonn 2008.

(u.l.) Klaus Staeck, Würden Sie dieser Frau ein Zimmer vermieten? (Plakat) © VG Bild-Kunst, Bonn 2008.

(u.r.) Foto modifiziert: PA/DPA/GILES; PA/KPA/USELMANN.

57 Pablo Picasso, Am Ende der Straße, 1898/9. © Succession Picasso / VG Bild-Kunst, Bonn 2008.

58 Foto: PA/OKAPIA/CHASTENET.

59 Foto: Ca.Encarta.msn.com.

61 Bernhard Heisig, Der große Bruder Puppenspieler, 1994. © VG Bild-Kunst, Bonn 2008.

63 Ernst Barlach, Der Mann im Stock, 1918. © Ernst Barlach, Lizenzverwaltung Ratzeburg.

71 Fernando Botero, Abu Ghraib 52, 2005, © Fernando Botero, Paris.

75 Alexej Jawlensky, »… etwas Göttliches möchte ich sagen!«, Kleine Meditation Nr. 28/V, 1936. © VG Bild-Kunst, Bonn 2008.

79 Richard Lindner, Adam and Eve, 1971. © VG Bild-Kunst, Bonn 2008.

81 Georges Rouault, Miserere mei Deus secundum magnam misericordiam tuam, 1923. © VG Bild-Kunst, Bonn 2008.

83 Pharisäer und Zöllner, Radierung 1911, Strich- und Tonätzung auf Papier, ca. 25 x 30 cm. © Nolde Stiftung Seebüll. Die Genehmigung der Nolde-Stiftung liegt vor.

93 Klaus Staeck, Im Mittelpunkt steht immer der Mensch. (Plakat) © VG Bild-Kunst, Bonn 2008.

105 Max Beckmann, Mann und Frau, 1932. © VG Bild-Kunst, Bonn 2008.

106 Fernand Leger, Adam und Eva (Detail). © VG Bild-Kunst, Bonn 2008.

107 Fernand Leger, Adam und Eva, 1935-1939. © VG Bild-Kunst, Bonn 2008.

109 Marc Chagall, Paradies, 1960. © VG Bild-Kunst, Bonn 2008.

111 Max Beckmann, Odysseus und Kalypso, 1934. © VG Bild-Kunst, Bonn 2008.

114 Grossrechner GOLEM I und Ingenieure, 2007, Carl von Ossietzky Universität Oldenburg.

115 © plainpicture/Johner.

119 Marc Chagall, Das Hohelied, 1960. © VG Bild-Kunst, Bonn 2008.

123 Foto : Jean-Louis Nou, Paris.

125 Fotograf unbekannt.

126 (u.) © Caro/Westermann.

S. 128 (o.) Titelseite Spiegel 8/2008.

(M.) Linden Research SIPA.

(u.) Linden Research SIPA.

129 Fotos: Reuters.

131 Jürgen Klauke, Das menschliche Antlitz im Spiegel soziologisch nervöser Prozesse, 1976/77. © VG Bild-Kunst, Bonn 2008.

132 Urs Lüthi, Reason – Desire, 1989. © beim Künstler.

133 Urs Lüthi, Hope – Despair, 1989. © beim Künstler.

135 Marc Chagall, Das Leben, 1964. © VG Bild-Kunst, Bonn 2008.

Zugelassen als Lehrbuch
für den katholischen Religionsunterricht
von den Diözesanbischöfen von Aachen, Berlin, Dresden,
Erfurt, Essen, Freiburg, Fulda, Görlitz, Hamburg, Hildesheim,
Köln, Limburg, Magdeburg, Mainz, Münster, Osnabrück,
Paderborn, Rottenburg-Stuttgart, Speyer und Trier.

© 2010 Bayerischer Schulbuch Verlag, München
Alle Rechte vorbehalten.
1. Auflage 2008
Druck 13 12 11 10
Printed in Germany
ISBN 978-3-7627-0388-4
www.oldenbourg-bsv.de